古代歷史文化 研究輯刊

八 編

王明蓀 主編

第 16 冊

財之時者：
戶部尚書畢自嚴與晚明財稅（1628～1633）

李華彥 著

國家圖書館出版品預行編目資料

財之時者：戶部尚書畢自嚴與晚明財稅（1628～1633）／李
華彥 著 — 初版 — 新北市：花木蘭文化出版社，2012〔民
101〕
目 4+228 面；19×26 公分
（古代歷史文化研究輯刊 八編；第 16 冊）
ISBN：978-986-254-976-6（精裝）
1.（明）畢自嚴　2.財政　3.租稅　4.明代
618　　　　　　　　　　　　　　　　　　　　101014973

ISBN-978-986-254-976-6

9 789862 549766

古代歷史文化研究輯刊
八　編　第十六冊　　　　　　　ISBN：978-986-254-976-6

財之時者：戶部尚書畢自嚴與晚明財稅（1628～1633）

作　　者　李華彥
主　　編　王明蓀
總 編 輯　杜潔祥
出　　版　花木蘭文化出版社
發 行 所　花木蘭文化出版社
發 行 人　高小娟
聯絡地址　新北市永和區中正路五九五號七樓
　　　　　電話：02-2923-1455／傳真：02-2923-1452
網　　址　http://www.huamulan.tw　信箱 sut81518@gmail.com
印　　刷　普羅文化出版廣告事業
初　　版　2012 年 9 月
定　　價　八編 22 冊（精裝）新台幣 35,000 元

財之時者：
戶部尚書畢自嚴與晚明財稅（1628～1633）

李華彥 著

作者簡介

　　李華彥，新竹人，成功大學歷史系及碩士班畢業，目前是清華大學歷史所博士候選人（新竹）。

　　興趣及多年研究重心均在明清經濟史，又因明朝財政、稅收與邊疆用度關係緊密，因此也兼重鑽研明清長城邊防、江南社會等領域，2010 年以後因兼課機緣，也接觸許多台灣史議題；在清華大學歷史所期間，則參加或修習多項與近代中西文化交流、基督教傳華、醫學史等領域的研討會和課程，將來希望往近代精神醫學傳華及清代北方滿蒙漢商貿關係深入研究。

提　要

　　明朝歷經萬曆後半及天啟時期的長期政治鬥爭，國家財經日趨困窘，極待重整。崇禎帝在一片危疑氣氛中登基，啟用任職長城邊鎮十餘年、精擅財稅軍餉的畢自嚴出任戶部尚書，著手整頓明朝賦稅。

　　畢自嚴出身農業家族，八代世居山東淄川，父、祖均為地方聞人，樂善公益，家風純樸。畢自嚴是淄川畢氏第一位進士，早年南北遊宦，轉歷多處，逐步升遷；中年以後，多在西北、北方邊境地區作官，經手處置各項邊鎮糧餉事務，鍛鍊成一位幹練的財經官員。天啟末，明朝政治、財政相繼惡化，勢須整頓，因此，崇禎元年新帝就位即著手治理，畢自嚴因治績突出，受舉薦為戶部尚書，在任共計四年八個月，匯集任內題本奏疏成《度支奏議》119 卷，其中堂稿 20 卷呈現這段期間內戶部整體施政的全貌，本論文以此作為研究主軸，得出畢自嚴和崇禎帝公私互動堪稱良好，政事商議往來頻繁，君臣為了再興明朝財政，投入無數心力。然而，戶部其他官員和皇帝的互動就不如長官那般順暢，讓畢自嚴夾在中間，十分為難。

　　邊鎮軍餉一直是崇禎初年明朝政府關注的財政要項，畢自嚴著重在政府固有稅目中籌錢，用來填補邊餉，因此，隨時針對不同情況研議各種財經政策，應付現實問題；同時，他也主導會議國家財經，邀集眾官員為財賦集思廣益，擬出一套具體建興方案，本論文稱為《邊餉總綱》，作為明廷財政上的救時政策綱領。

　　正當畢自嚴將實行《邊餉總綱》之際，崇禎二年十月至三年三月發生己巳之變，滿清入關劫掠北直隸，戶部施政被迫中斷，必須全力以赴籌畫戰爭糧餉。歷經半年兵災，明朝國庫為之一空，《邊餉總綱》原有基礎不再，只得放棄大部分原訂計畫，改以戰後有限人力物力，悉數投入戰區重建、京師復原、中央行政重回常軌等事。在此情形下，屯政與州縣稅賦催解成為頭等要務。因此，畢自嚴又擬定屯政十款，伴隨屯田復墾，進行戰後建設，並用考成法監督地方官確實執行屯政和州縣賦役催解兩項工作，所有明朝州縣官均涉入這項政策，停職催徵。

　　戰後復原工作，初期有聲有色，但崇禎帝屢屢插手嚴厲督管，引發官員恐慌及銓敘混亂，畢自嚴也因此過度勞神，體衰身病，多次上疏求去，終於在崇禎六年春獲准辭官回鄉。畢自嚴在戶部尚書任上盡心盡力，確實辦理業務，因時制宜，振衰起弊，使晚明財政順暢了數年；臨去，他還留下《賦役全書》編纂工作的起頭，為始於明代中期的財稅改革事業，開啟了總結成果的先聲，也奠定清代的財政基礎。

目次

凡　例

1. 凡是表中提及時間，一律以中文年號，加上阿拉伯數字的年、月、日，再以「.」分隔開的形式呈現。如：崇禎元年正月一日，在表中寫成「崇禎1.1.1」。

2. 凡是提及明朝年、月、日，在正文裡一律以中文形式呈現，但在第一次出現該日期時，後方以括號配上同時間阿拉伯數字之西元年、月、日。如：崇禎元年正月一日，在正文中寫成崇禎元年正月一日（1628.2.5）。

3. 本論文中所有年、月、日之中西曆轉換，全部以中央研究院計算中心兩千年中西曆轉換網站資料為準，該網址如下：http://www.sinica.edu.tw/-tdbproj/sinocal/luso.html 迅捷便利，受惠良多。

4. 凡是提及銀兩數、文件件數、頁數，無論在正文中或表中，一律以阿拉伯數字配上中文單位形式呈現，並遵一般慣例，每三位數字打一，。如：「一十一萬一千一百一十一兩」，在正文中或表中均寫成「111,111 兩」。

5. 本論文中各表裡，數字中的＋符號，表示餘、多之意。如：「三千六百五十餘兩銀」，在表中均寫成「3,650＋兩銀」，在文中均寫成「銀 3,650 多兩」；「三千六百五十兩多銀子」，在表中均寫成「3,650.＋兩銀」，在文中均寫成「銀 3,650 兩多」。

6. 本論文中之重量單位，全部是十進位，由大到小的單位名稱依序是：石、斗、升、合、勺、抄、撮、圭、粟、粒、黍。

7. 本論文中之銀兩單位，全部都是十進位，由大到小的單位名稱依序是：兩、錢、分、釐、毫、絲、忽、微。一鞘＝2,000 兩銀。〔註 1〕

〔註 1〕 關於重量和銀兩的單位，本論文參見《度支奏議》第 1～2 冊，如卷 5〈歲報倉庫積羨之數疏〉等有關奏報戶部庶務的奏疏。

8. 本論文中之土地面積單位，其間進位不詳，由大到小的單位名稱依序是：
頃、畝、釐、毫、絲、忽、微、纖、沙、塵、渺。

9. 本論文中之鈔單位，其間進位不詳，由大到小的單位名稱依序是：錠、貫、
文。〔註2〕

10. 本論文中關於考成法，地方官員錢糧完欠的衡量程度，畢自嚴的稱呼單位
由大到小依序是：分、釐、毫，各為工作進度到達 10%、1%、0.1%的程
度，與錢糧數目無關，此為容易混淆之處。〔註3〕

11. 本論文中引文部分，照一般形式，用標楷體較小字顯示；但本論文有些標
楷體較小字不是直接的引文，而是作者依據較長且較繁複多字的原奏疏文
言文，自行去除形容詞、與錢糧數目無關的語詞，變成直接而簡化的敘述，
這部分文字，單行陳述單項錢糧，行首會有·符號。

〔註 2〕 關於土地面積和鈔的單位，參見《明神宗實錄》、《明熹宗實錄》各年底的稅
賦資料紀錄。

〔註 3〕 參見《度支奏議》第 1～2 冊，如卷 17〈查明行取各官錢糧疏〉等與實行考成
法相關的奏疏。

第一章　序　論

　　誠如《晚明史》開篇內容提要所述：「晚明中國在經濟、文化上融入世界之際，王朝固步自封，不僅不可能把握機遇，反而加劇自身內在矛盾，特別是朝廷上下都忙於政治派系之爭，從萬曆到崇禎的幾十年中幾乎沒有不爭之時。」〔註1〕晚明是一個經濟上熱鬧，文化上多元，政治上躁動的時代。

　　萬曆朝諸般情勢，歷來總是明史研究者的熱門話題，圍繞著明神宗的研究相當多，如描述夏鼐挖掘定陵過程進而探討明神宗及其宮廷的《風雪定陵》、樊樹志早年的《萬曆傳》、黃仁宇的《萬曆十五年》，都是以明神宗為主體，論述這段晚明歷史。明神宗之師張居正，更是晚明財經的初始焦點，有關張居正本人及其財經擘劃，則已有朱東潤《張居正傳》、韋慶遠《張居正和明代中后期政局》……等深入的著作，欲繼續有所創新，實屬困難。

　　政治、軍事一直都是晚明研究兩大主軸，明神宗的相關研究對於此二者涉獵甚多，而樊樹志《晚明史》上、下卷更將萬曆到崇禎七十五年的政壇糾葛、軍事大勢、朝野輿情、文化思維、內憂外患、宮闈爭鬥，都處分盡淨。樊書對開啟於萬曆末，經天啟、崇禎兩朝而始終炙熱的朝臣、黨派鬥爭，闡論詳明精細，啟發本論文甚大，然而，關於晚明財經，萬曆朝之後的研究似乎不多，《晚明史》亦交代甚稀，尤其是天啟後半魏忠賢亂政之後，明朝如何在財經上恢復，並未多作說明，微有遺憾。本論文之起即源自於此：崇禎初年，明朝如何從政衰財敝中復元，而非立即滅亡？

　　關於明代財經，相當多學者投注畢生之力，焚膏繼晷地研究，釐出這個

〔註1〕樊樹志，《晚明史》上（上海：復旦大學出版社，2003年）。

－1－

平民打造出的王朝的財源和經濟，其中，梁方仲與全漢昇兩位先生可謂洞燭機先，眼光獨到。梁先生致力於田畝、賦役制度及其相關，著有多篇關於黃冊、魚鱗圖冊、里甲制度、均徭法、一條鞭法的重要論文，這幾項主題均為明代田畝制度和賦役制度領域的大綱，由此而衍生的相關研究不知凡幾，數十年來研究眾多，明代財經的黃冊、里甲兩大制度從洪武迄萬曆的輪廓，幾乎稱得上已近勾勒出來；因此，梁先生的《梁方仲經濟史論文集》和他整理的《中國歷代戶口、田地、田賦統計》，是明代財經史的奠基作之一股，或可稱為由上而下的研究方向。

全先生在明代中後期的市場、貨幣經濟上則自成另一股，尤其專精於白銀、米價等民生基本所關的財經主軸，開拓另一片視野，從貼近底層平民生活出發，擴而及於白銀如何震動明代經濟，改變其體質，旁亦探討到對外貿易，是由下而上的研究方向，其多篇論文集成《明清經濟史論叢》、《中國近代經濟史論叢》、《中國經濟史研究》，與梁先生分競合擊，繪出明代財經史的大貌。

明、清兩朝經濟史向來並列，名家學者輩出，臺灣、香港、大陸、日本、美國研究者迭有大作。市鎮經濟萌芽及興起、手工業發展及昌盛、海外貿易由禁至開到絡繹不絕；經濟型態上，由實物交易、上稅，逐漸轉成貨幣交易、銀銅雙本位制，寶鈔窒礙難行而絕跡。田畝賦役制度上，從明代初年小農制、國家掌有較多土地，演變成中後期大地主出現、土地兼併；從明初米穀布帛等農業產品直接繳納稅賦、親身服勞役，演化成明後期本色折色的半銀半實物繳納賦稅、以銀代役或親身服役兼有，終至明末、清代的實物經濟退場，貨幣經濟幾乎取而代之。

值此兩代亦分競合擊的形勢，明末清初似為一處尚能迴旋之地。萬曆是明代經濟、財政分水嶺，前十年有張居正悉心籌策，蒸蒸日上，在萬曆中期達到高峰。萬曆中期，同時也是江南市鎮、手工業最盛時期，城市及市民成為一群不可忽視的力量，是明朝經濟中堅；富藏於民而上達天聽，連貴有四海的明神宗也垂涎三尺，大派礦稅監使到各地掘財，因此引發民間普遍不滿，特別是市鎮的中堅份子。東林人士起而與皇帝抗衡，他們反對皇權極趨專制和皇族勢力獨佔經濟領域，要求經濟上的合理、合法發展，適與王朝立儲問題聯結，遂掀起激烈且不斷被渲染、擴大的鬥爭，下迄崇禎年間也未能止息。
〔註2〕關於這段時期，李龍潛《明清經濟探微初編》，還有集合多篇論文的《中

〔註 2〕 左雲鵬、劉重日，〈明代東林黨爭的社會背景及其與市民運動的關係〉，收入

國資本主義萌芽問題討論集續編》，都有相當深入的研究。〔註3〕

　　晚明既是一個民間力量可與皇室分庭抗禮的時代，也是一個政治的北京與經濟的南京互別苗頭的時代，南北方在各個領域都爭取對等、自利，財經順勢成為一個不可忽視的重要主題。北方有財經政策的主導權，南方有經貿活絡、寬廣交易的需求，如何在當權與民生之間取得平衡，讓雙方都能滿意，獲致最大利益，是一件棘手的事情；李伯重《多視角看江南經濟史 1250～1850》，主張多元化看江南經濟，從貼近一般人民的生活，婚育、經營規模、耕織種作等等來觀察、理解，〔註4〕對本論文研究時期有許多啟發。

　　黃仁宇《十六世紀明代中國之財政與稅收》則是與本論文直接相關之作，該書研究十六世紀的明代財稅管理與分配問題，而這正是明代戶部主要業務。黃仁宇指出明朝財稅管理複雜、繁瑣，欠缺如現代有系統的財管方法，導致國家財政與稅收不能有最大運用效益。在〈中國近五百年歷史為一元論〉裡，黃仁宇亦抨擊明朝財政設計，是基於一個偉大農民所欲達到的低水準人造平衡，從朝代誕生之始，制度的不良設計便造成它日後財政紊亂且拮据的後果。〔註5〕

　　黃仁宇的著作終於萬曆中期，對於崇禎朝財稅細部並未涉及；其次，黃仁宇以現代財政管理觀點套用在明代國家的財政和稅收，針砭甚力，較少直接就史料所示平鋪直敘。本論文一則嘗試從明代最末一朝的財經著手，試圖重建一段歷史，二則希望從置身當時代的角度詮釋當時之事，盡量以檢視而非批判的方式論述。

　　晚明多方力量互相競爭最盛時期，應屬天啟末到崇禎初，尤其是崇禎元年（1628）魏忠賢及其同夥勢衰下台為最，明朝內部兩敗俱傷，亟需復原、休養、再重振，此際浮出執掌晚明財經的戶部尚書畢自嚴，任重而道遠，老而彌堅，與西漢趙充國、東漢馬援氣概相仿，充分發揮知識份子不與時代相消沈的道德勇氣，出而扛下此重擔，積極擘劃，與崇禎帝和朝野共同期待再

　　　　《中國資本主義萌芽問題討論集 續編》（臺北：谷風出版社，1987 年），頁296～313。
〔註 3〕李龍潛，《明清經濟探微初編》（台北：稻鄉出版社，2002 年）。中國人民大學中國歷史教研室編，《中國資本主義萌芽問題討論集》（北京：三聯書店，1957年）。
〔註 4〕李伯重，《多視角看江南經濟史 1250～1850》（北京：三聯書店，2003 年）。
〔註 5〕黃仁宇，〈中國近五百年歷史為一元論〉（收入氏著《放寬歷史的視界》，臺北：允晨文化實業公司，1988 年），頁 199～219。

造，重建政府威信與民生富裕。

本論文回顧崇禎元年之前的晚明背景，大約以回溯十年為界，一則採其年代近而直接相關，二則取遼餉開徵在萬曆四十六年（1618），到天啟朝結束剛好十年；邊鎮軍餉議題，就是本論文探討核心。第二章〈天啟朝前後的政經回顧〉，由前述得來，所謂「天啟朝前後」，意指「與天啟朝相近的時間」，非硬性只指天啟朝七年斷限而已。

這篇論文的主旨，在透過畢自嚴任戶部尚書期間，就戶部財經政策與業務所上的題本彙整──《度支奏議》，來瞭解崇禎初年明朝政府在財政上的經營狀況，比較偏官方觀點，亦即較偏由上往下看晚明財經史的方向。《度支奏議》堂稿 20 卷，是畢自嚴執掌期間的戶部全貌，故以此為主，探究晚明崇禎初年的財經政策與財政狀況，首在求瞭解畢自嚴的財政措施，改善魏忠賢亂政後衰敝的明朝財政的程度，次在求重建部份明朝末年的財政實況，更希望藉由推敲晚明財經，管窺蠡測出明朝滅亡的真實原因。

《度支奏議》的前人研究上，林美玲《晚明遼餉的研究》及楊永漢《論晚明遼餉收支》為輔助專書，但並沒有全面運用其中的數字或資料，《度支奏議》在兩本著作中多作為佐證，故本論文以《度支奏議》作研究主體，也希望在甲申三百六十年整開始動筆的論文中，為勤勞奮鬥卻壯志未酬的崇禎君臣，致一份後來者的敬意。

第二章　天啟朝前後的政經回顧

　　本論文軸心人物——畢自嚴，擔任戶部尚書的時間，起自崇禎元年五月乙丑（五月五日，1628.6.6）中央正式任命，[註1] 八月（1628.8）實際到部視事，[註2] 終於崇禎六年三月（1633.4），[註3] 共四年八個月，正值天啟年間魏忠賢亂政之後，明朝適值百廢待舉，急需振衰起敝之時；欲探討畢自嚴財政措施的成效，就必須先瞭解他身處的時局，故本章先就天啟朝前後的政經狀況作一回顧。

第一節　天啟朝前後的政治狀況

一、失學的統治者與治亂交替的朝局

　　萬曆年間曾擁有明朝最富庶的一段時間，民間經濟發達，海外貿易繁盛。然而，神宗好財，在萬曆中期派出太監四處開礦徵稅，形成令人詬病的礦稅監，對晚明的繁榮經濟造成很大打擊。[註4] 此外，神宗本人修身不佳，集酒、色、

〔註1〕中央研究院歷史語言研究所輯校，《崇禎長編》（臺北：中央研究院歷史語言研究所，1962 年，以下《明實錄》均用此版本），卷 9，記載為崇禎元年五月乙丑，頁 536。談遷，《國榷附北游錄》九（臺北：鼎文書局，民國 67 年），記載為崇禎元年五月乙酉（五月二十五日，1628.6.26），頁 5439。

〔註2〕畢自嚴，《度支奏議》（收入《續修四庫全書》，上海：上海古籍出版社，2002 年），〈微臣衰病情真國計不堪久誤疏〉：「夫臣自崇禎元年八月待皋計曹……。」堂稿卷 18，頁 4。

〔註3〕畢自嚴，《石隱園藏稿》（臺北：臺灣商務印書館，《文淵閣四庫全書》景印乾隆四十二年校本），卷 8，頁 79。

〔註4〕樊樹志，《萬曆傳》（臺北：臺灣商務印書館，1994），頁 414。

財、氣四大缺點於一身卻無法自制，並因縱欲過度、嗜酒過量而損傷健康，怠於理事，萬曆後期政治因此近乎癱瘓〔註 5〕；朝臣又因爭立皇長子為太子一事與皇帝尖銳對立，漸漸形成明朝官員意氣用事、徒好口舌之辯的不良風氣。

神宗之子光宗從小不受父皇重視，「一應恩禮俱從薄，蓋由非神廟心喜也」，身體羸弱，即使在萬曆二十九年（1601）成為太子之後也未嘗得志，〔註 6〕接受正式教育的時間相當晚，一生都被黑暗詭譎的宮廷陰謀與黨派鬥爭所左右、包圍，戰戰兢兢，朝不保夕。從萬曆末到天啟初，「挺擊」、〔註 7〕「紅丸」、〔註 8〕「移宮」三案相繼發生，〔註 9〕黨爭、對立加劇，朝廷局勢蒙昧不明。明光宗登基剛滿一個月，就在萬曆四十八年九月初一（1620.9.26）突然駕崩，〔註 10〕倉促之中，偌大帝國便由一位對政治完全冷感，喜歡木工、資質平庸的十六歲皇帝所統治。〔註 11〕

光宗登位即逝，根本來不及關照到太子朱由校。朱由校即明熹宗，因為光宗始終遭到漠視，所以連帶著熹宗作為未來皇帝所應有的訓練過程也付之闕如，他甚至不曾受過正式教育，只喜機械巧戲之物。〔註 12〕

〔註 5〕 樊樹志，《萬曆傳》，頁 286～297。

〔註 6〕 文秉，《先撥志始》（上海：上海書店，1982 年），頁 99、131。

〔註 7〕 挺擊案，萬曆四十三年五月初六（1615.6.1）酉刻，男子張差持棗木梃入慈慶宮門（太子住所），擊傷守衛內侍李鑑，至前殿被東華門守衛指揮朱雄等收繫，神宗命法司審理。刑部主事王之寀詳查，以為是宮廷陰謀，有人欲殺害太子；因事牽連到鄭貴妃謀嫡，為免事端擴大，神宗命速審速結，以張差瘋癲結案，張差與宦官龐保、劉成伏誅，神宗也為此破例現身見諸臣釋疑。戴逸主編，《二十六史大辭典》（吉林：吉林人民出版社，1993 年），頁 729～730。晁中辰，《崇禎傳》（臺北：臺灣商務印書館，1999 年），頁 6～7。

〔註 8〕 紅丸案，泰昌元年八月（1620.8）光宗病危，召首輔方從哲等入宮。方從哲諫鴻臚寺丞李可灼能治病；李可灼入宮視疾並進紅丸藥兩次，次日光宗卒。天啟初，方從哲因此事罷官，李可灼遣戍。戴逸主編，《二十六史大辭典》，頁 734。晁中辰，《崇禎傳》，頁 7～8。

〔註 9〕 移宮案，泰昌元年九月初一（1620.9.26）光宗崩，李選侍與宦官魏進忠（忠賢）謀挾皇太子自重，李選侍並堅持與太子同住乾清宮中，以鞏固自己地位。外廷大臣楊漣、劉一火景、周嘉謨等人強入宮中扶太子出見朝臣，又迫使李選侍搬出乾清宮，大局始定，見戴逸主編，《二十六史大辭典》，頁 734。晁中辰，《崇禎傳》，頁 8～9。

〔註 10〕 神宗、光宗兩代宮廷之事，見樊樹志，《晚明史》上。神宗好財事，亦見孟森，《明代史》（臺北市：國立編譯館，民國 68 年），頁 268。

〔註 11〕 樊樹志，《晚明史》下，頁 629～702。

〔註 12〕 Frederick W. Mote & Denis Twitchett 著，張書生等譯校，《劍橋中國明代史》（北京：中國社會科學出版社，1992 年），頁 644。苗棣，《魏忠賢專權研究》

　　明朝政治由皇帝、官僚、宦官三者架構而成，後二者是皇帝之下的左右手，在政治的重要性上是相同的。雖然明熹宗庸闇，但是天啟初年外廷賴後來被稱為「東林黨」的許多忠直之士輔佐，〔註13〕內廷倚識大體的首席太監王安撐持，總算平穩地度過政權交替時期。

　　天啟朝前半期，楊漣、左光斗等東林人士盈滿朝廷，大力罷黜貪濫冗員，晉用萬曆朝因忤逆神宗而被降職、免官的諸多有為官員，北邊尚有熊廷弼等人力抗清軍，故而一時之間，朝政還算清明，沒有太大變動。〔註14〕不過，這三年多裡，活躍在政壇的並不只有東林人士，內廷中還隱伏著另一個不安分的角色──魏忠賢。

　　魏忠賢，北直隸肅寧人，因家貧淨身為太監，〔註15〕在光宗成為太子之後，被分配到東宮，與光宗一家朝夕相處，於熹宗有提攜保抱的家人之情，又和熹宗萬分依賴的乳母客氏有相當親近的關係，十分得熹宗信任。熹宗登位之後，由於無能且不喜政事，魏忠賢及客氏身居左右，便藉機攬權，權勢日大之後，就計黜王安並且加以殺害，全盤控制宦官系統，魏忠賢升任宦官首席──司禮監秉筆太監之位，還得到通文義的太監王體乾之助，牢牢掌握住內廷，逐漸將野心拓展到外廷，天啟朝前半期短暫的安穩情勢就隨之一步步改觀。〔註16〕

　　魏忠賢本有意與天啟初年的東林諸起復官員結交，但是都獲得冷漠而輕蔑的回應。三年之中，以楊漣為首的一批外廷官員們不斷上疏請求去除魏忠賢，驅客氏於宮外，防止他們擅權亂政。日日進逼之下，東林人士與魏黨勢

　　（北京：中國社會科學出版社，1994年），頁42～43。傅同欽，〈魏忠賢亂政和客氏〉，《故宮博物院院刊》，第3期（1981），頁55～60。

〔註13〕東林黨，晚明以江南士大夫為主的政治集團，神宗中年以後怠政，萬曆二十二年（1594）吏部郎中顧憲成革職還鄉無錫，倡重修東林書院，與高攀龍、錢一本等講學其中，與朝官李三才、趙南星結交，反對礦監稅，抨擊時政，得到部分士大夫支持。天啟時，這些人與魏忠賢對抗，楊漣、左光斗等人獄死之後，魏忠賢使人編《三朝要典》，稱他們為「東林黨」，並又撰《東林點將錄》，欲一網打盡。到崇禎帝即位，打擊閹黨、定逆案，東林災難才停止，陳振江主編，《二十六史典故辭典》（天津：天津人民出版社，1994年），頁468～469。

〔註14〕張廷玉等修，《明史》（臺北：藝文印書館，1958年），卷22，頁1～6。

〔註15〕王世華，〈論魏忠賢專權〉，《安徽師範大學學報（人文社會科學版）》，第4期（1980），頁73～79。

〔註16〕孟森，《明代史》，頁319～320。苗棣，《魏忠賢專權研究》，頁39～89。

同水火，朝局隱隱然有政爭之勢。魏忠賢方面，除宦官系統之外，這三年也與外廷大臣魏廣微、顧秉謙、崔呈秀、霍維華、徐大化等等結交，固為外援。〔註17〕魏忠賢以內廷宦官集團的力量與外官結交，加速了激烈的政治鬥爭。

天啟三年春天的京察，開啟東林人士與魏黨的直接正面衝突。京察是明代考察在京文官的制度，升賢罷不肖，〔註18〕也是東林人士還朝以來，排斥自己眼中非正直官員的方法。這次京察之後，雙方對立檯面化，越演越烈。迄天啟四年六月，東林人士結合長久以來對魏忠賢的不斷批評，以左副都御史楊漣為首，上〈劾魏忠賢二十四大罪疏〉，指陳魏忠賢以一市井無賴晉身朝堂，藉對皇帝的小忠小佞而亂祖宗之制，辱去定鼎大臣、僭越典制、亂預銓選，甚至隱然代帝執政等二十四椿大罪，聲討魏忠賢，諸臣隨後響應彈劾魏忠賢的題本（即奏疏，後文均以題本稱之）蜂擁而至。〔註19〕然而，熹宗對此一概不理，任由魏忠賢處置，於是，東林人士被罷官黜爵，大受迫害，魏黨聲勢大振，完全主宰朝政。

二、魏忠賢亂政

從天啟四年冬至七年秋，兩年多的時間裡，魏忠賢代替明熹宗成為明朝實際統治者，而明朝也因為魏氏黨徒的弄權擅政而紊亂。明末大學士文震孟之子文秉即說過：「天不祚明，不在於震驚九廟、闖逆犯順之秋；而萌于慘戮多賢、璫黨煽虐之際；又不在於稽首投減、搖尾乞憐之輩，而釀于同心擁戴、建祠頌德之徒。」〔註20〕

魏忠賢專權時期，用人行政往往受其一己喜惡與利益影響，視國家名器

〔註17〕 韓大成、楊欣，《魏忠賢傳》（北京：人民出版社，1997）。冷東，〈葉向高與宦官關係略論〉，《汕頭大學學報》，第 11 卷，第 2 期（1995），頁 45～52。

〔註18〕 京察，又稱「內計」，洪武十五年（1382）制訂：五品以下由本衙正官考核行能勤怠，五品以上及近侍、御史，由皇帝考核；次年改由吏部考核。弘治十七年（1504）規定：京察每六年逢巳、亥年舉行，四品以上具疏自陳，聽皇帝裁定去留；五品以下由吏部及都察院考核。有貪、酷、浮躁、不及、老、病、疲、不謹等「八法」。萬曆以後，京察成為黨爭工具。陳振江主編，《二十六史典故辭典》，頁 462。

〔註19〕 楊漣，〈劾魏忠賢二十四大罪疏〉（收入薛熙纂，《明文在》，不詳：江蘇書局，1889 年），卷 30，頁 8～14。張廷玉等修，〈本紀 22・熹宗〉，《明史》，卷 22，頁 6。樊樹志，《晚明史》，頁 675～684。

〔註20〕 文秉，《先撥志始》，頁 91。

如玩物。有心者知道熹宗昏庸不理國政，紛紛投靠魏忠賢以取得政治利益，於是，國勢從神宗時代的社稷無主，黨同伐異，轉變成以宦官為主，朝臣則大別為魏黨與非魏黨，廟堂之上是非黑白混淆不清，〔註 21〕形成一個極端無秩序的時代。

在專權之初，魏忠賢先大幅替換中央官員，去除不利己者，再進一步興大獄迫害異己，對於為首反對者尤其兇殘，因此產生天啟五年七月（1625.8）「六君子之獄」：楊漣、左光斗、袁化中、魏大中、周朝瑞、顧大章六人被凌辱至死，及天啟六年四月～九月（1626.4～10）「七君子之獄」：周起元、周宗建、繆昌期、高攀龍、李應昇、黃尊素、周順昌七人同樣慘死。〔註 22〕除此之外，魏忠賢以東廠、錦衣衛為工具，〔註 23〕進行言論控制和秘密監視的統治手段，對各階層施以高壓，冷酷地迫害異己，嚴重破壞國家正常法制，各法司充斥著冤案、假案。

為了掌權的合理性解釋，魏黨先編造《三朝要典》，〔註 24〕重新詮釋「梃擊」等三案，優化魏黨中人在三案中的形象，並以該書作為政治思想標準，

〔註 21〕　孟森，《明代史》，頁 320～340。

〔註 22〕　樊樹志，《晚明史》下，頁 684～687、693～698。談遷，《國榷附北游錄》，卷87，天啟五年七月丁末朔，頁 5306；天啟六年四月癸未～九月壬午，頁 5324～5336。

〔註 23〕　錦衣衛和東廠是明代的特務偵察機構，前者為內廷親軍，長官為指揮使，以皇帝親信心腹擔任，領有十七個所和南北鎮撫司，設官有千戶、百戶、總旗、小旗等，洪武十五年（1382）成立；後者長官稱「督主」，經常由司禮監秉筆太監或其他太監兼任，下設掌刑千戶和理刑百戶，永樂十八年（1420）成立。衛、廠職權無差，但錦衣衛屬於外官，用題本言事，有勛戚子弟參加，不如東廠親近，它負責偵察一切官民，東廠則偵察錦衣衛與一切官民，二者都直接奉詔行事，凌駕司法之上，陳振江主編，《二十六史典故辭典》，頁 461～462。錦衣衛見張廷玉等修，《明史》，〈志 52・職官 5〉：「錦衣衛，掌侍衛緝捕刑獄之事，恆以勛戚都督領之，恩蔭寄錄，無常員。凡朝會巡行，則具鹵簿儀仗，率大漢將軍等侍從扈行，宿衛則分番入直。……」卷 76，頁 8～9。懿民、惜純，〈千秋氣共伸　五人俠骨香〉，《蘇州教育學院學報》，第 3 期（1986），頁97。王毅，〈論"清忠譜"〉，《湖北大學學報》，第 6 期（1988），頁 1～9、15。陳鼎，《東林列傳》（台北：台灣商務印書館，《文淵閣四庫全書》景印乾隆校本）。

〔註 24〕　《三朝要典》，天啟六年正月（1626.1）纂修。閹黨給事中楊所修、霍維華上書請集三案章疏編輯為書，頒示天下，故有此命。開館修纂，極意詆毀東林人士，各以王之寀、孫慎行、楊漣為梃擊、紅丸、移宮三案罪魁。當時亦修《光宗實錄》，凡涉及三案之事，命即據《三朝要典》改之，陳振江主編，《二十六史大辭典》，頁 741。

同時，禁毀天下所有書院，企圖鉗制人民思想。其下，復編造《東林點將錄》，〔註 25〕將東林人士化作天罡、地煞等妖魔鬼怪的形象，企圖醜化他們，不斷製造如前述的各個冤案，對東林大加黜戮。最後，是對魏忠賢個人的吹捧、褒賞，在全國各地廣建魏太監的生祠，祭其「功德」，禱其壽祿，利用皇帝聖旨無限制抬高魏忠賢的身份、德性、功業，神化魏忠賢。〔註 26〕

於聖像庇佑之下，魏黨之徒在朝廷上雞犬升天，內閣大學士全是親魏人士，次一等的六部及左都御史等「七卿」當中，有五卿為魏黨，地方總督巡撫官職裡多人附魏。〔註 27〕至此，魏忠賢愈益肆志妄為，自尊自大，魏、客二氏家人封公封伯，蔭子蔭孫，明朝大政幾乎盡為魏忠賢及其黨徒所控制。

三、崇禎帝登位的新氣象

值此倒行逆施時期，熹宗突然在天啟七年八月甲寅（二十一日，1627.9.29）崩逝，遺命皇五弟信王朱由檢即位。〔註 28〕然而，魏忠賢等人卻密不發喪，企圖以魏忠賢姪子魏良卿之子假充宮妃子繼位，仿效王莽代孺子嬰攝政故事，繼續把持大權，最終在熹宗正妻懿安皇后堅拒合作，斷然說出：「從命亦死，不從命亦死，等死耳。不從命而死，可以見二祖列宗在天之靈！」的狀況下放棄。魏忠賢計無可施，只得遵遺詔召信王入宮登基，〔註 29〕即明朝末帝——崇禎帝。

天啟一朝，朱由檢沒沒無聞，魏忠賢專擅內外，不僅外廷大臣慘遭屠戮，

〔註 25〕 《東林點將錄》，天啟五年十二月（1625.12），榜東林黨人姓名示天下。御史盧承欽仿王紹徽編《東林點將錄》事，上疏請以東林黨人士顧憲成、李三才、趙南星等眾人比附妖魔鬼怪，標榜其罪狀昭示海內。魏忠賢大喜，矯詔：「其一切黨人，不拘曾否處分，俱著該部院會同九卿科道從公查確，集議奏請，將姓名罪狀並節次明旨刊刻成書，榜示海內。」陳振江主編，《二十六史大辭典》，頁 740～741。文秉，《先撥志始》有東林點將錄的詳細名單，頁 154～163。

〔註 26〕 徐濤、劉合心，〈榆林新明樓魏忠賢銅像考〉，《文博》，第 3 期（2002），頁 69～80。

〔註 27〕 冷東，《葉向高與明末政壇》（汕頭：汕頭大學，1995）。

〔註 28〕 《崇禎長編》，卷 1，頁 2。張廷玉等修，《明史》，〈本紀 22・熹宗〉，卷 22，頁 10。

〔註 29〕 文秉，《先撥志始》，頁 210。李遜之等著，《三朝野記》（臺北：廣文書局，民國 53 年），頁 125。

內宮妃子、王孫也難安生。熹宗裕妃懷皇長子，慘遭凍餓致死；〔註 30〕朱由檢生母早逝，賴莊妃撫養成童，莊妃卻為客、魏抑制鬱死，〔註 31〕而朱由檢本人也受到魏氏疑忌，常稱疾不朝謁；〔註 32〕鑑於魏黨勢大難敵，他選擇隱身深宮，韜光養晦，沈潛惕勵，因此能在天啟後半政治洪流襲捲下安然度過。

　　朱由檢奉遺詔入宮之初，宮廷狀況複雜多變，《崇禎長編》對此描述道：

　　　　（魏忠賢）遣其黨涂文輔、王朝輔迎帝入宮，群臣無得見者。帝自
　　　　袖糒糗以入，不嘗宮中食。夜秉燭坐，見一閹持劍過，索視之，遂
　　　　留置几上。聞警夜擊柝聲，自起問勞之，傾謂左右曰：「安得酒食給
　　　　若輩乎？」或對以：「問之光祿寺。」即下令旨傳取，加遍給之，歡
　　　　聲如雷。〔註 33〕

即位之後，朱由檢又曾遭逢魏忠賢屢次以春藥吹煙入殿薰迷，企圖導致他如先前兩帝一般，好色損身而亡。〔註 34〕當時，崇禎帝是獨自一人抗衡著詭譎多端的宮廷陰謀，表現冷靜而沈著。

　　對付著如此權宦，崇禎帝只能暫時按兵不動，靜待時機，期待由下而上浮出的倒魏風潮助己一臂之力。直到天啟七年十月底（1627.11），朝野才掀起大幅批判魏忠賢的輿論，崇禎帝藉著浙江海鹽縣貢生錢嘉徵〈奏為請清宮府之禁、以肅中興之治、以培三百年士氣事〉一疏，當面宣告魏忠賢併帝、蔑后、弄兵、無二祖列宗、克削封藩、無聖、濫爵、掩邊功、朘民、通同關節等十大罪狀，使得魏忠賢上疏自辭所有職務試探帝意。崇禎帝面對他的試探，立即照准，並將魏忠賢及其家屬抄家、充軍、奪爵，禁毀魏黨所修《三朝實錄》等書，以正朝野視聽，〔註 35〕開啟往後一年多對魏黨的大肆追查，將緣夤倖致、攀附權璫，藉鹵簿加級、寧錦大捷、殿工、藩封敘錄等等名義而獲得官爵祿賞者一一削籍去官〔註 36〕。

　　其次，崇禎帝也個別昭雪、追贈枉死被黜的東林人士，如原都察院左都御

〔註 30〕楊漣，〈劾魏忠賢二十四大罪疏〉，《明文在》，卷 30，頁 10。
〔註 31〕張廷玉等修，《明史》，卷 114，頁 13～15。
〔註 32〕李遜之等著，《三朝野記》，頁 125。
〔註 33〕《崇禎長編》，卷 1，頁 3。李遜之等著，《三朝野記》，頁 125～126，文字類似，應從前書化出。
〔註 34〕李遜之等著，《三朝野記》，頁 126。
〔註 35〕樊樹志，《晚明史》下，頁 703～750。晁中辰，《崇禎傳》，頁 36～58。《崇禎長編》，卷 3，頁。
〔註 36〕《崇禎長編》，卷 20，頁 1220～1230。

史高攀龍贈太子少保兵部尚書，原都察院左副都御史楊漣贈太子太保右都御史，原都察院左僉都御史左光斗贈太子太保右副都御史，原福建道御史黃尊素贈太僕寺卿，其他死難人士也都有優恤，〔註37〕蔭賞其子孫、恢復其名譽。倖存者則予以起用、開釋、加恩，朝局頓然大清，明朝風氣一振，人心雀躍。

　　同時，崇禎帝也發太倉、工部、光祿寺，及順天府等處府庫銀共 540,000 兩犒賞邊軍，〔註 38〕以慰保邊之勞，加強鞏固邊防。觀崇禎帝登基後所作所為，無不順天應人，煌煌具中興氣勢。然而，隱藏在逆瑺敗亡、新恩均霑的喜悅後面，卻是一個朝中黨同伐異、官員散漫、財政困窘，朝外邊防緊急、民變四起的大明帝國，〔註39〕為崇禎新氣象籠上一層陰影。

第二節　天啟朝前後的經濟狀況

一、傳統賦役根基崩解與商貿的蕭條

　　明代賦役制度是以載列田土分佈狀態、所有權的魚鱗圖冊以及戶口名簿——黃冊為本，里甲制度為輔建立起來的。到了晚明，里甲制度基礎——由佃農和自耕農構成的穩定小農經濟已經被嚴重土地兼併所破壞，因此，里甲制度隨之敗壞，再也不能發揮政府控制人民的作用，其經濟強制機能也因此而削弱。〔註40〕

　　萬曆末年以後，社會上土地兼併情況愈益嚴重。當時土地集中在少數地主手上，統治階級對土地的佔有程度更為其中之尤。萬曆四十二年三月（1614.4）福王就藩洛陽，神宗原賜田 40,000 頃，後迫於輿論壓力，福王自請減莊田為 20,000 頃，即便如此，在河南仍是湊不足數，別以山東、湖廣之地補足，神宗猶指定要肥沃之田，並且催逼至急。〔註 41〕《中州雜俎》形容該地宗室道：「明季河南諸藩最橫，汴城即有七十二家王子，田產子女盡入公

〔註37〕《崇禎長編》，卷 20，頁 1230～1231、1244、1271。

〔註38〕《崇禎長編》，卷 1，頁 9。

〔註39〕陳建國著〈崇禎悲劇的歷史必然〉（收入《咸陽師專學報》12 卷 5 期，咸陽：咸陽師專，1997 年 10 月），頁 37～38。苗棣，《魏忠賢專權研究》，頁 238～248。

〔註40〕王毓銓主編，《中國經濟通史・明代經濟卷》上（北京：經濟日報出版社，2000 年），頁 223～243、310～313。

〔註41〕《明神宗實錄》，卷 515，頁 9716、9718；卷 518，頁 9771、9773～74。

室，民怨已極。」〔註42〕

在其他地方，天啟七年（1627），神宗諸子——惠、瑞、桂三王並封，同年就藩。瑞王先請賞 30,000 頃祿田，朝廷因財力問題，准 10,000 頃，但直到瑞王已經就藩，位於陝西、漢中的瑞府之田還難以湊齊。〔註43〕惠王、桂王祿田共 10,000 頃，然而，頃田地所在的湖廣省，先有潞王、福王屢次搜刮，已經沒有多餘田地，直到崇禎二年八月都還沒能收齊；瑞王之田亦是如此。〔註44〕當時明朝境內田土總數，經張居正主政時期的三年重新丈量，萬曆九年天下田土共 7,013,976 頃，〔註45〕以此衡量，晚明諸王祿田地畝之大，不容小覷，這些是宗室利用權力濫行兼併的例子。

宗室之外，縉紳利用特權攫取的土地數量亦大為可觀，如萬曆年間南直隸有「豪家田至七萬頃，糧至二萬」，〔註46〕其結果便是導致越來越多自耕農喪失土地成為佃農，而地主則趁機收取重租，坐享其成。〔註47〕土地大肆兼併亦使全國田土地籍資料失真，而萬曆中期以後混亂的政治亦導致魚鱗圖冊內容長年未更新，符合實況的田土冊籍付之闕如。〔註48〕

在商業貿易與城鎮發展上，明代後期由於國內商業發達及海外市場開拓，因此對貨幣需求量大增，嘉靖以後，白銀取代紙幣和銅錢成為流通中的主要貨幣，銅錢變為輔幣，形成銀錢雙本位制度。〔註49〕當時，民營手工業興起，全國各地出現許多新的手工業市鎮，如蘇、杭、南京、嘉興、湖州的絲織業，蘇松的棉紡織業，江西景德鎮的瓷器，佛山和遵化的鑄鐵業，雲南、兩廣的銅、鉛礦業，福建、江西、浙江的製藥業，河南、山東的棉花，湖廣的糧食，西北的毛皮和藥材等等，復因各地區間交流管道暢通，即使在中小城市或偏遠山區都能有齊全的他處商品，因此商品生產與銷售得到空前發

〔註42〕汪價，〈中州地半入藩府〉，《中州雜俎》，（台南：莊嚴文化事業公司，《四庫全書》目叢書景印民國 10 年印本），卷 1，頁 20。

〔註43〕《明熹宗實錄》，卷 81，頁 3951～3952、3955～3956；卷 82，頁 3982～3983。談遷，《國榷附北游錄》九，卷 88，天啟七年三月丙申：「戶部覆，陝西總督王之寀言瑞王贍田陝省毋執六千頃之數，宜秦任其一，四川、山西、河南分任其二。從之。」頁 5367。

〔註44〕《明熹宗實錄》，卷 82，頁 3998～4000。《崇禎長編》，卷 25，頁 1457～1458。

〔註45〕張廷玉等修，《明史》，卷 77，頁 7。

〔註46〕張居正，〈答應天巡撫宋陽山論均糧足民〉，《明文在》，卷 41，頁 5。

〔註47〕李龍潛，《明清經濟史》（廣東：廣東高等教育出版社，1988 年），頁 259～260。

〔註48〕王毓銓，《中國經濟通史‧明代經濟卷》上，頁 93～94。

〔註49〕孫健，《中國經濟通史》（北京：中國人民大學出版社，2000 年），頁 538。

展，造成明朝後期將近百年商業特別繁榮的時期。〔註50〕

自耕農在土地兼併大勢下，失去土地，但商貿熱絡發展，足以吸收農村多餘人口進入城鎮從事手工業，換取溫飽，緩和社會壓力。但這一切榮景卻於萬曆末年逐漸成為昨日黃花。

明神宗是一個豪奢貪婪的人，皇室用度毫無節制，自己大婚時用去 70,000兩，兒子瑞王選婚用去 190,000 兩、福王修府邸又花了 280,000 兩，紫禁城內內官濫冒，〔註51〕此外，又大興土木，造定陵、建宮殿，〔註52〕任由礦稅監在市井上橫行無忌，〔註53〕為己、為子大肆聚斂錢財，對晚明經濟發展造成無可彌補的破壞。

等而下之，天啟年間，明廷的揮霍態度並未絲毫收斂，萬曆年間被火焚燬的紫禁城三大殿，都在此際被修復，而當時的兩淮巡鹽御史清查兩次鹽司助大工銀亦達到 1,016,386 兩，〔註54〕僅皇極殿就費 1,500,000 兩銀；〔註55〕三大殿總工程在天啟七年十月（1627.11）底才完成，耗費銀 6,887,525 兩餘，〔註56〕而這些尚不包括同時間進行的陵工與建造各地王府等其他工程的花費。在皇室用度上，天啟七年晉封兩位皇貴妃、四皇妃，辦理兩位長公主及皇五弟信王的婚禮，皇叔惠、瑞、桂三王就藩典禮及之國沿途的花費，共用去銀 1,400,000 兩，〔註57〕使得國庫幾乎罄盡。

由上述的鉅額花費推知，天啟年間對於城鎮的橫征需索將只增不減。於是，統治階層利用行會、牙行徵稅，勒索商人，又屢次加重商稅，放縱官員為中央搜刮，〔註58〕導致生產萎縮，工商業蕭條，市鎮因此再也沒有多餘的工作機會來吸收農村過剩人力，故而失業人口持續擴大，〔註59〕社會上不安定的成分日益增加。

〔註50〕 王毓銓，《中國經濟通史・明代經濟卷》下，頁 692～701。

〔註51〕 《明神宗實錄》，卷 516，頁 9731。

〔註52〕 樊樹志，《萬曆傳》，頁 479～48。

〔註53〕 王毓銓，《中國經濟通史・明代經濟卷》下，頁 731～732。Frederick W. Mote & Denis Twitchett，《劍橋中國明代史》，頁 574～575、637。

〔註54〕 《明熹宗實錄》，卷 72，頁 3495。

〔註55〕 《明熹宗實錄》，卷 72，頁 3484。

〔註56〕 《崇禎長編》，卷 13，頁 710。

〔註57〕 《明熹宗實錄》，卷 81，頁 3913。

〔註58〕 王毓銓，《中國經濟通史・明代經濟卷》下，頁 723～731。

〔註59〕 李龍潛著，《明清經濟史》，頁 273～276。

二、國家整體財政概況

在國家財政上，天啟年間不如萬曆末年，下表 1 是〈萬曆末到天啟年間明朝戶口財賦出入概況表〉，由其中數字變化，可略窺此際國家財政端倪。

表 1 並非《明實錄》中所列的每一年度所有明代國家租稅種類，如硃砂、水銀、黃蠟、棉布……等徵收實物的項目盡皆去除，不列入表 1 中，僅列出牽涉到用銀交稅的項目，以與通篇內容相符。其次，戶數、口數、官民田土及米麥田賦等非關白銀的項目之所以在列，取其為租稅根本項目的性質，列出以作背景數據。至於馬草一項，因跟本論文往後述及內容相關，故列出全國全年徵收數目，以當作參考的背景數據。第三，天啟四年、七年及崇禎元年，《明實錄》裡面沒有資料，無法列出。

由表 1 中可以看出，戶數、口數、官民田土、米麥田賦這幾列項目的數字累年不變，明顯是實錄執筆者照以前記錄抄下，沒有更新。查《明實錄》，萬曆一朝，只有三十和四十八年（八月以後為泰昌元年）年終有這種記錄出現，這或許是因為在萬曆六年時，曾經大規模將明代全國賦稅地籍等資料重新調查過，並編成《萬曆會計錄》，所以數十年都未嘗再更新，直到天啟年間，還一直保持著近五十年前的數據紀錄，〔註60〕因此，這幾列的數字能否代表天啟年間的實際變動狀況，令人存疑。

漕運米以後的各列數字，每年都有變動，差異不小，足見是逐年更新的資料，值得詳究。先就漕運米本身討論，南方之米經過大運河漕運北上以供京師之用，每年額定是 4,000,000 石，從表中漕運米總數據可知，萬曆末到天啟年間，均是滿額收足，萬曆四十八年和天啟六年更是超額逾常，從該列小字推查，這兩年與元年截留天津之數都在 430,000 石以上，和遼東有警不無關係。〔註61〕自天啟二年起，出現小字「截留毛帥」一項，亦表示軍事支出增加。

此外，漕運米那一列小字的「災傷改折」數目，從萬曆末 455,131.29 石→天啟元年 226,809.35 石→二年和三年 161,399.1196 石→五、六兩年的 24,778.54 和 50,083.534 石，逐漸遞減，顯示天啟初年地方上受災比後期嚴重；相對地，

〔註60〕《明神宗實錄》，卷 574，萬曆四十六年九月辛亥：「戶部以遼餉缺乏，……照萬曆六年會計錄所定田畝，總計七百餘萬頃，每畝權加三釐五毫……。」知表 1 中關於官民田土一列的數據紀錄，與《萬曆會計錄》是相差不遠的，頁10862。

〔註61〕《明神宗實錄》，卷 589，戎政尚書黃克纘言：「建夷再入，遼左難支。」頁11271。

表 1：萬曆末到天啟年間明朝戶口財賦出入概況表

項目／時間	萬曆 48	天啟 1	天啟 2	天啟 3	天啟 5	天啟 6
戶數（戶）	9,835,426	9,835,426	——	9,835,426	9,835,426	9,835,426
口數（人）	51,655,459	51,655,459	——	51,655,459	51,655,459	51,655,459
官民田土（畝）	7,439,319 頃 83 畝 8.90743285 釐	7,439,319 頃 83 畝 8.90743285 釐	——	7,439,319 頃 83 畝＋	7,439,319 頃 83 畝 8.90743285 釐	7,439,319 頃 83 畝 8.90743285 釐
田賦：米（石）	21,493,563.111298	21,493,563.111298	——	21,493,563.1＋	21,493,563.111298	21,493,563.111298
田賦：麥（石）	4,300,082.698882	43,000,082.698882	——	4,300,082.6＋	4,300,082.6988825149	43,000,082.6988825149
租稅：鈔	81,137 錠 2 貫 323 文	81,137 錠 2 貫 323 文	——	81,137 錠 2 貫 300＋	81,130 錠 2 貫 323 文 9 分 5 釐	81,130 錠 2 貫 323 文 9 分 5 釐
租稅：金價銀（兩）	5,569	5,569	——	5,569	——	——
租稅：銀（兩）	3,023,718.0966177	3,023,718.9966677	——	3,023,718.9＋	——	——
租稅：戶口鹽鈔銀（兩）	259,703.37368	259,703.37368	——	259,703.3＋	259,703.37368	259,703.37368
租稅：牧地子粒銀（兩）	28,604.07755	28,604.47755	——	28,604.4＋	28,604.47775	28,604.47775
租稅：屯折銀（兩）	24,822.8876	24,822.8876	——	24,822＋	24,822.8876	24,822.8876
租稅：牛租穀（石）	201.1853	201.1853	——	201.1＋	201.1853	201.1853
租稅：馬草（束）	24,757,939 束 4 斤 13 兩 6 錢 5 分	24,757,939 束 4 斤 13 兩 6 錢 5 分	——	24,757,939	24,757,939 束 4 斤 13 兩 6 錢 5 分	24,757,939 束 4 斤 13 兩 6 錢 5 分
漕運米（石）本額 400 萬石	4,119,999.69（北京和通州倉 2631341.21，支運德州倉 60000，新舊災傷永折暫折 455131.29，兌改天津昌平薊州密雲倉 434583，截留天津 504255.19，皇城四門倉并新添惠桂二府 34689）	39,999,989.292（北京和通州倉 2688928.8724 新舊例 2474723.642，新舊例永折 344347.708，災傷改折 226809.35，兌改天津昌平薊州密雲倉 437583.3，截留天津 482000，皇城四門倉并新添惠桂二府 34526）	4,000,000（北京和通州倉 2688928.8724 新舊例永折 360188.708，災傷暫折并運黔 161399.1196 兌改天津昌平薊州密雲倉 454947.3，截留天津 200000，皇城四門倉并新添惠桂二府 34536）	4,000,000（北京和通州倉 2688928.8724 新舊例永折 360188.708，災傷暫折并運黔 161399.1196，兌改天津昌平薊州密雲倉 454947.3，截留天津 200000、毛帥 100000，皇城四門倉并新添惠桂二府 34536）	4,100,000（北京和通州倉 2998240.452 新舊例永折 327497.708，災傷改折 24778.54，兌改天津昌平薊周密雲倉 454947.3，截留天津 160000、毛帥 100000，皇城四門倉并新添惠桂二府 34536）	4,300,000（北京和通州倉 2953757.458 新舊例永折 327497.708，災傷改折 50083.534，兌改天津昌平密雲州倉 454947.3，截留天津 480000，皇城四門倉 33714）
太倉銀庫入銀總數（兩）	5,830,246.094983	3,252,556.962	2,052,698.07729	——	3,030,725.580104	3,986,241.712538
太倉銀庫入銅錢總數（文）	39,357,904	31,019,205	24,370,512	——	80,661,111	69,553,658
太倉銀庫支京邊遼餉銀（兩）	6,086,692.861169	3,187,899.566545	1,960,000.09683	——	2,854,370.131715	4,279,417.398201
太倉銀庫支銅錢（文）	36,606,616	24,733,065	??,?47,554	——	79,021,929	70,302,022
新餉入（兩）本額 520 萬兩餘	——	3,051,513.59	1,810,525.76	——	——	——
新餉：雜項（兩）	——	1,145,903	654,413	2,292,000＋	——	——
新餉：巡撫軍餉（兩）	——	14,103.64	6,000	——	——	——
新餉：鹽課（兩）	——	59,425.87	363,716.77	——	——	——
新餉：關稅（兩）	——	29,242.42	52,472.52	——	——	——
新兵餉銀支出（兩）	——	5,381,007.334	3,967,721.17	——	——	——

發銀（兩）	—	—	560,000	—	—	—
鹽課解京並贓罰銀（兩）	—	—	—	1,455,435.7＋另 21,628 引辦鹽 2,399,520 斤	—	—
各運司徑解宣大山陝等鎮支出銀（兩）	—	—	—	259,092.5＋	—	—
粵閩川雲省留充兵餉銀（兩）	—	—	—	66,987＋	—	—

資料來源：《明熹宗實錄》，卷 4，頁 224～227；卷 17，頁 893～896；卷 29，頁 1492～1494；卷 42，頁 223～226；卷 66，頁 3164～3166；卷 79，頁 3865～3868。

漕運米的主要目的地——北京和通州倉，在天啟三年之前的收入都在 2,600,000 石上下，直到五、六兩年才攀升到近 3,000,000 石，可以看作前述的間接佐證。

「新添惠桂二府」34,000 石左右這項小字值得注意，它表示天啟年間，個別皇親廩祿也是國家支出大宗。往前對照隆慶年間及萬曆三十年的漕運紀錄，除了「舊例并災傷改折」及「蠲免天下田糧」的附目外，並無如表 1 中本列裡，除京倉外，主要是改兌給各邊鎮的條目，並且徵收數都是 4,000,000 石附近，據此或可以說明，天啟年間的漕運米，很大一部份已是供作邊鎮軍事之用，而非單純只供京城消耗。〔註62〕

其次，再從太倉銀庫收入銀銅總數來看，銀收入量由萬曆末年近 6,000,000 兩，跌到天啟二年只有 2,052,698 兩，迄天啟末年只有 3,986,241 兩；銅則是由萬曆末近 40,000,000 文收入，跌到天啟二年 2,430,000 文，最終回到天啟六年 69,550,000 文，看似增加，但對照天啟末年銀的收入量較萬曆末掉去三分之一的狀況，終究不能掩蓋晚明財政日趨困窘的事實。

第三，就太倉銀庫支出銀銅總數而言，萬曆四十八年似是銀支出的最高峰，達到超過 6,000,000 兩之多，其後逐年下滑，達到天啟二年的最低點 1,960,000 兩，再爬升到天啟六年的 4,270,000 兩；銅錢支出亦然，由萬曆末的 3,660,000 文一路下滑，天啟二年資料不清，就整體態勢推估，應該也是呈谷底趨勢，隨後又逐步攀升到天啟末年的 7,000,000 文以上。由支出看來，呈現天啟朝比萬曆朝收斂的現象，然而，不能忽略自天啟元年開始，表中出現徵收新餉的事實。新餉預計徵收額是 5,200,000 兩銀，實際上卻只徵收到 3,050,000 和 1,810,000 兩，足見這項額外徵收對於明朝人民來說，已經是竭澤而漁的下下之策。新餉之徵在表中只有天啟元、二年的紀錄，但事實上，直到崇禎年間都還持續徵收著新餉，並且也始終收不足 5,200,000 兩的數字，各地逋欠連連。

〔註62〕　《明穆宗實錄》，卷 15、27、40、52、64 末尾有關全國各項賦稅收支的記錄。

　　新餉和其後列雜項銀、巡撫軍餉銀的徵收，以及在鹽課、關稅、贓罰銀的加稅和解京運用，無不表明天啟年間軍事行動與花費的增加，這點，揆諸新兵餉銀支出一列可證，兩年的支出加起來超過 9,000,000 兩銀。至此，天啟一朝明廷的整體國家財政狀況可言是捉襟見肘、入不敷出。

三、邊備大量支出與田畝的沉重負擔

　　明朝因北方蒙古還保有相當強大的軍事力量，對國家安全造成嚴重威脅，因此，在北方先後設有遼東《度支奏議》裡又稱寧遠鎮，故後文均稱寧遠、薊州、宣府、大同、山西、延綏、寧夏、固原、甘肅九個軍事邊鎮，備有大將重兵以資禦守。〔註 63〕時異世移，天啟年間，換成遼東金鐵騎秣兵厲馬，時時準備躂伐中原大地，因而軍事支出暴增。從萬曆四十六年到天啟七年，十年間對後金用兵，花掉戰費無算，導致用來接濟北方九邊鎮的新餉成為財政沉重負擔；九邊鎮相關位置圖，見〈附圖一：明代九邊鎮圖〉。

　　新餉之派，是循嘉靖二十九年（1550）俺答入侵北京之例而加派的，起因則是萬曆四十六年，東北女真努爾哈赤反明起兵，明朝政府庫存銀兩不足以支應驟起之軍費，故而對全國實行加派以助軍費，因用之於遼東戰事，故即為「遼餉」。〔註64〕這次加派規模及於全國。遼餉加派同時，也標誌著明朝開始進入戰時財政政策。為了能兌現加派，還特設督餉撫臣一員督理遼餉。〔註65〕

　　遼餉的新餉部分，在萬曆四十六年九月（1618.10）、四十七年十二月（1620.1）、四十八年三月（1620.4）共徵派三次，詳情如下表 2。

表 2：萬曆末年三次田賦加派表

萬曆年·月	46.9	47.12	48.3
全國田畝數	701,391,628	701,397,628	701,397,628
每畝加派銀數（兩）	0.0035	0.007	0.009
田畝加派銀數（兩）	2,000,031	4,000,062	5,200,062

資料來源：楊永漢，《論晚明遼餉收支》，頁 56。

〔註 63〕　全漢昇，〈明代北邊米糧價格的變動〉（收入《中國經濟史研究》二，臺北：稻鄉出版社，民國 79 年），頁 177。
〔註 64〕　楊永漢，《論晚明遼餉收支》（臺北：天工書局，民國 84 年），頁 50。
〔註 65〕　《明神宗實錄》，卷 574，頁 10865。王毓銓主編，《中國經濟通史·明代經濟卷》上，頁 317。

　　由表 2 中可以看出對於明末慣稱的「九厘銀」這一名詞，是源於萬曆四十八年加派最終達到九厘的緣故，而這個數字，而是經過三次加派田畝才逐漸加到九厘的，總數則是由第一次的 2,000,031 兩，增到第三次的 5,200,062 兩銀。此後，天啟、崇禎間，又有各種為籌措遼餉而加的稅，林林總總加起來，到最後，遼餉的數字是每年約 9,000,000 兩上下。〔註66〕

　　單就 9,000,000 兩這個數字，並不能體會到遼餉對賦稅徵收的影響，但若將它移到全國每年賦稅的位置當中考察，便可知其份量。在明末，已經有約一半的徭役銀已經攤派在田畝之中，而當時的田賦銀年收入由上一節的表 1 知道是銀 3,000,000 兩左右，這是正項稅額之中，包括一半徭役銀數量的政府最大宗收入。

　　徭役銀源自丁銀，在攤入田畝之後，政府的第二項收入──丁銀，就剩下 5,970,000 兩，第三項鹽課銀 2,000,000 兩，第四項雜項收入銀 3,780,000 兩，這四大項主要收入全部加起來是 39,699,500 兩銀，即是明末政府年收入數字。值得注意的是，明代人民交稅，能完納到八成便已經算是相當不錯的成績，亦即是 31,759,600 兩，由此可見遼餉在賦稅中地位之重，其總數佔晚明全國總賦稅 28%。〔註67〕

　　從萬曆四十六年到崇禎四年，遼餉的收入與支出相抵，總是入不敷出，並且虧在百萬以上，甚至如天啟四年和崇禎元年的 2,000,000 多兩。〔註68〕事實上，遼餉的繳納已經是地方官極為努力之後勉力催徵的結果。僅在天啟六、七年間，浙江、河南、山東、湖廣、福建、江西、南北直隸等幾省，拖欠的遼餉便已高達 1,000,000 兩，〔註69〕這些錢，到崇禎年間仍然收不到，同時間，卻又加上新拖欠。崇禎元年時，當年遼餉繳納只達二成而已，〔註70〕而在崇禎初年，大部分地區的遼餉加派，均能完額六成以上，〔註71〕雖比天啟末年有些府動輒便是全數未解的狀況好很多，但距離全數收完，畢竟

〔註66〕孫承澤，《春明夢餘錄》（臺北：臺灣商務出版社，民國 65 年），卷 35，頁 11。
〔註67〕以上兩段文字，林美玲，《晚明遼餉的研究》（臺灣大學歷史研究所碩士論文，民國 76 年），頁 135～141。
〔註68〕楊永漢，《論晚明遼餉收支》，〈表 48：萬曆四十六年（1618）至崇禎四年（1631）遼餉收支額數表〉，頁 143。
〔註69〕楊永漢，《論晚明遼餉收支》，〈表 19：天啟六年至七年（1626～1627）各省直舊餉拖欠表〉，頁 79。
〔註70〕楊永漢，《論晚明遼餉收支》，頁 86。
〔註71〕楊永漢，《論晚明遼餉收支》，頁 91。

差距仍大。

　　探究遼餉的加派實情，在天啟初年，湖廣、廣西、四川、雲南的遼餉便已轉為援助平定貴州、四川地方亂事之用，北直隸甚至因不堪負荷，請求免徵獲准。〔註72〕在真正加派時，雖然朝廷的原則是照畝加派，執行者仍會依照各地方的田、地、山、蕩漊之肥脊不同而有差異，損有餘而補不足，不是所有的田地都必須繳納到九厘。另外，在地大而稅糧輕的省分，也有改為照糧加派的。〔註73〕總之，遼餉加派，是先定總數，再依貧富肥脊，層層分派，每一府、每一州、每一縣交的遼餉總數都不一樣，當然也有像松江、常州府一樣，規規矩矩將每一畝田都加九釐銀徵收的例子。

　　由上可以看出，遼餉加派因地而異，而晚明財政徵課對象亦愈以田畝為主要，一條鞭法實行之時便已經算加一次稅，遼餉又前後加了四次（崇禎時又加至一分二厘），田地負擔可謂無以復加，沈重之極。無休止的搜刮迫使大批農民逃亡，會合因飢荒而起的流民，流民變亂因之悄然興起。民不在籍，政府收不到稅，〔註74〕可用的財源銳減。此外，北邊九鎮腹地——華北，從萬曆到天啟時期，也已承受著巨大的人口壓力，還有戰亂和鼠疫交替侵襲；唯一值得慶幸的，是在天啟朝到崇禎六年以前沒有嚴重的旱災發生。〔註75〕明朝發展至此，其實已是舉步維艱，衰疲至極。

　　政府支出過於龐大，往往由於支出的管理不善所致，而在政府與個人都處在困難時期裡，政府理應採取經濟緊縮政策，並且特別注意支出管理。〔註76〕天啟朝前後，明廷對於太倉支出毫無節制，中央大員裡又缺乏具有強大統籌規劃能力的財政大臣，即使東林人士曾在初期當權，卻仍喋喋不休於小人、

〔註72〕 《明熹宗實錄》，卷36，工科給事中方有度疏言：「自遼左發難，軍需驛騷，竭天下之物力以供一隅，……湖廣七十一萬九千兩，廣西六萬兩，四川一十二萬兩，雲南一萬六千兩，俱留作黔餉用矣！」頁1842。楊永漢著，《晚明遼餉的研究》，頁43。
〔註73〕 楊永漢，《晚明遼餉的研究》，頁74～76。
〔註74〕 參見陳建國，〈崇禎悲劇的歷史必然〉，頁37。晁中辰，〈明末大飢荒實因人禍考〉（收入《山東大學學報》2001年第5期，濟南：山東大學歷史文化學院，2001年5月），頁52～53。
〔註75〕 曹樹基，〈鼠疫流行與華北社會的變遷（1580～1644）〉（收入歷史研究編輯部編，《歷史研究》雙月刊1997年第1期，北京：華夏出版社，1997年2月），頁30～31。
〔註76〕 李超英，《財政學》（臺北：正中書局，民國66年），頁59。

君子分別的無謂之辯，〔註 77〕對於國家財經困窘的狀況也束手無策，缺乏理財能力，〔註 78〕於是，天啟朝的財政，就在既無節制又乏對策的情況下，捉襟見肘，積痾深重。

小　結

　　畢自嚴進入北京城榮膺戶部尚書之前，晚明政經狀況是很不穩定的。政治上，萬曆末年以降，朝局就陷入長期口沫橫飛、意氣鬥爭的惡性循環裡，明光宗雖似可為，卻也不幸成為政爭下的無謂犧牲品，明熹宗或出於天資所限、或懼於家變殷鑑，對政治冷感、全不關心。掌權者放棄權力，朝廷遂成為朝臣和宮廷僕婦兩方勢力的競逐場，官員、仕紳與宦官、附宦官者決然對立，毫無妥協，強硬不肯往來的結果，演變成天啟五年、六年的「六君子之獄」、「七君子之獄」，兩場宦官團體佔上風的流血鎮壓，戕害力圖振興國勢的有心之士，摧折社會公義之風巨大且深遠，風氣敗壞，民德迷惘無所遵循。

　　天啟朝一番零和惡鬥的政治濁流，隨著熹宗去世而逐漸澄清，崇禎帝的沉穩應付，翻倒宦官魏忠賢，終於將明朝政治由極黑暗帶回曙光初昇之境。然而，多年積累下來的恩怨權謀，很難一朝化盡；長久鬆散的行政系統、游離漠視的官民人心，也很難倏然集中。政治上，崇禎帝起步維艱，荊棘滿布。

　　經濟上，明代傳統賦役制度已經過明中葉的大幅度改變，關係戶口的黃冊和里甲制度崩解，賦役越來越以土地為準；土地方面，魚鱗圖冊和田地兩者間的連繫越來越疏，卻不見補救。明代以實物為主的經濟型態，到中葉時，也因為國內外貿易需要而轉變成銀銅雙本位制的貨幣為主樣貌，商業重要性再不容忽視，手工業更發達起來；一切繁盛昌榮近百年後，卻被天啟朝前後皇家的橫征暴歛、奢侈浪費重重打擊，同樣前景堪憂。

　　工商業萎縮、經濟蕭條，直接影響就是稅收減少。天啟朝前後，漕運米收多收少每年都不一定，但都收不到國定的足數則是常態；國庫太倉銀銅進帳和支出，越來越難平衡，遑論能否有結餘。這兩項僅是明朝政府實物和貨幣的兩大代表，勉強供應行政開支，遭遇無法限定時間、花費的軍事行動，就匱乏了。

〔註 77〕牛建強，《明代中後期社會變遷研究》（臺北：文津出版社，1997 年），頁 207。
〔註 78〕李龍潛，《明清經濟史》，頁 266～269。

　　天啟朝前後，鹽課、關稅、贓罰銀的加稅和解京運用，不過表明軍事需求的增加，徵象不鮮明。萬曆四十六～四十八年，連續三次公然於國家正項賦稅之外，增收遼餉中的新餉部分，總數達到 5,200,062 兩，並且又在天啟朝以後陸續增加到 9,000,000 兩，人民負擔日重一日，幾無喘息，各地官員收稅不齊，一樣逋欠無時。同時，這筆金錢通通攤入田地之中，更壓迫到明朝國本──農業和農民，時勢至此，變亂發生亦是坐而可待之事。

　　總之，天啟朝前後經濟景況不良，政府管理也不得當，開源、節流全無頭緒，與政治並為晚明兩大囊腫，侵入軀幹內部，直逼得明朝如風中殘燭。崇禎帝繼父兄登基，順勢承接下晚明沈重的包袱，危急存亡之秋，各方面都到達必須改弦更張、有所作為的時候，唯待崇禎帝的智慧及其襄助者的繼絕興革了。

第三章　畢自嚴的家世與生平歷練

　　崇禎帝登基前後的大致狀況，已如第二章所述，政治在光明中帶著隱憂，經濟則困窘難支，極待強力重整。崇禎初政，面對如此嚴峻的考驗，畢自嚴被崇禎帝啟用為戶部尚書，協助他處理棘手的財政問題。畢自嚴何許人也？如何能在崇禎帝眾裡尋才千百度當中脫穎而出，共堂晬明國計？本章即緣此理路，以畢自嚴所著個人詩文集——《石隱園藏稿》為主，將其家世與生平歷練作一陳述。

第一節　實幹精算的農本家風及青壯年歷練

一、八世務農，自立自強

　　畢自嚴是山東淄川人，淄川畢氏可溯源自公高受封於畢，世代繁衍於魯，多出山東本地刺史，以武功顯著者多。徽州戶部倉場侍郎畢懋良、南京兵部侍郎畢懋康進士兄弟、貴溪太僕寺卿畢三才、光山廣西巡按畢佐周、萊州甲申殉難分巡冀寧道畢拱辰，均是畢自嚴同族同輩兄弟。〔註 1〕始於元末明初畢敬賢，到畢自嚴這輩，已經是定居於此的第八代子孫，本節末〈表 3：山東淄川畢氏世系表〉，是其家族在淄川的簡略譜系，字體粗黑者，是畢自嚴直系祖先，各代並列的則是其直系祖先的兄弟，直系祖先兄弟之子孫，非本章討論範圍，畢自嚴亦未詳記，故不列。

〔註 1〕畢奎麟，《畢氏世譜》（南港：中央研究院，道光十二年成書），附錄，頁 1～3。

表 3：山東淄川畢氏世系表

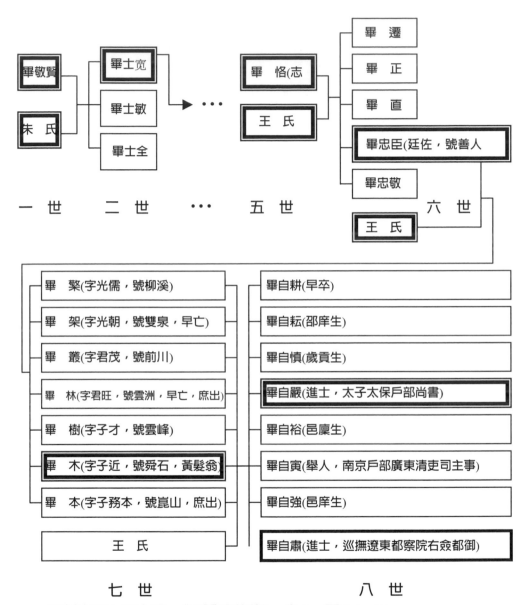

資料來源：畢自嚴，《石隱園藏稿》，卷 3，頁 36～55。

　　洪武初年，徐達驅走元帝後，畢敬賢趁天下初平，地曠人稀，從山東青州府益都縣石塘塢出發，選擇淄川這塊清溪肥土、交通便捷之地，定居西舖（古崔家莊），戮力農桑，為開基祖。畢敬賢生有三子，長子畢士寬，生子

畢清，娶牛氏，生畢赦，婚配東舖莊張氏女，生五世祖畢恪，開始粗知詩書及歷史興亡事，並以之教子弟，家風甚嚴；畢恪是鄉保正，有中人之產，畢恪更是鄉里中的長者，輕財好施，廣助宗族、鄉民。崇禎四年八月十四日因曾孫畢自嚴有功，獲贈光祿大夫太子太保戶部尚書。〔註2〕

　　自嚴祖畢忠臣，字廷佐，號善人翁，弘治十年四月七日（1497.5.8）生，萬曆三年八月二十日（1575.9.23）卒，壯碩有威儀，年輕時擔任邑掾，「尋棄刀筆而力稼穡，攻苦茹淡，閑家訓子，即臧獲輩，咸凜然畫一，如事官府」，一生都住在鄉村，為鄉老；祖母王氏亦兢兢家業，相夫教子，輔佐夫婿有方。畢忠臣有七個兒子，長成後就命令析爨，營造七個村莊與之居住，田產俱備，因此造成他自己晚年經濟拮据，卻仍然「不以纖毫累諸子」。畢忠臣子個個成材，分家之後，都能在數年內自立有成，畢家老小在淄川共有田六十頃。〔註3〕萬曆四十七年九月三十，畢忠臣因孫畢自嚴故，獲贈中大夫陝西布政使司右參政兼按察司僉事，妻王氏為淑人。天啟元年畢忠臣再被贈為太中大夫資治尹太僕寺卿，妻王氏同舊銜。〔註4〕

　　畢自嚴父輩，從大伯畢槩到五伯畢樹，均緣功曹，授曾祭官，為農民或衙門小吏。自嚴父畢木，排行第六，字子近，號舜石，晚年自號黃髮翁，生於嘉靖十六年七月二十八日（1537.9.2），卒於萬曆二十九年正月二十二日（1601.2.24），為郡庠生，早年在鄉里即以能讀書聞名，然個性樸實，「不事章句」，援例授儒官。生時於萬曆二十四年二月初五日，畢木以子畢自嚴貴，受封文林郎直隸松江府推官，妻劉氏為孺人；敕命軸由華亭籍上海人翰林院編修董其昌玄宰先生撰成。〔註5〕

　　畢木沒有考運，三十歲依然金榜無名，便棄舉業不顧，返家事親；中年時家道忽衰，變亂紛起。長兄畢槩、次兄畢架忽爾辭世，均託孤於畢木；三兄畢叢遭仇家羅織罪名，夥同知縣陷害，傾家蕩產；四兄畢林庶出，卻被畢

〔註2〕　畢自嚴，《石隱園藏稿》，卷3，頁37～39；卷4，頁21～27；畢自嚴，《石隱園藏稿》（臺北：臺灣商務印書館，《文津閣四庫全書》景印崇禎手稿本），卷4，〈中憲大夫巡撫遼東等處地方贊理軍務都察院右僉都御史沖陽畢公行狀〉，頁43～44。《四代恩綸錄》（南港：中央研究院，崇禎六年善本），誥命，頁9、誥命文，頁73～75。畢奎麟，《畢氏世譜》，卷首，頁1。
〔註3〕　畢自嚴，《石隱園藏稿》，〈祖善人翁傳〉，卷3，頁40～42。
〔註4〕　《四代恩綸錄》（南港：中央研究院，崇禎六年善本），誥命，頁3～4。
〔註5〕　《四代恩綸錄》（南港：中央研究院，崇禎六年善本），誥命，頁1。畢奎麟，《畢氏世譜》，卷首，頁2。

木堂而皇之地列名祖譜之上，引發家族口舌，致畢林羞辱欲死；五兄畢樹亦因仇家設計而惹上官司，蒙畢木鼎力襄助、周旋才討回公道，後來，畢樹死後無子，畢木還替他過繼族子畢應朋，又撥給該繼子田產使其能獨立。肩承五兄家事，姪共計長兄五子、次兄二子、三兄八子、四兄二子、至於庶出而早孤的么弟畢本，畢木亦不失扶持，將其教養成人，護持其子畢時甄。

友愛兄弟之外，畢木自「投筆以歸耕，傾囊賑貧，宗尚邑待以舉火，解紛排難」，〔註6〕孜孜致力農桑重新累積家產，義無反顧扛下照顧諸子姪的重擔，更無時無刻不嚴格督促大家讀書，身教言教，未嘗一日中斷，但從不以嚴詞厲語加諸子姪身上；長子自耕魯鈍，只識農用字，三子自慎、四子自嚴早年進學考試多次失敗，畢木只淡然道：「業患不能精，不患有司之不明。」而同畢忠臣一樣，他也是一位潔身自好，務求在經濟上獨立的幹練長者，即使在畢自嚴中進士到南方做官之後，他依舊寫信道：「女當秋毫無點，吾力農自贍，義不取錙銖污女。」萬曆十三年閏九月七日，於重建之祖廟題「自際盛世、海岱豐隆、遠承先德、于耜研經；潔白家第、招曠堂亭、溫良恭儉、苗裔嗣銘」等 32 字為祖譜世系。〔註7〕絕不倚老賣老，更不以長輩之姿而求奉養於子輩，到老都以自耕自食惕勵，不願意拖累他人。

畢木在鄉里間亦承襲祖風，行善積德，利用自己與官員結交的關係，將民苦民瘼傳達給當權者知道，希冀加以改善；此外，他甚至厚養謹飭的畢家塾師達三十年之久，塾師死後，還給其家薄田一屋。對於鄉黨來索財求助的，也從無厲色。〔註8〕淄川畢家第七代，可以說是由畢木一力撐持，才轉危為安，其敦厚謹慎的治家之風，幹練有成的持家之法，使畢氏家族再度枝繁葉茂，興盛如昔。

萬曆三十一年十一月初四畢木復被贈官承德郎刑部河南清吏司主事，寡妻劉氏封太安人；敕命由華亭人翰林院編修楊繼禮石閭先生撰成。三十四年五月初三，畢木再被贈為承德郎工部虞衡清吏司主事，妻依舊；敕命由畢自嚴進士主考官福建侯官禮部尚書翁正春撰成。萬曆四十七年九月三十日，畢木三被贈為中大夫陝西布政使司右參政兼按察使司僉事，妻劉氏升贈淑人；

〔註6〕 《四代恩綸錄》，誥命文，頁9。畢奎麟，《畢氏世譜》，卷首，頁2。
〔註7〕 以上三段文字，畢自嚴，《石隱園藏稿》，〈先君黃髮翁傳〉，卷3，頁45～49。畢奎麟，《畢氏世譜》，卷首，頁4。
〔註8〕 畢自嚴，《石隱園藏稿》，〈先君黃髮翁傳〉，卷3，頁48＆51。

敕命由河南嵩縣籍南直休寧人左諭德汪輝汪桂河撰成。天啟元年三月至五月，畢木接連升贈為太中大夫資治尹太僕寺卿、中議大夫都察院右僉都御史，妻劉氏升贈恭人。〔註9〕

　　有明一代，開國者朱元璋出身農家，艱苦奮鬥二十年才成就帝業，因此成為皇帝之後，相當重視農業，而農民也正是明代階級構成的主體。明代統治階層絕大多數都是經由科舉晉階，這些科舉出來的官紳們，追溯其本源，大部分都是出身地主之家，所謂「十代積善產此人」。其中，因政治中心在北京以及南方經濟比較發達的緣故，北方地主較易受政治控制，在社會地位上出頭的機會遠遜於南方，〔註10〕因此，畢家以世居北方，累世胼胝從農，勤儉積產，終至漸染詩書，造福鄉里，忠厚傳家，積七代至厚福德而得出畢自嚴為家族第一個進士，可謂完全符合明代理想中的縉紳形成模式。

　　由畢家祖先空手創業，到後代子孫家家有產，並顯然為淄川當地有力望族，卻不驕縱、魚肉鄉里的過程來看，如此先世與家風，對畢自嚴人格造就必然有相當深遠的影響；而畢家農業為本，在經濟上務求獨立自食，畢自嚴父祖均善於治產持家的成長背景，對於他日後突出於財經上的能力，也有關鍵的影響。

二、勤樸風雅，南北遊宦

　　畢自嚴，字景曾，號白陽，〔註11〕山東省濟南府淄川縣萬家莊人，家族世居泰山支脈──「副嶽」長白山之南，《抱朴子》稱此為七十二福地之一，長白山南端最高峰為白雲山，畢自嚴因取其「白」字以為號。〔註12〕生於隆慶三年（1569），卒於崇禎十一年（1638），享年六十九歲。〔註13〕他出身詩

〔註9〕　《四代恩綸錄》（南港：中央研究院，崇禎六年善本），誥命，頁1～5。
〔註10〕　張顯清、林金樹主編，《明代政治史》上（桂林：廣西師範大學出版社，2003年），頁75～84、113～117。
〔註11〕　畢自嚴，《石隱園藏稿》，〈遣祭先室文〉，卷4，頁62。
〔註12〕　畢盛錫編，《淄川畢少保公年譜》（北京：北京圖書館，《北京圖書館藏珍本年譜》影印清鈔本），第55冊，卷上，頁710。張廷寀等纂，《乾隆淄川縣志》（南京：鳳凰出版社，《中國地方志集成》影印民國九年石印本），圖，頁18；卷1，頁12、21。
〔註13〕　關於畢自嚴的生年，據〈祖善人翁傳〉「及祖沒時，嚴僅七齡」，及〈先君黃髮翁傳〉「嚴……歷俸六年，……先君曰：『小子年甫而立』」一句推斷而來，畢自嚴，《石隱園藏稿》，卷3，頁43、50。卒年，見張廷玉等修，《明史》，〈列

書農家，生性恬淡自適，樸實無華，深有明末逐漸興起的樸學之風，很重視文章，說文章是「肺腑之精神匯而為言，原非糟粕之末，制作之光彩，久而愈著，直與日星不磨」，並且非常推崇韓愈平實的文風，贊同循名責實的寫作方式；畢自嚴更以為文章如果寫的好，「大者欽其經濟，如河漢之倬彼清霄；小亦喜其才華，如荇藻之影於秋水」，對後世影響很大。〔註14〕

畢自嚴重然諾，即使小小一件事，他也記掛心上，至完方休。他早年任官，曾隨軍到河南、陝西兩省及今甘肅一帶出征；臨行前，六弟畢自寅出示自作的〈東萊紀行〉讓他看，要求畢自嚴回來以後作一篇〈西征紀行〉相酬，獲其答應。西征回來之後，畢自嚴真的作了一篇〈西征紀略〉送給六弟。〔註15〕西征的對象，是明朝陝西省西邊境的羌族，他們散在鞏昌府、臨洮府、洮州衛、岷州衛，和朵甘司宣慰司、四川省北境一帶；畢自嚴不僅隨軍出征，親身經歷軍事戰爭，過程當中，還不斷地考察、紀錄、訪談，寫成〈洮岷考略〉長文，對於那邊的河流、地勢、景色、兵員布置、糧餉供給、茶馬貿易狀況、礦產、物產、人民謀生方式及食物種類、醫藥情形、歷史演變，都有深刻的體察和記述，甚至官府可以如何為他們播劃未來，畢自嚴也有自己一番願景。〔註16〕後來到天津做官時，百忙之中，還抽空對鄰境屬國——朝鮮最近數十年的內政演變、宮廷鬥爭作詳盡的調查，提供予朝廷參考，避免外交時被朝鮮欺瞞。〔註17〕其人做事認真負責，出乎熱誠、近於憨傻的辦事態度，由此可見一斑。

畢自嚴生存的時代已經進入晚明時代，市井繁榮，思想解放，文藝昌盛，文人肯定現實，不盲目崇古，重禮、守禮，但希望掙脫表面教條的束縛，求心靈的自由徜徉，強調自性的發揮，建別業、築園林，悠游其中，讀書、吟詩、焚香、煮茗、鑑賞書畫等等，此風又以江南等經濟發達、商貿大興的地方為然。〔註18〕畢自嚴早期居官江南數次，亦不免染上這種風尚，加上畢氏

傳 144・畢自嚴〉，卷 256，頁 8。

〔註14〕畢自嚴，《石隱園藏稿》，〈改觀海編為尚友編說〉，卷 3，頁 4～6。

〔註15〕畢自嚴，《石隱園藏稿》，〈西征紀略〉，卷 3，頁 7～10。

〔註16〕畢自嚴，《石隱園藏稿》，〈洮岷考略〉，卷 3，頁 10～17。

〔註17〕畢自嚴，《石隱園藏稿》，〈朝鮮情形疏〉，卷 5，頁 37～44。

〔註18〕龔鵬程，《晚明思潮》（臺北：里仁書局，民國 83 年），頁 1～20。周志文，《晚明學術與知識份子論叢》（臺北：大安出版社，1999 年），〈散文的解放與生活的解脫～論晚明小品的自由精神〉，頁 221～239。陳萬益，《晚明小品與明季文人生活》（臺北：大安出版社，民國 77 年），頁 1～84。

家族叔姪兄弟雞犬相聞，過從甚密，本就有好遊好賞的田園習氣，〔註19〕因此，畢自嚴在淄川老家也建有「石隱園」，充作辭官回鄉時的居所。他曾在該園中寫道：「抗疏謝軒冕，跣足踐蓬藋，……黃鳥鳴林皋，蠹魚侵几席，醴酒恣歡娛，山蔬供烹炙。……不羨公與侯，何心仙與釋？寧知春與秋，併忘朝與夕。」〔註20〕可見他之喜好山林。同時，他也是個不戀權位的人，兼以秉賦虛弱，常常連番遞辭呈請求回鄉家居。由此可看出，在私人部分，他很重視個人心性的享受，嚮往精神上自由不受拘束。

但是，在公部分，畢自嚴是個尚實際的人，整個國家行政體系裡，他最有興趣的就是財政，曾言：「常聞治國之要先經費，經費之要先恤民。」恤民出發點為的是國家籌措財政，此處有點權術意涵，但更正確地講，畢自嚴注重事半功倍，做事不僅目標要光明正大，手法更要圓通智慧，有時間、經濟效益，避免「或有十倍人之功，而抑或有不償本之事」。故他批評明朝財經體制「細及香蠟芻秣之務」，而且都委商經手，不肯正式承認財經是立國的重要一環，部分項目應不避忌地由國家官買官賣，不要怕與民爭利之譏。〔註21〕對於晚明舊餉、新餉之徵，也抨擊「度支一再加派，歲賦除入倉外，又增几白餘萬，視舊額几兩倍以贏，而猶不敷」，提出「慎守勿失，寧減勿增」的救時第一策。〔註22〕凡此種種，在在都顯示畢自嚴就事論事，重原則、體制，從根本看問題，講究解決效率的從政性格。

仕宦履歷上，畢自嚴萬曆十六年（1588）中舉，二十年（1592）由壬辰狀元禮部尚書翁正春主考，登進士第，是畢氏家族定居山東八代以來的第一位進士。初時分發到南方任官，為南直隸松江府推官，職在司理便道，萬曆二十四年二月初五授階文林郎，妻胡氏為孺人。〔註23〕松江多位老官員們輕視他年輕，嘲笑他道：「景曾若遂堪此東吳冗劇地耶？」畢自嚴均遜謝不答。

〔註19〕畢自嚴，《石隱園藏稿》，〈崑山畢公墓誌銘〉，自嚴七叔畢本「最喜遊觀川嶽、嘯傲泉林……在洋洋萬頃中留連，不任去住。嗣是，靡日不遊，靡遊不奇。」；〈儒官震陽畢仲公墓誌銘〉，次兄畢自耘「粥粥善下，與物無競，……長白豹儒，東陵諸山，杖履幾遍。」性亦好遊，卷4，頁18、24～25。

〔註20〕畢自嚴，《石隱園藏稿》，〈石隱園懷古〉，卷1，頁4～5。

〔註21〕畢自嚴，《石隱園藏稿》，〈易僉商為官賣說〉，卷3，頁2～4。

〔註22〕畢自嚴，《石隱園藏稿》，〈八鎮經制序〉，卷2，頁75。

〔註23〕畢自嚴，《石隱園藏稿》，〈先君黃髮翁傳〉，卷3，頁49。《四代恩綸錄》，誥命，頁1～2。張廷玉等修，《明史》，卷256，頁9，本段言及任官事，出處亦此。畢盛錫編，《淄川畢少保公年譜》，卷5，頁5。

「比受事，持法平允，獄無冤滯，尤精於弊」，威震官署，讓巡方御史屢向中央上畢自嚴的治狀稱他「賦才精敏，操行端方」、「明刑劇郡，夙振廉平」，還曾奏補他吏部郎科道等官，敕命稱「身罔擇言，薦牘屢揚」，但因為畢自嚴司理「寬而有制，廉以生威」，鐵面無私得罪松江權貴，他們暗中阻斷畢自嚴列入考選的機會，使他「竟以秩滿，量移刑部河南司主事」，離開松江。〔註24〕畢自嚴有官聲卻被迫離開江南，松江父老涕泣挽留，時論也大感不平，但他只一句：「擇官而仕，非為人臣者所敢出也。」〔註25〕

萬曆二十九年，父親畢木辭世，畢自嚴遂回山東守喪。服制期滿，萬曆三十一年十一月四日，畢自嚴復官刑部河南清吏司主事，授階承德郎，妻胡氏為安人，添註候任；三十四年五月初三轉任工部虞衡清吏司主事，同階承德郎，負責整理京師軍隊及來自各省的兵器，又使得「宿蠹一清」，歷任都水清吏司郎中管理淮揚河道，都「懇懇款款，謹廉法、課章成，執掌之外，一切不問」。萬曆三十五年七月升任河南布政司右參議兼按察司僉事淮徐兵備道，居於彭城（今江蘇省銅山縣），又回任南方；四十年前後出任山西布政使司右參議，分守冀寧道，此期間身體一直虛弱，曾引疾辭官。這段仕宦歷程期間，遭遇過庚戌、癸丑兩次大計（萬曆三十八、四十一年，1610、1612），畢自嚴考績都是「卓異」〔註26〕，一秉其向來為官態度，盡忠職守，不負所託。

萬曆四十四年（1616），畢自嚴改任山西按察司副使兼布政使司右參議，分守河東兵備道，期間被以「卓異」呈報中央，升右參政，仍兼本道職務，他在山西籌畫邊備、調集糧餉共五年歲月。〔註27〕

萬曆四十五年因母劉氏去世，畢自嚴再度回鄉守喪，迄四十七年九月三

〔註24〕 蔣平階，《畢少保公傳》（清康熙壬子年畢氏家刊本，南港：中央研究院傅斯年圖書館古籍線裝書），頁1。《四代恩綸錄》，誥命文，頁3、誥命文，頁7。
〔註25〕 蔣平階，《畢少保公傳》，頁1。
〔註26〕 《四代恩綸錄》誥命，頁2～3、誥命文，頁7、誥命文，頁11、誥命文，頁18。畢自嚴，《石隱園藏稿》，〈先君黃髮翁傳〉，卷3，頁44～49、〈先妣五七祝文〉，卷4，頁57、〈奉差中途疏〉，畢自嚴出讞浙江，以父病危請回籍及該疏內容，卷5，頁1。蔣平階，《畢少保公傳》，頁2。《明神宗實錄》，卷436，頁8254。
〔註27〕 蔣平階，《畢少保公傳》，頁2～3。《四代恩綸錄》，誥命文，頁18。畢自嚴，〈嵩祝陞辭疏〉：「儻蒙皇上惻然軫念，將三十九年宣大三關等處軍餉特賜，……其山右該年民運即與蠲免……將見三晉之民膏脂不朘於輸將」；〈到任疏〉：「一籌莫展於旬宣五載」，可知其參與山西一帶軍事糧餉事務共五年，《石隱園藏稿》，卷5，頁4、7。

十日出任陝西布政使司右參政兼按察使僉事洮岷兵備道，授階中大夫資治尹，妻胡氏為淑人；畢自嚴此時有「望縣品重，才與誠符」的考語。後轉任陝西按察司按察使，守「孤懸絕塞一垣之外，非國家所有」的榆林西路兵備道，被叛服不常的羌人和海戎所包圍，蠻荒而蕭條，他大力建設，化空蕪為堅壁，次年重創海戎，威震外藩；隨後，又在附近用黏土、瓦磚修整安邊、定邊二城為衛城，清查錢糧之弊，責名核實，榆林西路常平倉因此豐饒無虞。〔註28〕泰昌元年八月，明光宗繼位，畢自嚴晉秩陝西右布政使兼按察司副使，照舊管事。〔註29〕

　　山、陝一帶在明朝設有許多邊鎮關口，又因地近西北方邊疆，在軍事上有很重要的地位。畢自嚴自己的文集《石隱園藏稿》八卷，在題本方面，任職陝西之後的題本才被錄入，並且關於錢糧、軍餉等的意見特別多，可見得他居官一生最重視的地方在經濟細務，而出宦山西、陝西一帶，應是他日益鍛鍊成為一位有為且穩健的財經官員之始。山西、陝西一帶重要軍鎮，見〈附圖一：明代九邊鎮圖〉。

第二節　遼東軍鎮之財經歷練

　　泰昌時，畢自嚴已連續在邊疆任職數年，誥命稱讚「旬宣係河漕畚虜之重，三推卓異，屢振威名」、「萬里兵氣全銷，儲芻粟於千倉，軍興大裕」。明朝中央正值改朝新局，「蒐採俊望」，畢自嚴「已加銜至右藩，經四考，治能益著」，〔註30〕終於被召至北京，天啟元年三月十九日出任太僕寺卿管京營少卿事，授階太中太夫資治尹。〔註31〕由於清軍入侵朝鮮，力不能支。當時遼陽已失，朝鮮被侵，明朝北方海陸受敵，遼東立刻有武力威脅之警，情

〔註28〕　畢自嚴，《石隱園藏稿》，〈庚申焚黃考妣墓文〉、〈壬戌焚黃祖考妣墓文〉，卷4，頁60～61。《四代恩綸錄》，誥命，頁3、誥命文，頁17～18。《明神宗實錄》，卷581，頁11054。蔣平階，《畢少保公傳》，頁2。張廷玉等修，《明史》，卷256，頁5。

〔註29〕　《明光宗實錄》，卷4，頁90；《四代恩綸錄》，誥命文，頁25；及張廷玉等修，《明史》，卷256，頁5。

〔註30〕　蔣平階，《畢少保公傳》，頁3。《四代恩綸錄》，誥命文，頁29。

〔註31〕　妻胡氏同一天也接連升封為淑人、恭人，誥命各由翰林院編修錢謙益、左諭德魏廣微（直隸南樂，魏道沖）撰，參見《四代恩綸錄》，誥命，頁4～5、誥命文，頁25。

勢緊急，刻不容緩。

明朝瞬逢大變，朝中有人建議：「陸路繇三岔河抵廣寧，水路繇海，蓋抵登萊、天津，並屬孔道，而天津尤逼畿輔，水陸交衝，南北咽喉之地，糧道所出入，不可無重兵以鎮之。」〔註 32〕為避免有熟悉遼東地形的漢奸趁勢導清軍入據此要地，故決定在天津開牙建府，以為遼東地方犄角，指派畢自嚴以「巡撫天津等處、備兵、防海、贊理征東軍務兼管糧餉、都察院右僉都御史」銜赴天津（畢自嚴疏中多稱津門），〔註 33〕與廣寧巡撫王化貞、登萊新設巡撫陶朗組成三鼎角，〔註 34〕捍衛遼東。天津相關位置，詳見〈附圖二：明順天府附近圖〉。

天啟元年五月三日（1621.6.22），畢自嚴抵達天津，正式上任，此職他擔任一年。抵津之時，觸目所及「盡多壘之場，……鴻雁哀鳴載道，且蟲沙銷化堪傷，事類棼絲，官由草菢」，〔註 35〕明廷可謂以平地起巨樓的重責鉅任，壓在體素羸弱的畢自嚴身上。

到任伊始，兵部便要他召募水陸兵各 5,000 名，相較於同時間山東軍事重塞登萊一地必須置總共 40,000 水陸重兵以防外侮的數量，天津需增的 10,000 名兵士根本不足為數，猶有加募必要。區區 10,000 名兵士的安家、盔甲、器械、衣裝、馬價、行糧等基本費用就要銀 180,000 兩，畢自嚴要面對的情形是這樣的：

> 欲差官募邊兵於延綏等處，募水兵於淮陽等處，而苦安家之不備
> 矣！欲差官市馬於宣大等處，而苦馬價之不贍矣！欲開局打造盔甲
> 腰刀，擬市建鐵於臨清、蕪湖，市熟鐵於山西、潞安等處，而又苦
> 物價之不敷矣！〔註 36〕

除去軍餉基本費外，製造戰車、戰船，蓋營房，備辦火藥、火器等等，無不需要花費，數量也絕不在基本費之下。畢自嚴從明廷那兒接到如此燙手山

〔註 32〕 蔣平階，《畢少保公傳》，頁 3～4。畢自嚴，《石隱園藏稿》，〈防海方新疏〉：「遼陽……距天津盈盈一水，順風揚帆兩日可到，……年來遼左水、陸二運皆此轉輸」，卷 5，頁 6；〈附撫津疏草序〉：「朝議以天津咽喉，挽漕而屏蔽東海」，卷 5，頁 25。

〔註 33〕 《明熹宗實錄》，卷 12，頁 584。《四代恩綸錄》，誥命文，頁 38。畢自嚴，《石隱園藏稿》，〈到任疏〉，卷 5，頁 7。

〔註 34〕 蔣平階，《畢少保公傳》，頁 4。

〔註 35〕 畢自嚴，《石隱園藏稿》，〈到任疏〉，卷 5，頁 7。

〔註 36〕 畢自嚴，《石隱園藏稿》，〈錢糧不繼疏〉，卷 5，頁 9。

芋，同時間裡，天津隔鄰的山海關城牆還必須立刻修理以阻外患，〔註 37〕所以他得到如下支援：

> 登萊海運之船不下四、五百隻，今既停運，水手改為水兵，運船改為兵船，直一反掌間耳！津門既不停運，而且加運，水兵無船，……欲向餉臣那借運船 143 隻，猶戛戛乎難之。……月餉不繼……臣抵津門三月，止得兵部發安家銀 20,000 兩……應補發安家馬價銀 54,000 兩……僅發 20,000 兩……軍前犒賞，臣原請銀 10,000，部覆止准初年 5,000，次年 2,000。業奉俞旨，但欲取給新餉，戶部難之，堅不肯發，而兵部亦遂以為不便開端。〔註 38〕

畢自嚴到任之前，天津一帶剛鬧完旱災，六月初則有蝗蝻之災，他轄下河間府十八州縣和六衛、一所，無一倖免。〔註 39〕畢自嚴肩負海防軍事重任，諸事草創，但是外無強給，內有災憂；上不獲中央全力奧援，反而於請款一事「兵部諉工部，工部又諉戶部，往復數四，無肯應者」，〔註 40〕下不得取資於本地，猶須分懷煩勞民困，乞求賑濟，天啟年間邊臣顧此失彼、憂患多端，由此可見。

　　畢自嚴精心籌畫，修理天津舊烽火臺，招募士兵，設置鎮海營前營、後營、奇兵營，用名將戚繼光遺法，讓招來的水兵先習練弓矢、火器、步伐、技能、步戰等陸操，稍有成之後，再學水戰。水戰方面，畢自嚴指劃大沽口、黑洋河、灤河、月坨等天津周邊扼要之地（參見〈附圖二：明代順天府附近圖〉），多求戰船列備戍守。〔註 41〕除親操親練的水兵 10,000 名之外，畢自嚴在天津期間，麾下還曾被調遣過來陸兵 11,000 名。〔註 42〕

　　然而，努力練成的水兵，有 2,000 名被調往鎮江閒置無用，另 4,000 名則在山海關為冰凍所阻，枯待守城，〔註 43〕戰船被颶風侵襲四散，有覆沒的，損失慘重；還有 2,000 名馳赴山海關北的廣寧衛王化貞，但未到前廣寧已失守。〔註 44〕兵員被擱置固為一大浪費，圍繞著慘澹經營周邊，更始終有著經

〔註 37〕《明熹宗實錄》，卷 12，天啟元年七月庚子，頁 585。
〔註 38〕畢自嚴，《石隱園藏稿》，〈犄角最重疏〉，卷 5，頁 12～14。
〔註 39〕畢自嚴，《石隱園藏稿》，〈瀛海災傷疏〉，卷 5，頁 15～16。
〔註 40〕蔣平階，《畢少保公傳》，頁 4。
〔註 41〕蔣平階，《畢少保公傳》，頁 4～5。月坨在附圖二葫蘆河出海口，黑洋河不詳。
〔註 42〕蔣平階，《畢少保公傳》，頁 7。
〔註 43〕畢自嚴，《石隱園藏稿》，〈辭督餉疏〉，卷 5，頁 18。
〔註 44〕蔣平階，《畢少保公傳》，頁 5～6。

費不足的問題。天津士兵受命離開本地赴他處從事任務的費用，卻也著落在畢自嚴身上；除此之外，水兵陸續離去，使天津所餘士兵不足萬人，天津本身防禦力量大大減弱。

同樣情形一再出現，當年六月，山東有白蓮教徐鴻儒在山東鄒滕起兵作亂，天津再被要求出 5,000 兵助剿。一名天津士兵月餉是 1.5 兩銀，出征至少得攜帶兩、三個月軍糧，這筆開銷，又教畢自嚴傷腦筋；山東毛文龍的二營軍隊奉派剿匪，其軍餉令畢自嚴供應，於是，天津馬上多出 20,000 兩銀支出，而當時津庫一貧如洗，畢、毛二人共三營軍隊過了七月一日（1621.8.17）還沒領餉。〔註45〕

由上述畢自嚴在天津任官的遭遇可知，此官職是因遼東戰爭情勢需要而創設，軍事性質濃厚，本來就與糧餉關係密切，更由於初創之故，一切建設都需要錢，是一個與理財徹頭徹尾相始終的職務。茲將畢自嚴在天津巡撫任內，關於天津地區軍務經費的經營狀況列成表 4，以助於瞭解他在此官職上的理財鍛鍊情形。

表 4 各經費，在《石隱園藏稿》中被提及的順序，並不是如表 4 的排列；這樣的排列，是先集合有關兵部供應的經費，次集合有關工部供應的經費，再來才是其他各種經費來源，至於第 17 項內庫發助邊銀 3,000,000 兩，是全部邊鎮同享，天津軍鎮不知原被分配到多少，且就表 4 看來，似乎實際上沒有領到，故不列入計算，擺在表 4 最後。

表 4：天啟元年五月～二年五月天津軍務經費經營表（單位：銀兩）

分類　經費名稱	預計收入	預計支出	實際收入	實際支出	備　註
1.元年五月兵部原發安家銀	20,000＋	――	20,000＋	――	
2.兵部追議安家銀	30,000	――	30,000	――	
3.兵部議買馬 2,000 匹	24,000	――	24,000	――	
4.兵部補助遣兵援遼	6,000	――	6,000	――	
5.元年八月兵部應補發安家馬價銀	54,000	――	20,000	――	

〔註45〕畢自嚴，《石隱園藏稿》，〈發兵會剿疏〉、〈補發津兵疏〉，卷 5，頁 19～24。

項目					
6.二年五月結算共用過兵部銀	____	____	____	44,449.3	剩餘 35,550.7
7.軍前犒賞	7,000	____	0	____	原預計收入 10,000
8.元年五月工部許盔甲器械衣裝銀	20,000	____	0	____	
9.工部追議盔甲銀	30,000	____	14,070	____	
10.工部追議衣裝器械銀	30,000	____	28,200	____	
（二年五月結算工部尚欠衣裝器械銀）	(45,000)	____	____	____	
11.二年五月結算共用過工部銀	____	____	____	32,636.9	剩餘 9,633.1
12.最初萬名士兵安家盔甲器械衣裝馬價行糧銀	____	180,000	____	____	
13.山東省剿白蓮教軍費	20,000	____	不　詳	____	
14.河南後營兵 2,000 員駐紮津門為客兵之費	15,000	____	不　詳	____	
15.二年五月計畫買急需之戰馬 1,000 匹	____	12,000	____	不　詳	
16.二年五月計畫造急需之沙唬戰船 100 隻	____	20,000 ～ 30,000	____	不　詳	
以上各項銀兩總計	256,000	212,000 ～ 222,000	142,270	77,086.2	
17.內庫發助邊銀（全部邊鎮同享）	3,000,000	____	0	____	

資料來源：畢自嚴，《石隱園藏稿》，卷 5，頁 8、9、13、14、22、24、27、30。

　　表 4 中的兵部項目看，第 1～4 項是同樣內容，全部都如數領到。第 5 項元年八月應補發的安家馬價銀 54,000 兩，是因配合三路並襲滿清佟養真的計畫而發予的，皇帝旨意是「餉則以兵部帑金……五萬兩解天津支用」，[註46]兵部更爽快答應給 54,000 兩，後卻只發 20,000 兩；若引第 6 項二年五月結算兵部方面的經費使用，支出加剩餘 80,000 兩，恰好與第 1～4 項的總數相同，一相對照，便知道第 5 項的安家馬價銀，直到畢自嚴卸任都沒有收到，

〔註46〕《明熹宗實錄》，卷 13，頁 654。

該 20,000 兩也只是元年八月時畢自嚴已「差官守候日久」，聽聞朝廷似乎已發下的空穴來風。〔註47〕第 7 項軍前犒賞一項，則是被兵部由 10,000 兩縮成 7,000 兩，並且遲遲未發，第 8～10 項是關於工部的，應得銀 80,000 兩，卻只實領到 14,070 和 28,200 兩，第 11 項二年五月結算工部的經費，僅有的這兩筆錢，畢自嚴居然還能剩餘 9,633.1 兩，而此時，工部欠天津軍鎮的衣裝器械銀已累積到 45,000 兩，1 兩都沒到。

回觀畢自嚴在天津軍鎮經費屢屢吃緊的情況下，勉強支撐，竟還能頗有結餘，不能不欽佩他確實是個理財能手。同時，從表 4 裡各項經費往往都是石沉大海可知，明廷對畢自嚴經費支援，往往都是口惠而實不至，置邊臣困頓於不顧。畢自嚴只能自行處理、設法籌軍需：

1. 陳奏呼告——不斷向中央上疏告急，請盡速發餉。〔註48〕

2. 依兵源預先降餉——將各士兵原是相同數額的月餉，依士兵來源的不同，在首次發餉之前預先暗中調降部分，以省出餘錢。如初始時每兵不分來源俱發 5 兩，最後卻是西塞諸將家丁兵 5 兩、土著陸兵 2 兩、淮浙譜水之水兵 4 兩、土著水兵 2 兩。〔註49〕這項誠屬不公，但看上表中央對津門應發經費的拖延狀況，也不能以此過於苛責畢自嚴。

3. 親自檢閱所募之兵——委託轄下各道府、將領招募士兵，而募來的士兵全部都要帶到畢自嚴面前，由他面對面親自審核、驗明正身，確定沒有身體孱弱、濫竽充數之冒餉者；如此這般總共「面試」二萬餘名士兵。〔註50〕

辛苦經營一整年，天啟二年三月（1622.4），畢自嚴以天津巡撫，積功升「天津督餉戶部右侍郎」，職司「督餉擢居版部兼領蘭臺」，仍在遼東地方任官，協助理戎。〔註51〕天啟三年正月，領到官鑄「督理遼餉兼巡撫天津等處」大印，正式理事；五月二十七日授階通議大夫，領到「督理遼東糧餉戶部右侍郎兼都察院右僉都御史」的三代封贈誥命。〔註52〕

畢自嚴雖在天津官職上為籌錢而疲於奔命，但這一年經歷，無疑地為他

〔註47〕 畢自嚴，《石隱園藏稿》，〈犄角最重疏〉，卷 5，頁 13。

〔註48〕 畢自嚴，《石隱園藏稿》，卷 5 的天津巡撫任內多篇題本。

〔註49〕 畢自嚴，《石隱園藏稿》，〈撫津事竣疏〉，卷 5，頁 28。

〔註50〕 以上三點，畢自嚴，《石隱園藏稿》，〈撫津事竣疏〉，卷 5，頁 29。

〔註51〕 畢自嚴，《石隱園藏稿》，〈恭謝天恩疏〉，卷 5，頁 31。《明熹宗實錄》，卷 20，頁 1038；卷 36，頁 1840。

〔註52〕 《明熹宗實錄》，卷 20，頁 1512。《四代恩綸錄》，誥命，頁 5～6，父祖均受與畢自嚴同等之官，餘姚人左諭德姜逢元箴勝先生撰成誥命。

在理財方面的能力打下更為深厚的根基，俾日後奠定晚明理財能臣的地位。
同時在天津任職，繼其後任升為天津巡撫的李邦華便稱道：「不辭程薪數
米，……經歲度支弗及他鎮之百一，……公殫精儲糧，裁浮覈侵，所省大農
金錢無算。……撫津，其嚆矢矣！」〔註53〕當時掌河南道事御史袁化中也說：
「天津督餉戶部右侍郎畢自嚴，于天啟元年受事，其轉運本色，則心隨萬艘
以齊飛，其召買糧料，則髮因千倉而先皓，拮据供軍已四年所矣！」並且為
其卓越貢獻卻無國家褒揚表示不平，朝廷之旨因此將畢自嚴列入優議擢用名
單內。〔註54〕

　　天啟三年閏十月（1623.11），因敘平定白蓮教徐鴻儒擾亂北京之功，畢自
嚴又以天津督餉戶部右侍郎銜，加右都御史升戶部左侍郎，次年三月二十九
日授階資政大夫，得「督理遼東糧餉間巡撫天津等處地方都察院右都御史兼
戶部左侍郎」三代封贈誥命。〔註55〕仍管理天津巡撫治下一切相關事務，〔註
56〕算是朝廷派駐在天津地方的首要大臣。

　　遼東待了五年，畢自嚴又調任南京都察院右都御史，天啟六年正月
（1626.1），再以原銜改任南京戶部尚書，〔註57〕是他總綰全國財計的先聲。
在魏忠賢專權亂政的高潮期，畢自嚴恰巧遠赴南方留都任職，離開北方政治
和軍事中心，也避開這兩項在此非常時代裡最容易引起殺身之禍的兩大主
題。當然，他在南方也曾隨著這股濁流波動過，如天啟六年五月帶領南京大
小官員捐助一年薪俸以響應北京建三大殿工程，以明哲保身；天啟七年三月
二十九日曾得「南京戶部尚書授階資政大夫、妻夫人」的三代封贈誥命。〔註
58〕不過，他難以忍受太監弄權黑暗情勢，在天啟六年下半，因為南京守備太
監劉敬、楊國瑞受魏忠賢指示，要求他將南京太僕寺所屬官有牧草變賣，以
所得呈送魏忠賢一事，深覺「迎合可恥」，堅持辭官回山東老家。〔註59〕

　　崇禎元年正月（1628.2），大學士劉鴻訓於平臺召對的機會，向崇禎帝推

〔註53〕 畢自嚴，《石隱園藏稿》，〈附撫津疏草序〉，卷5，頁26。
〔註54〕 《明熹宗七年都察院實錄》，卷8，七年八月二十七日，頁958。
〔註55〕 《明熹宗實錄》，卷40，頁2099。三代夫人均為夫人，本誥命由閩晉江右庶
　　　　子林如楫季羽中撰成，《四代恩綸錄》，誥命，頁6～7、誥命文，頁54。
〔註56〕 《明熹宗實錄》，卷40，梁本，頁2303。
〔註57〕 《明熹宗實錄》，卷67，頁3175。
〔註58〕 《明熹宗實錄》，卷71，頁3432。由莆田人左中允朱繼祚胤閭先生撰成，《四
　　　　代恩綸錄》，誥命，頁7～8。
〔註59〕 畢自嚴，《度支奏議》，〈初辭起官戶部疏〉，堂稿卷1，頁2。

薦畢自嚴為「清嚴心計之臣」，可擔任戶部尚書。同年五月，畢自嚴被起用為戶部尚書，八月正式到部辦事，九月二十二日得「資政大夫戶部尚書」三代誥命，將他在財計上的大才更廣泛地貢獻於全國。〔註60〕

　　值得一提的是，崇禎二年二月十九日畢自嚴因己巳之變調度有功，獲封太子少保資德大夫正治上卿，四月時，其天津巡撫舊部屬李邦華也升為兵部尚書，協理京營戎政。〔註61〕戶部與兵部的關係，在崇禎年間是一而二、二而一的，天津一地良官輩出，畢自嚴與其老部屬在崇禎初年同時位居責任最重大的兩個部門，為晚明竭盡一己之力。

第三節　畢自嚴與《度支奏議》

　　崇禎初年，朝廷首要大事便是防禦北邊的金軍，而打仗首要在兵強餉足。孫子說：「凡用兵之法，馳車千駟，革車千乘，帶甲十萬，千里饋糧；則內外之費、賓客之用、膠漆之材、車甲之奉，日費千金，然后十萬之師舉矣！」〔註62〕又說：「國之貧于師者，遠輸，遠輸則百姓貧；近于師者，貴賣，貴賣則百姓財竭。財竭，則急于丘役，力屈財殫，中原內虛於家，百姓之費，十去其七；公家之費，破車罷馬，甲冑矢弩，戟盾蔽櫓，丘牛大車，十去其六。」〔註63〕而明朝到了崇禎初年時，戰事早已持續多年，不只師老國貧，百姓財竭，犯了兵家大忌，中原大地更已受魏忠賢禍亂而凋敝不堪。值此艱困時期，畢自嚴接任戶部尚書。

　　明代戶部創於開國，洪武二十三年（1390）改設成浙江、江西、湖廣、陝西、廣東、山東、福建、北京、河南、山西、四川、廣西等 12 子部，各子部都有郎中、員外郎、主事等官職理事。〔註64〕

　　到萬曆十五年二月十六日（1587.3.24），最接近崇禎朝的《大明會典》修成，戶部編制又有部分改變，而畢自嚴上任時適用的人事法規當是據此所定。

〔註60〕　《崇禎實錄》，卷 1，頁 20～21。三代夫人均為夫人，本誥命由長洲右中允陳仁錫芝臺撰成，《四代恩綸錄》，誥命，頁 8。
〔註61〕　《崇禎長編》，卷 20，頁 1201、頁 1253。誥命由晉江人翰林院士侍講蔣德璟八公先生撰成，《四代恩綸錄》，誥命，頁 9、誥命文，頁 70。
〔註62〕　孫武，《孫子兵法》（收入《二十二子》第 10 冊，臺北：先知出版社，民國 65年），〈作戰篇〉，卷 2，頁 1～3。
〔註63〕　孫武，《孫子兵法》，〈作戰篇〉，卷 2，頁 10～12。
〔註64〕　張鹵校刊，《皇明制書》一（臺北：成文出版社，民國 58 年），頁 63～153。

有關晚明戶部的詳細內部組織，如下表 5 所呈現：

表 5：萬曆十五年（1587）戶部編制表

性　質	編　　制	官　名	人數	性質	編　　制	官　名	人數
正　官		尚　書	1	屬官	廣西清吏司	郎　中	1
		左、右侍郎	2			員外郎	1
		總督倉場（尚書）	1			主　事	2
首領官	照磨所	司　務	2		雲南清吏司（2 郎中：通州管理糧儲、東官廳監收放錢糧；6 主事：管舊太倉）	郎　中	3
		照　磨	1			員外郎	1
		檢　校	1			主　事	9
	浙江清	郎　中	1				
		主　事	4		貴州清吏司（2 郎中：總理密雲、永平糧餉）	郎　中	3
	江西清吏司	郎　中	1			員外郎	1
		員外郎	1			主　事	3
		主　事	4	所屬衙門	寶鈔提舉司	提　舉	1
	湖廣清吏司	郎　中	1		抄紙局	大　使	1
		員外郎	1		印鈔局		
		主　事	4		廣盈庫	大　使	1
	陝西清吏司（3 郎中：總理甘肅錢糧、駐延綏鎮、整理客兵糧草）	郎　中	3		寶鈔廣惠庫	大　使	1
		員外郎	1		廣積庫	大　使	1
		主　事	4		贓罰庫	大　使	1
	廣東清吏司	郎　中	1		外承運庫		
		員外郎	1		承運庫	大　使	1
		主　事	2		行用庫甲字庫	大　使	1
	山東清吏司（1 郎中總理遼東糧儲）	郎　中	2			副　使	1
		員外郎	1		行用庫乙字庫	大　使	1
		主　事	3		行用庫丙字庫	大　使	1
	福建清吏司	郎　中	1			副　使	1
		員外郎	1		行用庫丁字庫	大　使	1
		主　事	4				

河南清吏司	郎中	1		副使	1
	員外郎	1	行用庫戊字庫	大使	1
	主事	4	御馬倉	大使	1
山西清吏司（3郎中：總理宣府糧儲、總理大同糧儲、提督蘇州等處糧草；1主事：寧武關管糧）	郎中	4		副使	1
	員外郎	1	太倉銀庫	大使	1
	主事	4	軍儲倉		
四川清吏司	郎中	1	長安、西安、北安門倉	副使	3
	員外郎	1	東安門倉	副使	1
	主事	3	張家灣鹽倉檢校批驗所		
戶部官員數目總計			116 員		

資料來源：申時行等修，趙用賢等纂，《大明會典》（上海：上海古籍出版社，1995年），卷2，頁4～10。

表 5 顯示萬曆初期的京師戶部本部，共有 1 所、13 司、22 衙門，全體官員 116 員。實際上，在各清吏司之下，還有更細部的編制，如浙江清吏司分管浙江布政司、浙江都司，帶管在京衙門及各（衛所）倉，〔註65〕不過，那已屬於地方範圍。明朝戶部編制，在規制上，實蘊含中央集權之意在內，設計十分精密。崇禎初年的整體戶部編制與四十年前又有何不同？可參見下表 6。

表 6：崇禎初年（1630）戶部編制表

第一次捐款：崇禎二年十二月初二（1630.1.14）				第二次捐款：崇禎三年三月初七（1630.4.19）			
職稱	人數	職稱	人數	職稱	人數	職稱	人數
尚書	1	員外郎	15	尚書	1	照廳——照磨	1
左右侍郎	3	主事	56	倉場尚書	1	照廳——簡較	1
司務	2	內有關差	4	左侍郎	1	十三司郎中	21

〔註65〕申時行等修，趙用賢等纂，《大明會典》（上海：上海古籍出版社，1995 年），卷 14，頁 1～2。

照　磨	1	內有餉差	12	右侍郎	1	十三司員外郎	15
簡　較	1	內有倉差	3	右侍郎	1	十三司主事	59
郎　中	20	戶部總人數 118		司廳——司務	2	戶部總人數 104	

資料來源：畢自嚴，《度支奏議》，堂稿卷 9，頁 62～63；堂稿卷 13，頁 32～35。

　　表 6 中顯示戶部總人數在 104～118 員不等，比照《大明會典》所定 116 員相去不遠，也都是 13 司，故可判斷，至少到崇禎初年戶部編制，基本上仍是沿用萬曆十五年版《大明會典》的人事法規，但平常不一定總是滿員，而是照實際事務的多寡、官員補充的狀況略為增減。但至畢自嚴任職戶部尚書期間所上的題本總彙《度支奏議》內，則又多新餉司與邊餉司 2 清吏司。

　　至於戶部業務範圍，它掌管天下戶口、田糧、政令，舉凡州縣田土冊籍、農桑賦役、國家之糧儲、草料、轉運，官員的俸祿、賞賜，軍隊行糧、馬草、鹽政、贓罰、國庫之課徵，倉庫、國家芻草場，都在戶部的管轄範圍，涉及深廣。至於地方上，各省布政司與戶部關係最密切。〔註 66〕畢自嚴在國家財政不健全之際，接下政府總管家職務，如何度支有衡，使兵馬糧餉能源源不竭地供應，尤其是他面臨的當務之急。

　　《度支奏議》共 119 卷，包括：堂稿 20 卷、新餉司 36 卷、邊餉司 11 卷、山東司 7 卷、浙江司 1 卷、湖廣司 2 卷、四川司 1 卷、廣東司 1 卷、廣西司 4 卷、雲南司 17 卷、貴州司 2 卷、福建司 4 卷、山西司 2 卷、河南司 1 卷、冊庫 1 卷、陝西司 4 卷。其中，堂稿 20 卷可謂其全部任期內財經狀況的總綱要，畢自嚴當戶部尚書從頭到尾的財經政策可以從這 20 卷掌握其主軸脈絡，能較全面地瞭解崇禎初年時明政府真實的財政政策、面對的狀況與應對措施。

　　畢自嚴在《度支奏議》中的題本，篇篇均言部務、日期船車、錢糧，除了表示他的確是一位實際做事，言不雜蕪的務實官員之外，在亟心求治、尚功利的崇禎帝面前，這樣的表現正符聖心所期。此外，論及部務，畢自嚴是相當精明而熟練的，故而在城府深沈、計較細苛的崇禎帝跟前，他能安穩地在戶部尚書任上達四年八個月，絕非倖致。

　　此處權舉其中一例以為證明。崇禎二年二月二十七日（1629.3.21）崇禎帝發下紅本，就宣大總督魏雲中要求中央回應北邊插酋欲求本年度年例賞銀

〔註 66〕張鹵校刊，《皇明制書》一，頁 63～153。戶部執掌，以《皇明制書》羅列較詳；晚明戶部編制，則以萬曆十五年《大明會典》為準。

事，要戶部與兵部會同答覆。崇禎帝語意嚴峻：

> 插酋新賞取給、折剩馬價尚有盈餘，如何全無料理，泄視邊情？著
> 星速措解，仍設法查催積欠，預足軍需。該部知道，欽此。〔註67〕

畢自嚴對於皇帝的質疑，立即於兩日後會同兵部尚書梁廷棟、戶科給事中許世疇、兵科都給事中張鵬雲及內閣大臣商議此事。與會諸人對於這一項賞銀的詳細內容都不清楚，說是每年 36 萬兩，至崇禎二年已經積欠插酋 47 萬兩，而大學士又算得每年只應給 28 萬兩，眾數紛紜，但事關軍情，刻不容緩，崇禎帝想儘速知道本年度應賞給北邊插酋的銀兩確數與解決方案。

值此切問，畢自嚴遂回頭詳查戶、兵二部的抵解紀錄與宣大山西等三鎮的舊賞原額，於三月初七日（1629.3.31）拜摺詳述關於此事的第一大項帳目——崇禎三年應賞北邊插酋的確數：

- 宣府、大同、山西三鎮舊賞額中的進貢撫賞銀 86,000 兩，係太僕寺額辦并都司餉廳零賞用，該兵部、太僕寺出。
- 宣府、大同、山西三鎮舊賞額中的互市馬價銀 325,000 兩，該戶部出。
- 明廷與插酋互市時，未得到酋給馬匹，應減馬價賞銀之半 162,500 兩，該戶部收回。
- 本年加迎風吃食新賞銀 89,511.562 兩，該戶部出。

所以戶部職責所在的部分是 252,011.562 兩，其餘是兵部與太僕寺的職司範圍。〔註68〕

事情至此，崇禎帝已不再切責，指示道：「既經查明，便著各該衙門速行解發，勿得分次耽延。」〔註69〕

然而，畢自嚴並不就此敷衍完事，繼續清查帳目，過了六天，再度上摺說明關於此事的第二大項帳目——往年至崇禎二年底止之前，總共欠插酋的錢數：

- 遼鎮舊賞共欠插酋銀 470,000 兩。
- 戶部欠該給插酋之遼賞銀 25,025.8 兩，已解完，應予扣除。
- 兵部欠該給插酋之遼賞銀 111,848.35 兩，已解完，應予扣除。

〔註67〕 畢自嚴，《度支奏議》，〈差主事李士元解宣大撫賞疏〉，堂稿卷 13，頁 28。
〔註68〕 畢自嚴，《度支奏議》，〈差主事李士元解宣大撫賞疏〉，堂稿卷 13，頁 28～30。
〔註69〕 畢自嚴，《度支奏議》，〈差主事李士元解宣大撫賞疏〉，堂稿卷 13，頁 31。

・宣府存段貨銀 60,000 兩，應予扣除。

所以實質上欠插酋的遼賞（即市賞）應當是銀 273,125.85 兩，其中 97,642.5 兩銀是戶部該出，另 175,483.3 兩銀是兵部該出的。〔註70〕這僅是查明帳目，給皇帝一個交代，至於現錢從哪裡來以及後續的解發問題，他也擬出方案，在第二大項帳目部分：

　　　・戶部已解過銀，加上山西布政司動支遼餉民運銀共有 127,974.2 兩，扣去山西布政司因兵餉匱乏免其解發銀 30,000 兩，現有 97,974.2 兩，足抵崇禎二年之前欠插酋遼賞銀中該戶部的份，並且已經發給插酋。

　　　・兵部已解過銀 40,000 兩，現在又題解銀 40,000 兩，另戶部有遼商馮濟民等運交撫貨，尚未抵邊，被留充戶部當作崇禎三年見賞之用的 30,000 兩銀，願意先借一半給兵部，三筆錢一併算進給插酋的遼賞之中，兵部在崇禎二年底之前的欠款只剩下銀 80,483.3 兩。〔註71〕

至於第一大項帳目戶部職責內的銀 252,011.562 兩部分：

　　　・三月時差戶部山西司主事李士元解去 80,000 兩銀，四月內又差官三批，解去各為 40,000、40,000、20,000 兩銀，迄月底，遣戶部照磨萬鍊從太倉庫領銀 72,011.562 兩解北邊，至此，崇禎三年插酋遼賞銀中該戶部的份已經全完。〔註72〕

在每年年度總帳部分，眾臣商議時所謂每年應給插酋遼賞銀：戶部該 122,762.5 兩、兵部該 220,637.5 兩。其中團圄含括前督臣王象乾任上另賞給插酋的 63,400 兩銀，應當扣除，故明廷每年應給插酋的遼賞銀實際上只有 280,000 兩。〔註73〕此事前後處理近兩個月，後兩摺中，崇禎帝的批語都照著畢自嚴的話簡短重述，同意照行。

　　本例中可見畢自嚴對待部務謹慎認真，處理明快，耐心從基本檔案中磨

〔註70〕　畢自嚴，《度支奏議》，〈會題插酋新舊二賞疏〉，堂稿卷 13，頁 39～40。

〔註71〕　以上兩點，畢自嚴，《度支奏議》，〈會題插酋新舊二賞疏〉，堂稿卷 13，頁 40 ～41。

〔註72〕　畢自嚴，《度支奏議》，〈題解宣大山西三鎮撫賞銀兩疏〉，堂稿卷 14，頁 44～ 46。

〔註73〕　畢自嚴，《度支奏議》，〈會題插酋新舊二賞疏〉，堂稿卷 13，頁 41。 全事件可參見李華彥，〈林丹汗索賞與崇禎朝遼東撫賞政策之重整〉《亞洲研究（韓國慶北大學）》，第 10 期（2010），頁 51～84。

勘細對，查出前因後果與確實數字，不容一絲渾沌，該戶部的，半點不隱，並且迅速完成使命，賞銀一分不少地如期解到；該別衙門的，他也不讓其他衙門有機會趁亂侵欺卸責，更兼算兵部的帳目，還在餘力之內，量借兵部15,000兩救急。畢自嚴在財政上的處事能力由此可見。

精準確速，明明白白，使命必達，正是崇禎帝治國首倡力行的，畢自嚴當時主掌戶部，於國於君，可謂適得其人！《度支奏議》的整理，更是他細緻的表現，分門別類按年月日編排，是其主計近五年的實政記錄，也是其畢生為官最嘔心瀝血、全力為國之證。在崇禎初年的財經政策研究上，畢自嚴其人與《度支奏議》其書，實為不可忽視的主體。

小　結

畢自嚴是崇禎初年一個值得矚目的人物，他脫穎而出，由鄉居起而主掌晚明國家最重要的部分——財經，跟其出身、歷練有非常大的關係，首先，他是北方山東的農家子弟，循規蹈矩的標準明代仕紳家族發跡過程；其次，家風淳厚樸實，父、祖都望重鄉梓，造福多人，遺蔭子孫，立式典範；第三，農業傳世，培養出畢氏歷代自給自足、獨立堅強的家風，亦十分有經濟概念，務實根本、精打細算。這三點，是畢自嚴在財經上別具慧根的啟蒙之教，得之於家族。

淄川畢氏從農家逐漸躍升為詩書農本之家，與官場逐漸拉近距離，也提供畢自嚴闊於家族範圍的視野和見識，習染詩書，私而漸進風雅，有力量追尋士大夫的流行、休閒娛樂，公而屢經遊宦，從基層歷練到高層。從畢自嚴身上，展現出明朝農→官、下階層→上階層、低階官→高階官的縮影，積歷代之餘蔭而獲發跡於一、二子孫，這樣一種緩慢累積，厚實突發的歷史軌跡。

晚明最重要的主題，就是軍事、邊鎮、糧餉，即各邊地軍鎮的相關事務。畢自嚴從萬曆二十年登進士第，到崇禎六年致仕，共居官四十一年；期間，父喪三年、避魏亂兩年，鄉居山東沒有當官，其他時間裡，畢自嚴任職陝西、洮岷等處共八年，天津又待五年，親身折衝於軍鎮、糧餉中，真正接觸戰爭相關事宜，十多年紮實鍛鍊，打造出其對晚明主題的掌握與處置能力。若說他是幸運履歷完整，則他自己在這些實際遭遇中的努力學習、認真面對，才更是他後來能榮膺戶部尚書的主要原因。

　　本章之所以特別專注於畢自嚴在遼東開府建衙，銜命創立天津軍鎮的過程，除了因為這是他於天啟朝的經歷，能符合第二章以天啟朝為準的時間界定外，還因為這是他擔任戶部尚書之前，在餉糧上的最直接、最相近的實習。畢自嚴本人對於天津軍鎮的日子，紀錄也較其他各地的任官經驗詳盡，可見此地五年對他的影響之大。

　　天津五年，一切從無到有，從雜亂無章到經制大備，從糧餉、經費極度欠缺到能有結餘，並勉強可北支援山海關（關門）修牆、兵員，南供應山東毛文龍殲滅徐鴻儒亂事所需軍餉、軍隊，畢自嚴之幹練已躍然出線、有目共睹，後來大學士劉鴻訓的舉薦，應當不是僥倖。魏忠賢亂政高峰，畢自嚴怫然拂袖而去，亦同時呈現其風骨，適足以擔當一中央要職而無愧。

　　畢自嚴對晚明發揮最大的影響力，正是擔任戶部尚書之後才可能發生之事，故他就任戶部尚書後所作所為更顯意義，而這些所作所為，有賴記載予以彰明，就是《度支奏議》——畢自嚴戶部尚書任內，與戶部相關的絕大部分題本總匯。本部書的堂稿 20 卷，又是其下相關各司業務題本的主要大綱，是其人任內財經政策推動全部過程的縮影，可從此埋出四年八個月的戶部施政大勢，畢自嚴與《度支奏議》的關係如此，兩者在崇禎初年、晚明財經史上的地位，不容忽視。

第四章　戶部尚書和皇帝間的互動

　　承接前兩章對晚明政經狀況和畢自嚴個人的瞭解之後，自本章以下，直接進入本論文研究的主體──《度支奏議》，希望能呈現出崇禎初年的明朝狀況及有關財經政策方面的重要措施。本章的主要目的，在抽出分散於各卷之中，有助於瞭解當時戶部與皇帝互動關係的題本，架構出畢自嚴擔任戶部尚書期間，與執政者──崇禎帝間的往來狀況，以作為往後各章更細致地展現畢自嚴治下戶部的背景。

第一節　繁鉅部務下的君臣交流

　　本文第三章提過，畢自嚴身體一向虛弱，早年為官便常以患病為由請辭；而在當戶部尚書四年八個月時間內，這個狀況並沒有好轉。根據《度支奏議》堂稿二十卷部分，畢自嚴在戶部尚書任內，總計題奏請辭達 44 次以上（依《度支奏議》堂稿題本內容顯示，並非所有畢自嚴任職期間的題本均收入，有脫失、遺漏。），將這些題本羅列成表 7，列在本章最後。

　　表 7 中有高達 33 份題本的主要請辭理由，全都是「痰火為崇」、「病已入膏肓」、「心血耗盡」、「形骸骨立」等等語句，表達身病難支，懇請恩准放歸鄉里的請求。此外，表 7 中編號第 3、4、7、9、10、15、16、18、22、25、27 等 11 疏，雖然主要是因為其他理由請辭，但第 3、4、10、15、16、27 疏，在請辭主旨外，也都間接提到身體衰弱、疾病纏身。由表 9 中「題本主旨」一欄的言詞也能夠看出，他的健康狀況始終不好，並且每況愈下，到後期，已是雙頰浮腫，近乎失明。畢自嚴這些言詞若屬牽強請辭之語，憑著崇禎帝之精明與常常見面，是難以容忍的。

　　總體而言，在這 44 疏當中，崇禎元年 3 疏、二年 11 疏、三年 5 疏、四年 12 疏、五年 10 疏、六年 3 疏，可謂無年不提出請辭，這種狀況或許可以解釋為戶部業務繁劇，再加上畢自嚴本性一如其名，自律甚嚴，對工作的要求很高，偏偏大半輩子服官所經歷的職務，都是些需耗盡心血的財經官職。他曾說過：

> 臣素□虛弱，服官三十八年，俱繫刑名兵馬錢糧之重，而臣天性認真，不敢一毫自暇自逸，惟期事事必躬必親，殫精竭力而後無憾。用是元氣受傷，心血盡耗，鬚髮早白，牙齒多脫。歷任屢經告休非一次矣！〔註1〕

以畢自嚴一介老邁仕宦，蒲柳之質，負荷實在已達極點。

　　任職之後，職司天下財賦，他每天面對大明朝廷所有內需外供，傷透腦筋，偏偏遭逢衰世，兵荒馬亂，「一切督撫、臺省章疏，多下臣部題覆，斟酌衡量，以歸於當」，〔註2〕從無一刻能夠喘息，安安穩穩地當個清平高雅的尚書大人。他曾形容道：

> 內軫民隱，外供軍儲，曲計而不能曲全，兩籌而未免兩誤。……近且寰海援兵之眾，經年不解；薊永新集之師，召募末已。軍驕無厭，急折色又急本色，索行糧又索月糧，每虞新餉之難繼，九塞待哺。舍民運專關京運，完當年尚逋先年，殊苦舊餉之難支，雖按月遄發，已報呼譟無等矣！纏計畝加賦，又恐敲浚無藝矣！〔註3〕

再從崇禎二年連續以一到七為名的〈七懇休致疏〉等七疏內容觀看，最末一疏上於二年六月九日（1629.7.28），才上任不及一年，就已經屢蒙辭意，並多次提到「刑名兵馬錢糧之重」，他因料理而導致「元氣受損，心血耗盡」。〔註4〕抱病之時，部務也不能須臾擱下，然而，「雖勉從臥榻之餘，僉押日行文牘、料理出納錢穀，然而堂署之間闃無其人，題覆章奏多所寢閣」。即使殫精竭智，戶部依然「財賦非全裕充物時也，在內則入少出多，一發輒竭，其病為虛怯之証；在外則逋多解少，催督不靈，其病為痿痺之証」，〔註5〕「料理積案，夜以繼日」。最終，遵旨抱病勉力從公的結果，是「飲食盡嘔，骨瘦如柴，所

〔註1〕　畢自嚴，《度支奏議》，〈初次告病乞休疏〉，堂稿卷4，頁22。
〔註2〕　畢自嚴，《度支奏議》，〈國計不容重誤三懇天恩褫斥疏〉，堂稿卷19，頁30。
〔註3〕　畢自嚴，《度支奏議》，〈微臣衰病日深兵餉拮据不前疏〉，堂稿卷17，頁11～12。
〔註4〕　畢自嚴，《度支奏議》，〈初次告病乞休疏〉，堂稿卷4，頁22。
〔註5〕　畢自嚴，《度支奏議》，〈病困阽危再乞休致疏〉，堂稿卷4，頁38。

未登鬼錄者，僅呼吸毫髮間耳」〔註6〕。

此外，遍及七疏之外其他請辭題本，也在多處都提到部務繁重難申的苦狀，所謂「財用一事，國家命脈，蒼赤脂膏，胥茲攸賴……本為天下第一大事，今又為天下第一難事」。〔註7〕對照晚明邊事煩劇，糧餉調度緊急的歷史，確實所言不虛。而同時期的老同事們，死的死、老去的老去，也讓他有兔死狐悲之感。〔註8〕總之，戶部業務一直大大損害畢自嚴的身體健康。

畢自嚴性格誠正，言不亂發，加上崇禎帝回覆畢自嚴請辭疏的聖旨裡，每言「卿綜國計，敏練周詳，拮据勤勞」、〔註9〕）「著一意料理，以副倚任，慎勿再陳」、〔註10〕）「度支重任」、「司計勞苦，朕所鑑知」，〔註11〕可知明朝戶部管轄複雜，管理耗神費力，尤其當時軍興孔亟，百廢待興。《崇禎長編》中君臣討論政務，大部分都涉及軍事、錢糧之事，因此，崇禎年間戶部尚書一職，實在是一項至艱至鉅的難差事。

此外，在崇禎二年底清軍大舉入寇北京，戶部事務成為戰時高混亂、高負荷狀態期間，畢自嚴從二年六月迄三年三月（1630.4）「以軍興倥傯，主憂臣辱，恐涉規避之嫌，不敢堅意求退」，〔註12〕都沒有以病為由提出請辭；而這一陣子，所上關於軍事糧餉調度的題本達 138 份 592 頁，更顯出他不是借病邀憐、以退為進的投機份子，而真正是「性癖認真，好勞惡逸」的勤奮官員。〔註13〕

前述 7 次請辭，以及另外 37 次請辭的題本，多獲崇禎帝懇辭慰留，從不允准，並屢對畢自嚴評讚「清慎敏練」、「忠勤籌國」、「練習精勤，邦計深賴，軍興方亟，全藉轉輸，著即出安心視事，不得以病陳請」。〔註14〕急躁苛切的崇禎帝旨中，竟如此具耐心，再三再四地溫言慰留畢自嚴，信用歷四年餘而

〔註 6〕　畢自嚴，《度支奏議》，〈四懇休致疏〉、〈五懇休致疏〉，堂稿卷 6，頁 26、34。

〔註 7〕　畢自嚴，《度支奏議》，〈再疏投劾懇祈立賜譴斥疏〉，堂稿卷 13，頁 43。

〔註 8〕　畢自嚴，《度支奏議》，〈微臣衰病情真國計不堪久誤疏〉，堂稿卷 18，頁 6。

〔註 9〕　畢自嚴，《度支奏議》，〈初次告病乞休疏〉，堂稿卷 4，頁 24。

〔註 10〕　畢自嚴，《度支奏議》，〈三懇休致疏〉，堂稿卷 6，頁 4。

〔註 11〕　畢自嚴，《度支奏議》，〈四懇休致疏〉、〈六懇休致疏〉，堂稿卷 6，頁 29、39。

〔註 12〕　畢自嚴，《度支奏議》，〈歲籥更新衰庸宜退疏〉，堂稿卷 17，頁 5。

〔註 13〕　畢自嚴，《度支奏議》，〈病勢委頓醫藥罔功疏〉，堂稿卷 20，頁 128。

〔註 14〕　畢自嚴，《度支奏議》，〈四懇罷斥疏〉，堂稿卷 15，頁 27；〈微臣衰病情真國計不堪久誤疏〉，堂稿卷 18，頁 7；〈真衰真病萬不能支疏〉，堂稿卷 20，頁 103。

不衰，足見二人之間的君臣關係堪稱信任穩定。

再舉出請辭疏中所涉及到的一件事，作為畢自嚴和崇禎帝君臣間關係良好的證明。崇禎四年三月己丑（1631.4.16），殿試新科三甲進士陳于泰、夏曰瑚、吳偉業等名單出爐，〔註15〕畢自嚴亦參與此國家遴才大典，同時參與該事的尚有吏部尚書左都御史閔洪學，禮部鄭以偉、徐光啟，刑部胡應台等人。〔註16〕十月左右，陝西道御史余應桂題奏，彈劾畢自嚴阿承主試官首輔大學士周延儒之意，取周延儒連襟兄弟陳于泰為卷首狀元，為人「冥頑昏眊」，「不副委任」，應當罷去。畢自嚴為此抗疏辯駁，強調自己清白，並引疾乞休。然而，崇禎帝對余疏似不甚在乎，不但沒有交給邸報抄發公布，還對畢自嚴的題本批示道：「至讀卷事情，尤易明白，豈俟剖陳？軍儲正急，著遵旨即出幹理。」〔註17〕閏十一月，余應桂又連續兩次舊事重提，題奏彈劾周延儒，指斥他弄權不適任，斥及畢自嚴。崇禎帝都下詔切責余應桂，也沒變動畢自嚴之職。〔註18〕

在此事上，崇禎帝並不受當時朝中黨爭惡鬥風習影響，只就畢自嚴適任戶部，以及糧餉調度緊急，不能無人主持兩點著眼，讓彈劾風波輕輕化去。可見崇禎帝相當重視能替他排憂解難、精明幹練之臣，〔註19〕而畢自嚴在戶部任上做實事也的確獲得肯定。

其他方面，諸如參與纂修實錄、同列侍宴，以及列位祭告社稷，〔註20〕以官績考滿獲加太子少保，〔註21〕再因清軍入寇事件，後方調度有功，累加太子太保榮銜，〔註22〕單獨或隨眾官員一同蒙恩受賞賚等等，〔註23〕均表明

〔註15〕 《崇禎長編》，卷44，頁2635。
〔註16〕 參與諸人名，畢自嚴，《度支奏議》，〈罪病交集三懇天恩譴斥疏〉，堂稿卷18，頁75。閔洪學左都御史職見《崇禎長編》，卷40，頁2442。整件事詳情見樊樹志，《晚明史》下，頁866～867。
〔註17〕 《崇禎長編》，卷51，頁2998。畢自嚴，《度支奏議》，〈罪病交集三懇天恩譴斥疏〉，堂稿卷18，頁74～77。
〔註18〕 《崇禎長編》，卷53，頁3089～3094、3120～3122。
〔註19〕 樊樹志，《權與血——明帝國官場政治的權力較量》（臺北：知本家文化事業有限公司，2005年），頁163～164。
〔註20〕 《崇禎長編》，卷40，頁2442。畢自嚴，《度支奏議》，〈祭告社稷復命疏〉，堂稿卷6，頁13～14。
〔註21〕 畢自嚴，《度支奏議》，〈辭免太子少保新銜疏〉，堂稿卷4，頁8～9。
〔註22〕 畢自嚴，《度支奏議》，〈虜儆恢復□辭敘賚疏〉、〈再辭恢城敘賚疏〉，堂稿卷16，頁1～4、5～6。《崇禎長編》，卷36，崇禎三年七月甲午；「畢自嚴加太

在戶部尚書任內，畢自嚴個人與崇禎帝之間互動良好。

第二節　宮衙間相敬相長的前期互動

　　《度支奏議》堂稿部分，共有 20 卷 352 疏，細目詳見本論文末附表一。以畢自嚴共任職四年八個月計算，平均每個月題奏次數是 6.28 次，又一個月以三十天計算，則是每 4.77 天就題奏一次。前面的計算，僅是堂稿部分，《度支奏議》尚有其他 99 卷，份量是堂稿 20 卷的 4.3 倍之多，則畢自嚴盡忠職守、努力政務的勤勞可見一斑。

　　此外，由附表一的「奉旨日期」一欄也可以看出畢自嚴上司──崇禎帝勤政的態度，和他是不相上下的。除去第 8 卷後段到第 13 卷前段的戰爭非常時期，題本幾乎都是隔日即批回辦理，甚至是一日數疏之外，其餘承平時期，崇禎帝批改戶部題本，回覆多在兩、三天以內。另外，同欄中，又有 20 次日期是在不同年份的正月初一～十五日過年期間，從這兩點可以斷言，崇禎帝極度關心政務，或許還是一位「全年無休」的皇帝。明代有三位皇帝堪稱勤勞，有強烈的權力慾，事事過問，無論什麼都想一手掌握，就是：太祖、世宗、崇禎帝。崇禎帝雖是末世之君，但他努力想使國家振興這一點，是不能抹煞的，〔註24〕《明史》稱他「憂勤惕勵，殫心治理」。〔註25〕在「勤政」這一點上，崇禎帝和畢自嚴這對晚明的君臣委實當之無愧。

　　附表一中，「批示內容摘要」一欄，畢自嚴對於戶部業務所陳述的意見，大部分都獲得崇禎帝採納，並下旨命令施行。而在對待戶部全體的態度上，畢自嚴被皇帝視為「久任」之臣，〔註26〕他個人受重視的程度，恆比於戶部全體。同一欄中，若是涉及畢自嚴本人，或戶部司屬份內業務有過，而畢自嚴自請、代屬自請處罰的題本，得到的聖旨多半是「不必引咎」、「不必代屬引咎」；至於處分，戶部職官通常會受罰，畢自嚴卻每每無責。由對附表一的

　　　　子太保，賚銀二十兩、紵絲、二表裏。」頁 2206。
〔註23〕 畢自嚴，《度支奏議》，〈恭謝考滿欽賜羊酒疏〉，堂稿卷 3，頁 81～82；〈恭謝欽賜花幣疏〉，堂稿卷 4，頁 10。《崇禎長編》，卷 56，崇禎五年二月丁丑；「皇考陵工告成，敘賚內外各官勞績。……畢自嚴、黃汝良、李孫宸、萬邦孚等一百二十四員，俱陞賞加廕有差。」頁 3288～3289。
〔註24〕 成功大學歷史系教授鄭永常老師多年研究明史所得結論。
〔註25〕 張廷玉等修，《明史》，卷 24，頁 11。
〔註26〕 《崇禎長編》，卷 15，頁 876。

單純觀察可以知道，就戶部長官與皇帝關係，在畢自嚴任職期間，大致良好。

然而，若是就時間而言，崇禎初年，畢自嚴剛剛上任，還在摸索階段，崇禎二年十一月中旬以前的題本，對於戶部職責事項，語氣頗多保留，題奏也以規劃、構想為多，陳述內容也從邊鎮軍餉不敷，逐漸擴及於太倉、戶部新舊餉司、內庫、錦衣衛等實際執行遭逢事項，再進到將眾朝臣對籌措邊餉的意見去蕪存菁、將督催稅糧與考成法鑲嵌嚴行，及重新彙編賦役之本——《賦役全書》。這些，都可以從附表一裡《度支奏議》前八卷部分得知，循此軌跡，可以逐步瞭解畢自嚴在戶部尚書任上早期的思路與應對。當時，崇禎帝登基不久，年紀既輕，對於政壇、官員、國政又都不熟悉，一切採取較寬容的態度，邊學習邊督促，故君臣相得，政務融洽以對，迴圜處多。

雖說兩者都在新任階段，畢自嚴畢竟大崇禎帝四十一歲，又已當官三十八年，身經百戰，各方面都顯得比較老練。在《度支奏議》堂稿裡，有關戶部實際政策的題本，崇禎帝所批示的聖旨內容，許多都是照搬畢自嚴題本內原本的意見原文，頂多再加幾句以皇帝身份給予大臣更多要求的話，但是，基本上處理的方式，還是不出畢自嚴的方法。因此，或許可以說，畢自嚴這位在宦海浮沉、歷練年深的老將，除了是大臣之外，還是崇禎帝無形中的理政導師。

由於戶部長官和皇帝都還在熟悉自己位置、職責的階段，這段時間內，畢自嚴在業務上的疏失，崇禎帝尚能有「卿司計未久，苦心持籌，朕所洞鑒。宜益奮精神、肩承勞怨，務求足國長策，不必引咎」這等慰勉之語；〔註27〕遇有戶部司屬逢六年一次的京察，抗議考績不公狀況，皇帝也給戶部司屬處分，以徵效尤。〔註28〕可謂君臣互勵，戮力為國。但當時戶部關於催運民運、京邊等政府歲入意見得到的皇帝批語「考成法嚴加申飭」、「嚴懲逋欠，惟有查參一法，……法在必行，不得姑息」，〔註29〕以及戶部請求恢復津門等地舊有屯政以充兵餉，得到「以歲入多寡，課所司功罪」的聖旨，〔註30〕已顯露出崇禎帝自登基伊始，便已有以法為本，依法治國，務求效果的積極功利心態。

另外，在批改公文上，畢自嚴題本中的錯字，一路下來，不斷地被崇禎

〔註27〕畢自嚴，《度支奏議》，〈恭謝發幣疏〉，堂稿卷2，頁70。
〔註28〕畢自嚴，《度支奏議》，〈參司官劉鼎卿食希辯撓察疏〉，堂稿卷4，頁56～59。
〔註29〕畢自嚴，《度支奏議》，〈申飭民運考成疏〉、〈申飭京邊考成疏〉，堂稿卷2，頁38、48。
〔註30〕畢自嚴，《度支奏議》，〈提議修復津門屯政舊積疏〉，堂稿卷4，頁21。

帝挑出，如崇禎二年四月六日（1629.4.28）〈題辯儀兌始末與民運無涉疏〉被批「挽字錯寫攪字，改正行」、崇禎三年九月四日（1630.10.9）〈持籌無策再請認罪疏〉被批「旨內平日二字錯寫且字，改正行」等，均可從附表一「批示內容摘要」一欄中看到，而全表共有 8 份題本被改正錯字。戶部長官畢自嚴的上司細心而好示聰明於大臣，於此可見端倪。面對宮裡如此細致愛計較的皇帝，衙門裡的畢自嚴自然也得兢兢業業，認真辦事。

第三節　宮衙間風行草偃的後期互動

每翻讀畢自嚴的文章，便想起古人說過：「君子之德，風；小人之德，草。草上之風，必偃。」〔註 31〕以其風行草偃，低位之人受高位之人指揮的文字表面意義，來形容《度支奏議》末八卷裡所顯示出來的戶部與皇帝關係，再恰當不過。崇禎三年夏季之後，從畢自嚴題本裡，能夠明顯感受到他相當嫻熟部務，對於司屬也有一體感，司屬有過，堂官之責，即便揪參本部屬員，仍多代屬請過或請與輕處，附表一「批示內容摘要」欄的這八卷有許多「不必引咎」、「不必代屬引咎」之旨可證。然而，倘若戶部司屬自己不潔身奉公，畢自嚴也絕不寬貸，如清軍入寇北京時期，在永平鎮陷落之前，戶部永平餉司理餉郎中陳此心便棄職攜眷逃至豐潤，警後歸戶部，畢自嚴便主動題奏糾劾，題請重懲。〔註 32〕

相伴地，崇禎帝對政務亦逐漸熟悉，又經過清軍入寇北京事件鍛鍊，益形成熟。畢自嚴都和崇禎帝視州縣催解事務都一致以中央需求為主，皇帝責成戶部，戶部嚴催地方，雙方在求行政成效上，態度都很積極，御下都很嚴謹，但崇禎帝又較畢自嚴更為強硬，尤其是邊餉事務，幾近於苛求。以下三項事件或可作為說明。

一、劉賜桂催餉逕歸事件

崇禎三年正月二十八日（1630.3.10），原紫禁城中城兵馬司指揮，因「軍興」而升任戶部山西司主事的劉賜桂，被派往山東德州、濟寧一帶催解各省

〔註 31〕〈顏淵第十二〉，《論語》（收入朱熹著，《四書集註》，臺南：大孚書局，民國80 年），下論卷 6，頁 83。
〔註 32〕畢自嚴，《度支奏議》，堂稿卷 13，頁 23～24。

阻滯在那的餉銀，原因同樣是因為清軍入寇阻斷餉道。三月初六（1630.4.18），畢自嚴接到隨餉附呈的冊報，劉賜桂陸續解送了 1,044,821.4 兩，完成解餉送京差使。然而，離家年久的劉主事並未同時回京，反倒回家探親，只由解餉差役具呈報告畢自嚴。

按例，京官因公暫離京，匝月當還。劉賜桂在一個月內完成差使，託差役帶呈於本部尚書，請比照銀差例，准予過家省親，但不等批准即逕自歸鄉，遲至四月底仍未回部辦事。畢自嚴身為正堂官，從公具疏舉發，請罰劉賜桂俸祿五個月以示懲罰，並限他在八月內回京供職。但在舉發的同時，畢自嚴仍不斷提及「查本官呈冊，催餉至一百餘萬，雖與耽延悞事者不同」。〔註33〕

崇禎帝先批「不候堂批，逕自還里，薄罰何足示懲？」及後，聞知劉賜桂已於八月二十九日（1630.10.5）回京，九月初一（1630.10.6）面見畢自嚴報備完訖，而畢自嚴也在疏內，為劉賜桂私自回廣東西部家鄉的行為解釋道：「勞極病發，便血無度，間聞母恙，病勢益危，岌岌有性命之憂，遂萌就醫之念。」並說他是「青年偉幹，正堪驅策之人」，請網開一面。〔註34〕

最後，念劉賜桂催餉無誤，又在限期之內返部報到，依崇禎帝意，「從輕」再加罰他七個月俸祿，總共停俸一年，略施薄懲。

二、薊州鎮譁變事件

崇禎三年四月初五日（1630.5.16），薊州鎮眾營官派領糧官薛世禎帶著獲發印准的行糧鹽菜紅單，赴該鎮餉司投單，等待領取該月行糧鹽菜銀。但負責實際發餉業務的薊鎮餉司書辦李同寅卻向他們需索每發 100 兩給他 10 兩的規禮銀，不給便不發餉。薛世禎等營官初不受勒索，後來迫不得已，只得先挪借招兵銀 40 兩送至李書辦家，李同寅卻嫌少不收，持續不肯發餉，士兵因而大譁，在十一日時聚眾索餉。這些檯面下的事，戶部薊州鎮糧儲郎中何朝宗並不知情，他在十日發完舊餉和遠路行糧，次日正準備再發在城行糧時，卻突逢士兵挾眾力之威，進一步要求行糧、月餉兼支。何朝宗性執拗，對此要脅不為所動，並因此斥罵士兵，導致其群情激憤，紛紛離開戍守信地參與譁變。〔註35〕

〔註33〕 畢自嚴，《度支奏議》，堂稿卷 14，頁 82～84。
〔註34〕 畢自嚴，《度支奏議》，堂稿卷 16，頁 33～34。
〔註35〕 畢自嚴，《度支奏議》，堂稿卷 14，頁 15～20、21～24。《崇禎長編》，卷 33，

此事由薊遼總督張鳳翼於變後揭發，戶科給事中玄默聞訊題奏。畢自嚴亦隨即題奏報告事情經過，請將李同寅正法。〔註36〕在此同時，崇禎帝已令錦衣衛將何朝宗逮捕至京，下獄訊問。

何朝宗任職於薊州鎮餉司時，勞累不堪，「在薊之援兵、各邊堡之主客兵，索折色、索本色，半年以來四面疾呼，而竭蹶支撐者，唯本官一人耳」，〔註37〕對照前一節寧遠鎮兵變事件，可見邊兵聚眾囂鬧索餉的狀況始終存在，再加上惡質書辦暗中搞鬼，邊鎮發餉一差，只要稍一不慎，便會掀起事端，禍延己身。戶部分駐各鎮餉司的官員對士兵譁變卻無彈壓之權，他們只能掌管糧餉鑰匙，負責發放事宜。何朝宗下獄就是出於此，而他也像他的上司畢自嚴一樣，雖被薊遼總督張鳳翼盛讚「有幹濟才」，卻受此戶部業務所累，早已「手口拮据，形神俱瘁，無日不以病請」。雷同的是，畢自嚴和崇禎帝的作法同出一轍，「每以大義相規勉」，不斷留他任職；從實際上來看，畢自嚴也自有其苦處，因為，何朝宗已經是一年來戶部派來薊州鎮餉司的第三位主官。〔註38〕

不幸，最後何朝宗還是像前兩任餉司主官一樣，受兵變連累，被關進錦衣衛監獄之中。崇禎帝對於畢自嚴題奏為何朝宗辯解，請寬貸餉臣，讓他儘快回邊鎮主持餉務事宜，以免所有事情陷於停擺的陳請，卻是斥道：「該部率屬如此，司官只合據法嚴參，何得代為分過？」〔註39〕並且命令他迅速補員遣去，就是不准再用何朝宗。

其後，裁撤薊鎮餉司，將每月收放兵馬行糧一事，交由久已駐薊之道臣賈充忠負責。〔註40〕

三、漕糧臭爛事件

北京為明朝首都，每年仰賴漕運從南方運米供大批皇親貴族、官宦城民使用。會採取水運的方式，乃是因為價錢比陸運便宜；若 1 石米運百里，水運要 0.03～0.04 兩，陸運則要 0.13 兩。〔註41〕從第二章第二節及〈表1：萬

頁1948。
〔註36〕 **畢自嚴**，《度支奏議》，堂稿卷14，頁18。
〔註37〕 **畢自嚴**，《度支奏議》，堂稿卷14，頁22。
〔註38〕 **畢自嚴**，《度支奏議》，堂稿卷14，頁22～23。
〔註39〕 **畢自嚴**，《度支奏議》，堂稿卷14，頁24。
〔註40〕 《崇禎長編》，卷33，頁1954。
〔註41〕 **畢自嚴**，《度支奏議》，堂稿卷10，頁87。

曆末到天啟年間明朝戶口財賦出入概況表〉可以知道，漕運每年是 4,000,000 石，主要收貯在京倉和通州倉（簡稱通倉）。

京倉有六：西新、北新、南新、海運、祿米、舊太倉（南京西新倉；杭州北新、南新倉；後三者在北京），設有京糧廳主事一職總其事，六倉則各派戶部主事、員外郎等京官六人負責；通州的稱大運西倉，設有通糧廳郎中一職總其事。〔註 42〕每年漕糧都分批從南運北，但是越拖越遲，到崇禎時，首批（稱「頭幫」）漕米每每在冬春之間始上船起運（稱「剝運」），七、八月才抵京城。早年有「苫蓋之法」：在地方上收米時，每入倉 2 石，設蘆席一片，覆蓋在米上，以防沿途下雨爛米；迄此時，因漕運稽遲至冬天乾季才起運，此法也就漸疏。〔註 43〕

冬季起運的漕船，抵達北方時，不會直接抵京送倉，而會先耽擱在位於漷縣的河西務關。河西務關係漕河上一處鈔關，設有鈔關主事一職理事，也正是當時戶部收天下糧米處，由戶部從北京派員專責前往收糧盤點，再轉運到北京、通州倉庫。〔註 44〕運到北京的稱為「正兌」，運往通州的稱為「改兌」，仍由政府的漕軍繼續運送工作。〔註 45〕這些耽擱在關的米，在盤點之際已入冬天，風寒水凍，會經過一個冬天才運入京、通二倉，稱為「凍糧」。〔註 46〕

河西務關有剝船 800 隻，船戶 200 名；通州有運糧經紀 330 名，該段漕運有六閘 156 名水腳工人，另有土壩車戶 50 名、船戶 15 名、石壩船戶 20 名、白糧船戶 20 名、白糧經紀 32 名、白糧水腳 10 名；昌密、兩河有經紀 50 名，並設有窐運廳主事一職理事；大通橋有軍糧車戶 132 名、白糧車戶 39 名，設有大通橋主事一職理事。運輸力則是每一名每一車可運 20 石米，從通州到河西務關來回一趟，最快是四天，〔註 47〕而這段漕河距離約 51 公里長。上述各地相關位置圖見〈附圖二：明代順天府附近圖〉，其中，昌密、兩河、大通橋不詳，依畢自嚴在題本中將之與通州、河西務關等相提並論，且是在談同一

〔註 42〕 畢自嚴，《度支奏議》，堂稿卷 10，頁 88；堂稿卷 14，頁 4～6。

〔註 43〕 畢自嚴，《度支奏議》，堂稿卷 14，頁 78～80。

〔註 44〕 畢自嚴，《度支奏議》，堂稿卷 9，頁 75～78；堂稿卷 10，頁 60～62。

〔註 45〕 呂景琳、郭松義主編，《中國歷代經濟史　肆　明清卷》（臺北：文津出版社，1998 年），頁 389。

〔註 46〕 畢自嚴，《度支奏議》，堂稿卷 14，頁 77。

〔註 47〕 畢自嚴，《度支奏議》，堂稿卷 10，頁 86～88。

件事的範圍之內，推測此三地應當是位於通州到河西務關之間這段漕河沿岸的閘口，京郊水運重點地，或是各倉庫所在地。

河西務關僅漕運事務，便涉及京糧廳主事、通糧廳郎中、河西務關鈔關主事、窰運廳主事、大通橋主事、戶部收糧專責官員等六個職務主官；倉庫方面，設有總督倉場尚書一職，「職專運務」，「事權原重」。〔註48〕掌管漕務錢糧者，是戶部雲南司郎中，任職要點則是「須得精明敏練」，〔註49〕該職所掌管的漕務錢糧稱作「輕賫銀」，慣例是解到通州廳銀庫，從那邊出入；漕務支出費用稱作「腳價」，亦即雇夫役之費用，由相關單位向通州庫輕賫銀申請，崇禎初年的紀錄是一年約需銀 140,000 兩多。〔註50〕

由上可知，漕運業務相當繁複，而且最需要費心的地方，是在南方總收上船與到河西務關下船盤點送倉，當然，還有後續的運漕米到北方軍事邊鎮。漕務重大龐雜，卻只不過是戶部日常業務之一。

崇禎三年五月（1630.6），值去年凍糧搬運入倉期間，在大通橋一地轉由陸運車戶運送。十二、十三日連續下兩天兩夜大雨，新舊糧船總計 15,000 石米一時群集，閘壩因而阻滯，遮蓋的蘆席卻準備不足，導致仍在河道船隻上運送的漕米因淋雨而漲損，故到橋驗米時傳出有臭爛不堪、結聚成塊的情形。畢自嚴聞知，立刻命令分派五個倉庫的人員將米各分 3,000 石，儘速擇地晾曬，去濫收良，並繕疏題奏。

畢自嚴的題本尚未入宮，十七日時，崇禎帝便已派人就此事責問戶部，令具疏陳奏。次日，畢自嚴便具疏，連同雨濕樣米，一併送呈御覽。

對於畢自嚴在疏中提出，以後由輕賫腳價銀內支出，在天津等處置買蘆席，隨帶在船，每船十片，由經紀船戶自行備辦，與各官旗協力苫蓋，以及往後若在大通橋遇雨，則令於神祠寺觀中暫避的改善方法，崇禎帝並不在意，支語未提。他反倒是懷疑米腐成塊是否其中有弊，嚴詞追問，諭令「不得狥隱」，〔註51〕使得一件原本只須對苫蓋疏失加以申飭的事件，終以大通橋主事王忠孝被疑剋扣下獄，直到崇禎五年八月還沒放出來，畢自嚴認為自己「不

〔註48〕「倉場尚書」，畢自嚴，《度支奏議》，堂稿卷 13，頁 32；「總督倉場」，《度支奏議》，堂稿卷 17，頁 14。

〔註49〕畢自嚴，《度支奏議》，堂稿卷 16，頁 85。

〔註50〕畢自嚴，《度支奏議》，堂稿卷 17，頁 15～16；畢自嚴，《度支奏議》，〈軍興價竭據實剖衷疏〉：「通糧廳輕賫銀，實備轉運漕糧之需」，堂稿卷 11，頁 20。

〔註51〕畢自嚴，《度支奏議》，堂稿卷 14，頁 77～81。

能預收凍糧，先為清野之防」，是一個竊位偷息的大臣，自請罪譴，「以為司計不效者之戒」收場。〔註52〕

以上三個事件所牽涉到的戶部屬官劉賜桂、何朝宗、王忠孝三人，在戶部業務上都勞累不堪，劉賜桂「勞極病發」，何朝宗「竭蹶支撐」，王忠孝雖無直接形容字句，但從其在短短數日之內，必須處分、晾曬、收藏 15,000 石有問題的米，還有眾多裝米之船，可知他的業務量也絕不在少。戶部下屬繁忙至此，對照上一節戶部主官畢自嚴難堪重務，屢次請辭，且因部務而大大影響健康的事實，更可知晚明戶部工作量之重。

此外，由各事件的處置，也可以窺見崇禎帝求治苛刻的一面。催餉逕歸的劉賜桂，在完成任務，且催到餉在百萬以上的狀況下，仍被崇禎帝諭令多罰七個月俸銀，比畢自嚴原先請罰的五個月再多加罰近一倍半，不能不謂重懲。

薊州鎮譁變事件裡的何朝宗，受底下不肖書辦連累，辛苦辦事沒成效，力抗士兵過份請求的行為也不被認同，因尚書畢自嚴屢次懇勸，才留任此吃力不討好之職，卻仍不免下獄。薊州鎮餉司被裁撤，發餉之事交由道臣負責，使得一個體制內有必要常設的地方發糧機構，以及一個情勢上必須存在的專責官職——薊州鎮糧儲郎中，就此消失，改由身有別項專責職務的他官兼攝。

漕糧臭爛事件裡的王忠孝，並未受任何私惡拖累，但是連天災及苫席不足之痼習都足以成為長久繫獄重譴的導因，崇禎帝御下之厲，已近於嚴酷。

至於畢自嚴涉及戶部公務的題本，崇禎帝批改語氣越來越嚴峻，毛病也越挑越多。若從戶部與皇帝的公身份來說，二者關係逐漸變壞，小至題本錯字，大至執行差使出錯，越到後期，戶部被崇禎帝挑出的罪愆越多，處罰也越來越厲。

崇禎四年以後，或許因為崇禎帝年紀既長，學識漸增，並習於處分政務，加上當皇帝位尊望崇，於是日益自尊自信起來，乾綱獨斷，越來越不能容忍與己相左的意見和小錯誤，要求嚴苛，趨於剛愎自用，對於大臣們也愈加不信任，反而又蹈天啟舊轍，大肆信用宦官。〔註53〕以畢自嚴「木強之性，素

<hr>

〔註52〕 畢自嚴，《度支奏議》，堂稿卷 20，頁 95。畢自嚴，《度支奏議》，堂稿卷 15，頁 15～16。

〔註53〕 《崇禎長編》，卷 54，崇禎四年十二月己卯：「南京雲南道試御史李日輔上言：

不諧俗」的為人風骨，在四年以後的題本，語氣竟也愈來愈謙卑，不太敢拂逆皇帝旨意與無理要求，以求「倖免鼎鑊，得盡天年於草野」。〔註54〕前一節所指的44份請辭疏當中，崇禎四年以後所上的達25份，其中22份都是以年老衰病為由請求罷斥，掛冠求去的願望可謂十分明顯，足以視作是間接證明。崇禎四年十二月，畢自嚴更因催解州縣賦役併考成法行之事一度下獄，〔註55〕雖然從附表一編號第313的題本日期──崇禎四年十二月二十五日（1632.2.15）可以知道，他在月底就被放出來繼續擔任原官，但這一次牢獄之災必然讓他驚悸有餘，往後行事更加小心謹慎，緘默為上。

戶部與皇帝的關係就這麼一路下滑，戶部只有聽命行事，而戶部司屬，尤以差使涉及發邊餉的官差首當其衝，每每因小錯而動輒下錦衣衛詔獄，有進無出。到崇禎五年下半，情況更已糟到「餉司纍囚相繼，覆轍相尋」，「過無巨細，悉從深入，白簡之下，未免無冤。非罰及無罪，即罰浮於罪」，導致最後無人敢接手戶部差事，視奉差如赴湯蹈火，卻又「退恐規避之蒙譴，進恐法網之不測」，〔註56〕使得畢自嚴對下屬漸難迴護，夾在皇帝與戶部之間，即使他個人與皇帝關係良好，但戶部正堂官的位置卻是越來越難為。

從以上種種事蹟可知，到畢自嚴在任後期，戶部與皇帝的關係越來越失衡，故稱是「風行草偃的後期互動」，戶部淪為聽命行事的衙門，崇禎帝並不尊重戶部的官員，只能有皇帝命令戶部做事、逮皇帝認為失職的戶部官員下獄的份，不准許戶部有反對的聲音，誠可謂是個嚴厲的時代。

小　結

方獲任用為戶部尚書的畢自嚴，與沉潛深宮多年的崇禎帝，將遇於廟堂的途中，寧遠鎮兵變發生，直接揭開這對君臣的相識面紗，讓畢自嚴以人情最真實的一面在崇禎帝面前登台，也讓晚明財經上最大的隱憂──邊鎮軍餉問題，因此而全無隱諱地鋪陳在皇帝案前。

『皇上內臣之遣，至再至三，群臣交章論列，……宦者焰張矣！……』帝怒其設端橫揣，語多恣肆，令降三級調外用。」頁3155～3158。
〔註54〕畢自嚴，《度支奏議》，堂稿卷17，頁6～7。
〔註55〕《崇禎實錄》，卷4，頁141。
〔註56〕畢自嚴，《度支奏議》，堂稿卷20，頁93～95。

　　崇禎帝關心的，應該是行政效率低落、官員散漫等關係明朝國運的問題。

　　崇禎帝一次次挽留畢自嚴，表 7 中從早期不准他辭職，到後來絮聒慰留，甚至不耐煩地叫他不准再陳，休養一下就趕快出來辦事，還有屢次的嘉獎、委命參與非戶部事務的國家要政，都顯示畢自嚴任內誠心辦公、認真國政的努力，崇禎帝都看得見，也十分肯定。

　　畢自嚴代表戶部衙門，擁有行政權，崇禎帝代表皇宮內院、國家全體，擁有同意權，兩者間的互動，對明朝財經動向，影響深遠。戶部長官和皇帝關係良好，但權力相撞時，就不一定如此了。

　　戶部和皇宮的互動，在畢自嚴任內分為前後兩期，前期約是崇禎元年～三年上半，君臣合作，宮衙互助，相敬如賓，教學相長，一同為振興大明經濟而奮鬥，勤政不息。雙方都處於摸索自己本分、職務的階段，也互相熟悉彼此的定位、宮衙個別的權限和功能，客氣誠懇，競逐偶合，似乎有「比政績」的意味，兩個機關都扮演的恰如其份。

　　崇禎三年下半之後，情勢漸變，崇禎帝以皇帝之尊，越來越頤指氣使，剛愎自用。催餉逕歸、薊州鎮譁變、漕糧臭爛三事件裡面，崇禎帝對劉賜桂、何朝宗、王忠孝等三位戶部官員的過度懲罰、毫無情面，都證實這位皇帝越來越專橫；這三位戶部官員，還都是盡忠職守的努力官員。戶部和皇宮兩機關之間的互動越來越差，皇宮越佔上風，戶部愈趨卑勢，身為尚書的畢自嚴也只能唯唯諾諾，以其性格，即使對方是皇帝，又怎能忍受？屢屢遞辭呈，不過是想當然爾之事。

　　畢自嚴雖待下甚厚，卻也是御下甚嚴的長官，夾在皇帝和司屬中間，本來承上督下，游刃有餘，崇禎三年後期，越覺難為，崇禎四年之後，更得面對部屬啣冤下詔獄而不准救，回到戶部無以見下屬，甚至最後自己也被關進牢內的屈辱。因此，畢自嚴的戶部衙門和崇禎帝的皇宮內院，其後期互動江河日下，日糟一日；幸而後來畢自嚴因病而終於能掛冠求去，全節全義，但也不能不說，掌權日久的崇禎帝治下，對於官員實是越來越嚴厲。

表 7：《度支奏議》堂稿二十卷請辭表

編號	卷數	題本名稱	題奏日期	奉旨日期	頁　數	題本主旨
						紅　批
1	1	〈初辭起官戶部疏〉	1.6.19（1628.7.19）	1.6.29（1628.7.29）	1～4	丙寅歲，臣帶罪留計，……適值水土不服，脾胃作惡，積勞頓發，痰火為祟，遂請老以歸……戶部總統中邦之賦，百需仰給，艱繁十倍南都……臣形衰體憊，識闇才綿，寧有病不勝南而顧可勝北者乎？
						不准辭
2	1	〈中途再辭疏〉	1.8.3（1628.8.31）	1.8.6（1628.9.3）	5～7	行至河間地方，夙疾陡發，痰涎壅盛，咳嗽幾無停聲，瀉痢交作，飲啖亦復中格，偃蹇牀褥，萎頓難交
						不必遜辭
3	1	〈舉遠兵變束身待罪疏〉	1.8.19（1628.9.16）	1.8.22（1628.9.19）	8～12	臣當衰朽摧毀之際，豈能精心而料理？矢引值家門僇辱之餘，尤難靦顏而視事……而今方寸盡灰，神銷骨立
						即出料理，不必再陳
4	4	〈遵例自陳不職疏〉	2.1.24（1629.2.16）	2.1.27（1629.2.19）	1～3	智淺才疎，奚取庸庸之尸位，衰齡病體，徒羞碌碌之備員
						不准辭
5	4	〈初次告病乞休疏〉	2.2.23（1629.3.17）	2.2.25（1629.3.19）	22～24	臣自去冬飲食無味，酒肉俱不沾唇，痰涎壅塞，咳嗽常不停聲……醫人見臣上焦有火，投以寒涼之劑，致臣脾胃益傷，泄瀉大作，自本月十九日以來洞下無數，饘粥不入口者數日，……若非謝事靜攝，藥餌亦難收功夫
						切勿再陳
6	4	〈病困阽危再乞休致疏〉	2.2.28（1629.3.22）	2.2.30（1629.3.24）	37～39	泄瀉之後，脾氣大傷，口舌生瘡，飲啖減少，頭目眩暈，步履艱難
						不得再有陳請

7	5	〈司屬譴責再乞認罪罷斥疏〉	2.4.14（1629.5.6）	2.4.17（1629.5.9）	16～21	四月□朔，本月軍糧尚未愆期，所遲只二、三兩月耳。□該衛因奉文清汰，二月下旬方始竣事，三月下旬方始造平頭冊，到部又止二月分，一月又改揀廠，爭執議論未決。倉口未定，在下糧廳且無憑坐派勘合以發各倉，在各倉俱未奉有勘合，又何能懸空而支放也？總緣微臣具題禁止廠，實啟釁端。臣當認罪伏法，而於各倉主事□無與也
						司屬責罰，不必引咎
8	6	〈三懇休致疏〉	2.*4.5（1629.5.27）	2.*4.8（1629.5.30）	1～4	臣獨以衰頹病廢，不克強自撐持以供厥職……舛錯腫至，如布花月糧等項，不能督催司官及時發給，則精神不能照管……入夏以來，飲食減損，形骸骨立，痰火喘嗽，百病交集，步履艱辛，舉止顛蹶。纔一披閱，眼昏如霧而目竭；纔一批答，手足酸麻而力竭；纔一籌畫，五內怔忡，如醉如癡而心思竭
						著一意料理，以副倚任，慎勿再陳
9	6	〈祭告社稷復命疏〉	2.6.11（1629.7.30）	2.6.14（1629.8.2）	13～14	臣以潦倒指摘之餘，方恭聽皇上之罷斥，既不敢靦顏以對君父，遂不克匍匐以入朝班
						速出供職，不得再陳
10	6	〈奏辯方關院猜擬求罷疏〉	2.*4.21（1629.6.12）	2.*4.25（1629.6.16）	15～18	九邊舊餉為數頗多，臣部年來積欠亦復不少，彼俱以未發者為歷過實數，請討不已。今既具疏裁汰，則未發者可不作欠……臣與應獬原係同省異府，道里隔遠，素不識面……精白一心，自盟有素，真可仰對皇上，共質諸臣……並憐臣
						病苦餘生，罪過多端，亟賜罷斥，放歸田里
						不必介意言去

11	6	〈四懇休致疏〉	2.5.4 （1629.6.24）	2.5.7 （1629.6.27）	25～29	北郊事竣，且變而嘔吐下痢矣！扶掖歸來，呻吟一榻……齒踰六旬，精血盡耗，憂勞煎爍，久病失調……醫家僉謂元氣虛弱，此病在本而不在標，斷非藥餌可冀奏效，若不謝事靜攝，將成勞瘵翻胃之症，雖盧扁無所施其技
						即出視事，慎勿杜門，致稽部務
12	6	〈五懇休致疏〉	2.5.9 （1629.6.29）	2.5.12 （1629.7.2）	34～36	臣自初病以迄今日，倏已匝旬，萎頓已極，全無起色。見今赤白洞下，膿血淋漓，狼籍污穢，無復人禮，飲食盡嘔，骨瘦如柴，所未登鬼籙者，僅呼吸毫髮間耳
						佇即勉出，勿再控陳
13	6	〈六懇休致疏〉	2.5.14 （1629.7.4）	2.5.17 （1629.7.7）	37～39	臣頃泄痢經旬，垂絕數四，比雖稍歇漸止，而元氣虛弱之極，形骸瘦削之極，鎮日僵臥一室，纔出延見司屬，則傾覆隨之矣！
						調理二三日，即出理部務，不必再陳
14	7	〈七懇休致疏〉	2.6.9 （1629.7.28）	2.6.12 （1629.7.31）	7～10	臣病已入膏肓，豈調理數日可愈，部務大費撐支，豈衰殘微臣克堪？
						卿任事勤敏，部無留務，且精力健盛，心思周詳，國計方切倚賴，還加意料理
15	12	〈司計罔裨投劾罷譴疏〉	3.1.27 （1630.3.9）	3.1.30 （1630.3.13）	8～10	九邊缺餉，在在脫巾……邊鎮丁用師之際，多大聲而呼庚，其難其危，更有萬倍疇昔者。即令長才處此，亦當束手，況譾劣衰殘如臣……伏祈皇上俯見臣力綿弱，臣病阽危，臣罪深重，臣言迫切，亟賜處分
						軍興旁午，何得投劾自便？

16	13	〈再疏投劾懇祈立賜譴斥疏〉	3.3.15（1630.4.27）	3.3.18（1630.4.30）	43～47	自奴賊發難以來迄今五閱月矣！內搜而帑藏罄懸，則虞空匱；外催而輪蹄絡繹，則虞騷擾。臣……今技倆已窮，徒覺心血之日枯……痰嗽每不停聲，步履更多艱難，自入春月，眩暈時作，心神潰亂
						一應兵食方賴持籌，何得輒有陳請
17	14	〈三懇天恩速賜褫斥疏〉	3.4.12（1630.5.23）	3.4.15（1630.5.26）	11～14	徒蔽賢者之路……痰嗽連綿不已，飲食減少異常，步履徒次且而艱於前進……至於心血枯槁，眩暈健忘，以致叢月坐差訛之事層見疊出
						所請不允
18	15	〈虜儆請罪自陳疏〉	3.6.12（1630.7.21）	3.6.14（1630.7.23）	14～16	司計不能裕國……又不能峙糧備糇……不能催價外運，源源日積，俾冬春之轉輸幾乎中斷……漕艘鱗集，臣又不能預收凍糧，先為清野之防
						不必引請
19	15	〈四懇罷斥疏〉	3.7.2（1630.8.9）	3.7.5（1630.8.12）	24～27	臣以衰病之殘軀，值茲軍旅之雲集，黔技已窮，杞憂未歇，愁苦相煎，時日淹久，怔忡交作，痰涎壅盛……雙目赤腫，畏日羞明，流淚如注，則文移之簡閱為難，右臂酸麻，晝夜痛楚
						著即安心視事，不允辭
20	17	〈歲籥更新庸衰宜退疏〉	4.1.20（1631.2.20）	4.1.21（1631.2.21）	5～7	若臣之技能，久已見於天下矣！閭閻日困……臣實無能休養樽節，為四方培養元氣……所懼於於覆餗一旦者，實臣無容諱短……況臣木強之性，素不諧俗，昏憊之衷，
						近多周章著即出安心視事，用副委任
21	17	〈微臣衰病日深兵餉拮据不前疏〉	4.1.23（1631.2.23）	4.1.25（1631.2.25）	11～13	目今崦嵫日逼，愁病相煎，痰涎壅盛，恐一蹶而不可復起。牀褥呻吟，寧高臥而克勘主計？
						著遵旨速出料理

22	17	〈恆暘示儆懇恩譴斥以回天心疏〉	4.4.28（1631.5.28）	4.5.2（1631.6.1）	105～107	亢旱千里，三春不雨，何也？……伏祈皇上將臣等立賜褫斥，以為計臣不能省賦綏民之戒，別選賢能，從長消弭，庶應禱之甘澍立沛，而封疆之餽餉無悮矣！
						不必引咎
23	18	〈衰病難支曠瘝可慮疏〉	4.6.14（1631.7.11）	4.6.17（1631.7.14）	1～3	自入春夏以來，福過災生，形衰體憊，夙疾纏綿，惴惴焉有性命之憂。現今頭臚暈眩，痰涎壅盛，目力昏眊於簡閱，足力顛躓於步履，腕力痛楚於披答，尤苦心血耗盡，恍惚健忘
						著即出視事，毋得少延
24	18	〈微臣衰病情真國計不堪久悮疏〉	4.6.18（1631.7.15）	4.6.20（1631.7.17）	4～7	自揣精力尚有一綫可支，臣亦何敢言去？……筋骸衰憊，精神瞀昏……大不如前
						著遵旨速出料理，勿以陳請
25	18	〈罪戾多端束身待命疏〉	4.9.19（1631.10.14）	4.9.22（1631.10.17）	59～63	遵明旨詳宣市賞顛末具奏事……紅本係緊切機宜，吏役延閣而臣失于覺察，是臣疎漏之罪也；餉賞應清查確數，雖合發有年，而臣失于剖晰，是臣因循之罪也
						不允辭
26	18	〈臣罪日深臣病日棘疏〉	4.10.13（1631.11.6）	4.10.15（1631.11.8）	70～73	當此國用匱絀之時……沿襲疏舛，弗克擔當……十日在部僉押未完，忽覺五內焚灼，精神恍惚。薄暮自部回寓，遂爾仆地昏暈不醒……醫藥頻進，時醒時暈，手足麻木，不能舉步
						即出視事，不必復有陳請
27	18	〈罪病交集三懇天恩譴斥疏〉	4.10.18（1631.11.11）	4.10.21（1631.11.14）	74～77	待罪度支復經四載，雖亟思釐弊而才於摘發，雖銳意裕儲而力殫於供億……近日風聞臺臣余應桂有疏論臣……謂臣實庸劣不稱厥職，亟宜罷去
						著遵旨即出幹理

28	18	〈衰病溺職四懇天恩譴謫疏〉	4.10.24（1631.11.17）	4.10.27（1631.11.20）	83～86	臣本衰邁之齡，久困錢穀之役，時絀舉贏，力綿憂積，嘗苦心神恍惚，步履艱難
						著即遵旨視事，不必又行引請
29	19	〈？疏（乞罷斥）〉	4.*11.12（1632.1.3）	4.*11.15（1632.1.6）	19～22	臣以衰病孱軀，久濫計部，深惟綆短汲深，大懼覆餗負乘……二豎已入膏肓……精神益復潰亂
						何乃又有陳請？著即出安心任事
30	19	〈衰病不堪邦計再懇聖慈罷斥疏〉	4.*11.17（1632.1.8）	4.*11.20（1632.1.11）	25～28	屢疏乞骸，未荷允放……臣以駑馬疲牛，勉供驅策，前此已多溺職之，後此愈深負乘之罪
						還遵旨即出視事，勿得再陳
31	19	〈國計不容重誤三懇天恩褫斥疏〉	4.*11.24（1632.1.15）	4.*11.27（1632.1.18）	29～32	臣抱病待皋俟已半月，一切緊急政務，間於臥榻了之。然司屬未免懈持，案牘未免塵閣
						大臣當祗遵君命，力圖幹濟，何得以私情屢請？
32	20	〈痰暈陡發病勢阽危疏〉	5.2.26（1632.4.15）	5.2.29（1632.4.18）	1～2	二十四日酉刻出署，纔自火房行至後堂，陡爾昏暈仆地，不省人事，班役扶掖灌救，良久方醒……投以搜風化痰湯劑，終苦頭目昏炫，手足麻木
						何得輒懷弛卸？著即出視事，不必請假
33	20	〈積痾難瘳叢脞可虞疏〉	5.3.1（1632.4.19）	5.3.4（1632.4.22）	3～5	連日延醫胗視，僉謂標本俱病，氣血兩傷，委非一朝一夕之積。即今痰涎壅盛，嗽聲不絕
						即出視事，不得再陳
34	20	〈臣病實深聞命增懼疏〉	5.3.6（1632.4.24）	5.3.9（1632.4.27）	14～16	臣年齒向頹，二豎相侵，痰喘交攻，一病垂死，昕夕昏暈，如墮雲霧
						邊計方殷，還悉心詳籌節裕長策以資撻伐，用付委任

35	20	〈真衰真病萬不能支疏〉	5.10.22（1632.12.3）	5.10.24（1632.12.5）	101～103	十二、十三日偶感新寒，遂發錮疾，痰火為祟，寒熱交作，滿面浮腫，潰裂成瘡……人多見而憐之……醫家見臣病危，率多望而卻走。大都皆謂心血耗竭，火壅於上焦；脾胃衰微，真氣涸於中局。投之涼劑則洞泄，投之溫劑則喘哮
						著即出安心視事，不得以病陳請，致有曠誤
36	20	〈臣病轉深臣職愈曠疏〉	5.10.25（1632.12.6）	5.10.27（1632.12.8）	104～106	今且舌焦唇破，頭面一概浮腫，潰腐膿潰……目無一線之明，頭涔涔痛，眩不可忍……臣以桑榆暮景，遘此惡疾，精神恍惚，藥石靡效
						即出視事，不得再稽
37	20	〈病已垂危力難再出疏〉	5.10.29（1632.12.10）	5.11.3（1632.12.14）	107～109	狗馬之症與日俱進，漸入膏肓，竝無起色。一切衰慵昏暈之苦，龍鍾潰裂之狀，見之駭目，聞者傷心，已自分旦晚化為異物
						著即出視事，勿再稽延
38	20	〈臣病丁真萬真絕無矯飾疏〉	5.11.4（1632.12.15）	5.11.6（1632.12.16）	110～112	旬日以來，延請醫官傅懋光等內外交攻，標本治……僉押用印，唾涕污穢，面目瘡毒，惡疾難掩，醜態畢露。時而昏暈如醉，時而切齒忍痛
						卿還著遵旨速出，不必請假
39	20	〈視事未幾沉痾轉劇疏〉	5.11.28（1633.1.8）	5.12.1（1633.1.10）	119～121	五內怔忡，子夜不寐，變為自汗盜汗等症，晨起若冰霜之透於肌骨矣……抵寓而貼床褥者數時
						著暫調即出，以副委任，印不必請署
40	20	〈病勢委頓醫藥罔功疏〉	5.12.4（1633.1.13）	5.12.7（1633.1.16）	127～130	扶病入署，面裂唇腫……食少事煩，勞觸疾劇
						著即出恪職視事，毋得頻請，致稽部務

41	20	〈沉痾難痊曠職滋懼疏〉	5.12.10（1633.1.19）	5.12.16（1633.1.25）	131～133	冬汗原犯醫家之忌，元氣消損，盜汗尤非衰老所堪……心計轉迷，龍鍾莫□，無益於部務之毫釐
						著即出視事，不得再稽
42	20	〈目病不痊曠職滋甚疏〉	6.2.15（1633.3.24）	6.2.17（1633.3.26）	144～147	初六日，右目赤腫，寒熱往來，頭面俱相連作楚……竟日閉目，偃臥私寓，畏日羞明，漸增翳障。案牘紛至，都付寢閣……兩耳……不辨人聲
						著暫調即出視事，不必陳請
43	20	〈目眚失明臣職久溺疏〉	6.2.20（1633.3.29）	6.2.23（1633.4.1）	148～151	臣以衰年肩劇任，五六年間，視漸昏而務竭其明……翳障愈深，雖極目審視，而蒼素茫然
						何得以偶恙頻請？著祗遵即出視事，勿再稽務
44	20	〈矇目萬難主計誤身更以誤國疏〉	6.2.24（1633.4.2）	聖旨未下	152～154	羞明惡風，大類矇瞽……略有一隙之照，睜目讀之……輒復閉去……既閉強開……腫障加甚
						聖旨未下

備註：日期兩欄內，*為閏月，（）內為西元

第五章　畢自嚴的財經思維和規劃

　　由前面一章可以瞭解，畢自嚴時代的戶部，涉及事務錯綜複雜，繁冗而且事情極多，外在還有精細嚴厲的皇帝不時苛責，多虧畢自嚴居間承上領下，處分得宜。畢自嚴領導大明經濟四年八個月，行政施為必有所本，本章接續前文，以他上任初期的重要題本，理出其主要財經思維和規劃，並勾勒出崇禎初年所有在財經上面努力的行動，到底所為何來。

第一節　精衛填海：龐大的邊餉開支

　　自從東北滿州人建國稱帝開始，明朝北方邊疆國土就永無寧日。萬曆四十六年四月，後金努爾哈赤以七大恨告天，公開對明朝宣戰，開啟雙方長達二十七年的戰爭。明朝為鞏固邊疆，積極策劃東聯朝鮮、西結蒙古，屯兵遼西和沿海諸島，對滿州人形成弧形包圍。〔註1〕

　　北邊擴大規模布置軍事，產生龐大的軍餉開支，因此，萬曆末三年連續加派了三次餉銀，共計九厘，這屬於遼餉內的「新餉」，〔註2〕也就是一般稱的九厘銀（本論文據《度支奏議》寫作「九厘銀」，又有寫作「九釐銀」者）。九厘銀開徵自萬曆四十六年，自四十八年始，每年都徵同樣、固定數目的銀兩，即 5,200,000 兩。〔註3〕

〔註1〕 李鴻彬，《滿族崛起與清帝國建立》（天津：天津古籍出版社，2003 年），頁 32。

〔註2〕 畢自嚴，《度支奏議》，堂稿卷 1，頁 18。

〔註3〕 張廷玉等修，《明史》：「至（萬曆）四十六年驟增遼餉 300 萬時，內帑充積，帝靳不肯發，戶部尚書李汝華乃援征倭、播例，畝加三釐五毫，天下之賦增

　　〈表 2：萬曆末年三次田賦加派表〉中，萬曆四十八年三月所徵的九厘銀數字是 5,200,062 兩；實際上卻收不到那麼多。畢自嚴上任後，努力瞭解這項戶部的大問題，發現新餉徵收的範圍，除了北直隸係天子腳下，又處邊疆，負擔本重，不予加徵之外，其餘南直隸、浙江、江西、福建、廣東、河南、山西、陝西、廣西，及延、保二州合徵 2,993,700 多兩，再有廣西九厘銀之半合雜派、運司關倉節省等項，有 970,500 餘兩，新餉每年入數是 3,964,200 多兩。至於新餉的出數，每年是 5,216,800 多兩，所以萬曆末徵收數字，是明政府依照支出所需而定，實際上卻收不到該數，並且還不足 1,252,500 多兩。

　　崇禎初年，湖廣、雲南、四川的九厘銀，及廣西九厘銀的另外一半，都「留充黔餉」；山東九厘銀自崇禎元年起「全留充島餉」。黔餉一年支出 1,000,000 兩，島餉一年支出 700,000～800,000 兩，而前述五區的「留充」，等於「以額設於遼者而瓜分至此，則遼餉之不敷宜矣！」〔註 4〕

　　表 8 是畢自嚴上任後統計的數字，列出天啟六年到崇禎元年新餉完欠狀況。表 8 所據以製表的〈欽奉上傳覆查外解拖欠疏〉內，每個地區的條目下都有「崇禎元年分該徵解銀……兩」這幾個字，這也就是每一年每個地區的額定徵收數目，如疏內寫「浙江省崇禎元年分該徵解銀 420,272 兩零」，則 420,272 兩就是崇禎元年及天啟六、七年浙江省的額定徵收數目，如此認定的證明則在備註列中。以下，表 9～10 的製表原則也均是如此。

　　由表 8 顯示，湖廣、雲南、四川三省不在其中，可見至遲在天啟六年時，它們就已經被分在黔餉項下，新餉因此而減少財源；廣西的元年九厘銀全都還沒交，它的九厘銀之半既然題充黔餉，則 40,917 兩是廣西省九厘銀的半數，或是全數？不能確定。

　　浙江、河南、江西三省的九厘銀數字是遠高於其他各地區的三個，加起來佔全部該徵解銀總數的 46.51%，接近一半，顯示該三地負擔新餉最重；其餘各地區則是廣東省的 223,345 兩為最高，往下遞減；山東省原有新餉銀該徵解數目不詳，故議及該徵解銀部分，會有些許誤差。從單項總計列看，

---

　　200 萬有奇；明年，復加三釐五毫；明年，以兵、工二部請，復加二釐，通前後九釐，增賦 520 萬，遂為歲額。所不加者，畿內八府及貴州而已。」卷 78，頁 11。

〔註 4〕 以上兩段文字，畢自嚴，《度支奏議》，堂稿卷 1，頁 18～19；山東省新餉銀自崇禎元年起全留充島餉，堂稿卷 2，頁 21。

表 8：天啟六年～崇禎元年各地新餉（九厘銀）完欠數目表
（單位：銀兩）

項目\時間\地區	該徵解銀	天啟六年		天啟七年		崇禎元年	
		已交銀數	至崇禎元年尚欠銀數	已交銀數	至崇禎元年尚欠銀數	已交銀數	至崇禎元年尚欠銀數
浙江省	420,272	398,749	21,523	403,685	16,587	0	420,272
河南省	446,121	446,121	0	446,121	0	304,264.26	141,856.74
山東省	題充島餉，候酌議	不　詳	11,962	不　詳	40,480	不　詳	未　完
福建省	120,802	120,802	0	120,802	0	0	120,802
江西省	331,036	293,706	37,330	84,000	247,036	0	331,036
廣東省	223,345	223,345	0	223,345	0	22,000	201,345
廣西省	40,917	40,917	0	40,917	0	0	40,917
山西省	148,589	148,589	0	148,589	0	50,000	98,589
陝西省	193,631	165,158	28,473	150,064.3562	43,566.6438	51,891.7704	141,739.2296
南直應天府	62,464	57,393	5,071	51,167.42	11,296.58	19,600	42,864
南直安慶府	19,714	19,714	0	19,714	0	14,314.7772	5,399.2228
南直徽州府	24,752	24,752	0	24,752	0	16,000	8,752
南直寧國府	27,297	27,297	0	27,297	0	8,189.325	19,107.675
南直池州府	8,180	8,180	0	8,180	0	0	8,180
南直太平府	13,252	13,252	0	13,252	0	10,497.524	2,754.476
南直蘇州府	83,663	81,941	1,722	83,663	0	0	83,663
南直松江府	38,229	38,229	0	38,229	0	0	38,229
南直常州府	57,830	55,643	2,187	57,830	0	0	57,830
南直鎮江府	30,435	30,227	208	30,435	0	0	30,435
南直廬州府	61,550	61,550	0	61,550	0	18,465.0597	43,084.9403
南直鳳陽府	44,172	44,172	0	44,172	0	0	44,172
南直淮安府	79,913	17,061	62,852	44,035	35,878	0	79,913
南直揚州府	54,976	27,553	27,423	54,976	0	0	54,976
南直徐州	18,150	18,150	0	18,150	0	0	18,150
南直滁州	2,528	2,528	0	2,528	0	0	2,528
南直和州	5,594	5,594	0	5,594	0	0	5,594
南直廣德州	16,015	16,015	0	16,015	0	0	16,015
北直延慶州	953	953	0	953	0	953.4951	0
北直保安州	137	137	0	137	0	0	137
單項總計	2,574,517	2,387,728	198,751	2,220,152.7762	394,844.2238	516,176.2114	2,058,340.7886
全部總計	該徵解銀 2,574,517×3＝7,723,551，已交銀數 5,124,056.9876，尚欠銀數 2,651,936.0124						
備　註	本表係崇禎元年九月五日（1628.10.1）題本數字。畢自嚴〈欽奉上傳覆查外解拖欠疏〉中，只有崇禎元年部分有「該徵解銀」，表示各省當年額定的徵收數字，天啟六、七年部分並未列有「該徵解銀」數字。但由於新餉起徵自萬曆 46 年，徵解原則是將軍需總數攤派給各省，各省再往下攤派給各州縣，故各大地方的額定數字，自開徵之年起便固定不變，因此，崇禎元年的「該徵解銀」～額定徵收數字，可以視作是天啟六、七年的「該徵解銀」～額定徵收數字。						

資料來源：畢自嚴，《度支奏議》，堂稿卷 2，頁 19～30。（全部總計列，該徵解銀、已交銀數二者數字都不包括山東省）〔註 5〕

〔註 5〕 楊永漢《論晚明遼餉收支》一書已做過類似的表，是將此數據資料拆成〈表28：天啟六年至七年（1626～1627）各省直新餉拖欠表〉、〈表 28：崇禎元年（1628）各省直新餉拖欠表〉，位於頁 80、89。筆者出於論文是研究畢自嚴及其政策整體的特性，將三年數據合在一起，重新製表，以更符實用性。其中有幾項《度支奏議》裡的數字模糊或有疑，參照楊先生表釐正。

　　不計山東省的話，天啟六年全國交了 2,387,728 兩，到崇禎元年九月還拖欠 198,751 兩，拖欠率 7.72%，不算太大；七年全國交了 2,220,152.7762 兩，到崇禎元年九月還拖欠 394,844.2238 兩，拖欠率 15.34%，無論銀數或比例都成倍成長；崇禎元年新餉，到九月只交 516,176.2114 兩，尚欠 2,058,340.7886 兩，拖欠率 79.95%。三年併計，到最後一年九月，該徵解的 7,723,551 兩，只交 5,124,056.9876 兩，拖欠 2,651,936.0124 兩，拖欠率 34.34%。各地區每年完欠的詳細數目，見諸表 8 各列。數字說明新餉徵收每年都有拖欠，而且越欠越多，難以達到完徵的政府預期目標。

　　遼餉既有新餉，自然包括「舊餉」，指的是萬曆末三年九厘銀加派之前的加派。嘉靖二十九年（1550），北方俺答曾大舉入寇北京，北邊境國防鞏固重要性大增，軍事費用也瞬漲為一年 5,950,000 兩銀，當時戶部尚書孫應奎無以為炊，遂建議在南直隸、浙江等地增賦 1,200,000 兩銀一年，供給北方九邊鎮支出，是國家原有正項賦役之外的加派開始，〔註6〕也就是舊餉，每年照同樣、固定的銀兩數目徵收。

　　〈表 9：天啟六年～崇禎元年各地舊餉完欠數目表〉是崇禎帝登基前後的舊餉徵收情形。表 9「該徵解銀」的河南省 418,850 兩、山東省 494,922 兩，高踞舊餉負擔之首，合計佔全部該徵解銀總數的 32.57%，接近三分之一。其次，普遍觀察三個年分欄，追繳每況愈下，從天啟六年「欠銀」欄有許多 0，天啟七年「欠銀」欄減成 5 個 0，到崇禎元年「欠銀」欄只 1 個 0，而「已交銀數」欄卻突增一大堆 0。或謂此不準，看總數則更加清楚。至崇禎元年九月為止，天啟六年拖欠 448,129 兩，拖欠率 15.97%；天啟七年拖欠 1,016,608.219 兩，拖欠率 36.24%，銀數和拖欠率都翻兩倍多；崇禎元年份則尚欠 2,674,296 兩，拖欠率 95.33%。三年總計起來，舊餉應徵 8,416,101 兩，已交 4,277,067.781 兩，拖欠 4,139,033.219 兩，拖欠率 49.18%。不管在單年拖欠比率上，或三年總計的拖欠比率上，舊餉都比新餉高出許多，而且只以天啟六、七年的比例來看，舊餉的拖欠也比新餉嚴重，亦即舊餉徵收比新餉差。

〔註6〕張廷玉等修，《明史》，〈志 54・食貨 2〉：「是時（嘉靖前期），天下財賦歲入太倉庫者二百萬兩有奇，舊制：以七分經費，而存積三分備兵、歉，以為常。……二十九年，俺答犯京師，增兵、設戍過倍。三十年，京邊歲用至五百九十五萬，戶部尚書孫應奎蒿目無策，乃議於南畿、浙江等州縣增賦百二十萬，加派於是始。」卷 78，頁 10。

表9：天啟六年～崇禎元年各地舊餉完欠數目表（單位：銀兩）

時間＼項目 地　區	該徵解銀	天啟六年 已交銀數	天啟六年 至崇禎元年尚欠銀數	天啟七年 已交銀數	天啟七年 至崇禎元年尚欠銀數	崇禎元年 已交銀數	崇禎元年 至崇禎元年尚欠銀數
浙江省	56,054	55,762	292	38,200	17,854	0	56,054
河南省	418,850	406,927	11,923	239,360.75	179,489.25	0	418,850
山東省	494,922	494,160	762	364,658	130,264	22,375	472,547
湖廣省	67,567	21,315	46,252	15,305	52,262	0	67,567
福建省	22,486	12,924.5	9,561.5	0	22,486	0	22,486
江西省	47,886	47,886	0	26,849	21,037	0	47,886
廣東省	9,316	9,316	0	9,316	0	0	9,316
南直應天府	23,251	23,251	0	11,561	11,690	0	23,251
南直安慶府	5,388	5,383	5	5,075	313	0	5,388
南直徽州府	2,190	2,154	36	2,164	26	0	2,190
南直寧國府	22,874	22,381	493	18,512	4,362	3,899	18,975
南直池州府	8,685	8,685	0	0	8,685	0	8,685
南直太平府	9,070	8,838	232	8,725	345	4,797	4,273
南直蘇州府	149,070	95,824	53,246	177	148,893	0	149,070
南直松江府	50,363	29,859	20,504	140	50,223	0	50,363
南直常州府	48,255	43,680	4,575	24,399.031	23,855.969	0	48,255
南直鎮江府	3,299	3,231	68	1,164	2,135	0	3,299
南直廬州府	3,459	3,459	0	3,231	228	0	3,459
南直鳳陽府	13,550	13,550	0	4,081	9,469	0	13,550
南直淮安府	18,671	15,197	3,474	2,267	16,404	0	18,671
南直揚州府	19,057	17,643	1,414	8,462	10,595	0	19,057
南直徐州	6,614	6,614	0	6,565	49	0	6,614
南直滁州	716	709	7	648	68	0	716
南直和州	547	547	0	544	3	0	547
南直廣德州	8,952	8,952	0	0	8,952	0	8,952
北直順天府	26,272	25,290.5	981.5	13,029	13,243	229	26,043
北直河間府	21,732	21,212	520	11,712	10,020	11,088	10,644
北直順德府	14,350	14,350	0	9,994	4,356	0	14,350
北直保定府	1,830	1,830	0	1,830	0	1,830	0
北直真定府	30,040	30,040	0	28,758	1,282	0	30,040
北直廣平府	22,642	22,642	0	22,642	0	0	22,642
北直大名府	72,642	72,642	0	72,642	0	10,000	62,642
北直永平府	1,640	1,640	0	1,640	0	0	1,640
兩淮等運司	1,103,127	809,344	293,783	835,108	268,019	76,853	1,026,274
單項總計	2,805,367	2,357,238	448,129	1,788,758.781	1,016,608.219	131,071	2,674,296
全部總計	該徵解銀 2,805,367×3＝8,416,101，已交銀數 4,277,067.781，尚欠銀數 4,139,033.219						
備　註	本表係崇禎元年九月五日（1628.10.1）題本數字。畢自嚴〈欽奉上傳覆查外解拖欠疏〉中，只有崇禎元年部分有「該徵解銀」，表示各省直當年額定的徵收數字，天啟六、七年部分並未列有「該徵解銀」數字。但由於舊餉起徵自嘉靖 30 年，徵解原則是將軍需總數攤派給各省，各省再往下攤派給各州縣，故各大地方的額定數字，自開徵之年起便固定不變，因此，崇禎元年的「該徵解銀」～額定徵收數字，可以視作是天啟六、七年的「該徵解銀」～額定徵收數字。						

資料來源：畢自嚴，《度支奏議》，堂稿卷 2，頁 3～19。〔註7〕

〔註 7〕 楊永漢《論晚明遼餉收支》一書已做過類似的表，是將此數據資料拆成〈表

　　由新餉和舊餉徵收狀況，可以知道晚明政府在軍餉徵輸上，與預期目標有嚴重的落差，中央貫徹這項政令到地方，及地方的執行力都很弱，是故，面對北方龐大的邊餉開支，入不敷出是無庸置疑的。

　　本著整飭之心，畢自嚴擬定崇禎元年的新餉、舊餉徵收，各以元年底和二年二月終為期限，其餘天啟六、七年的舊拖欠，以崇禎元年九月終為期限，「責成司撫督催題參，臣部覆處」，希望達成財源速進國庫及完繳的目的。〔註8〕然而，照前述完欠狀況，恐怕不容易達成。

　　除了新餉加舊餉的「遼餉」之外，打從建國開始，戶部原本就設有每年繳入太倉的「京邊錢糧」，「類接版籍正賦，軍民額供所當按時輸納者」，這項正賦是明朝制度裡早有「每歲額設」固定徵收數字的。〔註9〕不過，太倉京邊錢糧到崇禎元年，卻因為「查參之法既疏，民運之逋滋甚大」，〔註10〕也有著難以足數收齊的困境；表10可以顯示出其真實完欠情況。

　　這項太倉京邊錢糧在每省的徵收情況是不一樣的，「不知起自何年？有現徵者，有壓徵者。現徵，則於當年徵解；壓徵，則遲至次年方始開徵。」屬於現徵的，有浙江、湖廣、廣東、四川、南直應天府、南直寧國府、南直鳳陽府、南直鎮江府、南直安慶府、南直揚州府、南直盧州府、南直廣德州、南直徐州、南直滁州、南直和州；屬於壓徵的，有江西、福建、南直蘇州府、南直松江府、南直常州府；部分現徵，部分壓徵的有山東、河南、南直淮安府、南直池州府、南直太平府、南直徽州府。〔註11〕

　　由表10能夠得出太倉京邊錢糧在每省都有其定額，如「該徵解銀」欄所示，其中，又以緊鄰軍事前線──北直隸的山東、河南額定數目最高，都在400,000兩以上，再來是經濟重鎮──南直隸，共計394,010之譜，蘇州府則負重獨冠南直隸。

　　以崇禎二年六月底為限，天啟六年～崇禎元年，只有省際裡負擔最少的

　　27：天啟六年至七年（1626～1627）各省直舊餉拖欠表〉、〈表27：崇禎元年（1628）各省直舊餉拖欠表〉，位於頁78～79、87～88。筆者出於論文是研究畢自嚴及其政策整體的特性，將三年數據合在一起，重新製表，以更符實用性。其中有幾項《度支奏議》裡的數字模糊或有疑，參照楊先生表釐正。

〔註8〕　畢自嚴，《度支奏議》，堂稿卷2，頁1。

〔註9〕　畢自嚴，《度支奏議》，堂稿卷2，頁42。

〔註10〕　畢自嚴，《度支奏議》，堂稿卷2，頁33～34。

〔註11〕　畢自嚴，《度支奏議》，堂稿卷17，頁59、61～84。

廣東全完，其他沒有一地三年全交。拖欠數目及其比率：天啟六年 90,736 兩，拖欠率 6.02％；天啟七年 168,055 兩，拖欠率 11.16％；崇禎元年 74,4934 裡，拖欠率 49.46％。拖欠的銀兩在三年間倍數成長，拖欠比率也急速攀升。表 10 中這三年的「尚欠銀數」欄，充斥著很多個位數字、數十兩、數百兩，這些不大的銀錢，按理而言，不應該會構成地方上的極大困擾，惟仍是拖欠不清，官員的負責任態度可略見一二。崇禎二年六月底計算該年完欠狀況，則繳交 7,397 兩，是全額的 0.49％；即使依照夏稅、秋糧的稅賦繳交慣例，此太倉京邊錢糧的收入景象亦黯淡堪憐。

　　畢自嚴曾提過太倉京邊錢糧每年額設 1,671,640 多兩，〔註 12〕但對照表 10 年徵解只 1,506,266 兩，差了 165,370 多兩；天啟二年遼西重鎮廣寧失守，到天啟六年初寧遠大戰，〔註 13〕北直隸一直戰亂不斷，太倉京邊錢糧屬國家原有正賦，表 10 中卻沒有北直隸，或許是因戰爭破壞而免徵。山西、陝西也不在表 10 內，係因二省京邊錢糧已盡充民運，不過，這兩省才是因「有司沿習於積玩，撫道避怨於催科」而「拖欠最夥者」。〔註 14〕最後，以天啟六年‧崇禎元年的太倉京邊錢糧共拖欠 1,003,723 兩，拖欠率 22.21％，表示其徵收情況是八成弱。

　　邊餉的第四大宗財源，就是各省直運司、提舉司的鹽課銀，納入舊餉用度。表 11 是天啟六年～崇禎二年的鹽課銀完欠數目。

　　舊餉鹽課銀雖不如前三宗財源多，但一年也有百萬兩以上，表 11 錄出其迄崇禎二年六月底止的拖欠數目及拖欠率：天啟六年 252,046.12 兩，拖欠率 23.58％；天啟七年 176,410.61 兩，拖欠率 16.51％；崇禎元年 71,016.246 兩，拖欠率 6.64％。在拖欠率上，舊餉鹽課銀倒是違逆前三宗邊餉財源之勢，逐年下降，而且表 11 中，天啟六、七年的繳交狀況出奇的好，都只有兩淮運司一個機關拖欠；崇禎元年雖然欠稅機關增為四個，但是總拖欠額卻比前兩年大幅下降。這種狀況，應該是因為這些運司、提舉司歸中央戶部管理，較受直接監督有關。

〔註 12〕　畢自嚴，《度支奏議》，堂稿卷 2，頁 42。
〔註 13〕　天啟二～六年都有戰事，李鴻彬著，《滿族崛起與清帝國建立》，頁 100～
　　　　　105。
〔註 14〕　畢自嚴，《度支奏議》，堂稿卷 7，頁 14。

表 10：天啟六年～崇禎二年各地太倉京邊錢糧完欠數目表

（單位：銀兩）

時間＼項目 地區	該徵解銀	天啟六年 已交銀數	天啟六年 尚欠銀數	天啟七年 已交銀數	天啟七年 尚欠銀數	崇禎元年 已交銀數	崇禎元年 尚欠銀數	崇禎二年 已交銀數	崇禎二年 尚欠銀數
河南省	418,850	410,170	8,680	410,653	8,197	285,085	133,765	0	418,850
山東省	491,561	490,888	673	470,326	21,235	263,053	228,508	3,873	487,688
浙江省	56,054	55,737	317	50,354	5,700	34,038	22,016	0	56,054
江西省	47,886	47,886	0	47,886	0	32,494	15,392	0	47,886
湖廣省	67,567	21,315	46,252	15,505	52,062	25,024	42,543	0	67,567
福建省	22,486	20,784	1,702	21,302	1,184	4,068	18,418	0	22,486
廣東省	9,316	9,316	0	9,316	0	9,316	0	0	9,316
南直應天府	23,251	23,251	0	19,368	3,883	9,376	13,875	0	23,251
南直安慶府	5,320	5,315	5	5,025	295	5,085	235	0	5,320
南直徽州府	2,153	2,117	36	2,127	26	26	2,127	0	2,153
南直寧國府	22,395	21,902	493	22,350	45	15,711	6,684	0	22,395
南直池州府	8,685	8,685	0	7,798	887	0	8,685	0	8,685
南直太平府	9,070	8,848	222	8,726	344	8,824	246	3,376	5,694
南直盧州府	3,356	3,356	0	3,332	24	3,127	229	0	3,356
南直鳳陽府	13,397	13,397	0	13,214	183	8,769	4,628	0	13,397
南直淮安府	18,611	16,018	2,593	10,736	7,875	3,806	14,805	0	18,611
南直揚州府	18,981	18,093	888	18,933	48	8,876	10,105	0	18,981
南直蘇州府	148,893	134,657	14,236	117,337	31,556	15,000	133,893	0	148,893
南直松江府	50,268	40,274	9,994	24,606	25,662	8,910	41,358	0	50,268
南直常州府	48,255	43,680	4,575	41,703	6,552	13,053	35,202	0	48,255
南直鎮江府	3,231	3,163	68	1,096	2,135	0	3,231	0	3,231
南直徐州	6,472	6,472	0	6,425	47	6,438	34	0	6,472
南直滁州	709	707	2	644	65	709	0	0	709
南直和州	547	547	0	544	3	544	3	148	399
南直廣德州	8,952	8,952	0	8,905	47	0	8,952	0	8,952
單項總計	1,506,266	1,415,530	90,736	1,338,211	168,055	761,332	744,934	7,397	1,498,869
全部總計	該徵解銀 1,506,266×4＝6,025,064，已交銀數 3,522,740，尚欠銀數 2,502,594								
備註	本表係崇禎二年六月三十日（1629.8.18）題本數字；「單項總計」列末格粗體數字，為更正畢自嚴計錯之修正。戶部京邊錢糧起徵自國初，屬國家原有正項賦稅，明代賦稅徵解原則是定額定量，故各大地方的額定數字，自開徵起便固定不變，因此，崇禎二年的「該徵解銀」～額定徵收數字，可以視作是天啟六、七年及崇禎元年的「該徵解銀」～額定徵收數字。明代賦役徵解是定額定量，見〈志 54‧食貨 2〉，張廷玉等修，《明史》，卷 78，頁 1～18。								

資料來源：畢自嚴，《度支奏議》，堂稿卷 7，頁 33～42。

表 11：天啟六年～崇禎二年各省直運司提舉司鹽課完欠數目表（單位：銀兩）

時間　　項目　機關名稱	該徵解銀	天啟六年		天啟七年		崇禎元年		崇禎二年	
		已交銀數	尚欠銀數	已交銀數	尚欠銀數	已交銀數	尚欠銀數	已交銀數	尚欠銀數
兩淮運司	670,329.9	418,283.78	252,046.12	493,919.29	176,410.61	640,754.29	29,575.61	0	670,329.9
兩浙運司	145,000	145,000	0	145,000	0	145,000	0	0	145,000
長蘆運司	148,133	148,133	0	148,133	0	143,336	4,797	0	148,133
山東運司	53,377.6	53,377.6	0	53,377.6	0	27,000	25,377.6	0	53,377.6
福建運司	29,439.97	29,439.97	0	29,439.97	0	29,439.97	0	0	29,439.97
廣東提舉司	21,863.57	21,863.57	0	21,863.57	0	11,597.534	10,266.036	0	21,863.57
通州牙稅	600	600	0	600	0	600	0	0	600
單項總計	1,068,744.04	816,697.92	252,046.12	892,333.43	176,410.61	997,727.794	71,016.246	0	1,068,744.04
全部總計	該徵解銀 1,068,744.04×4＝4,274,976.16，已交銀數 2,706,759.144，尚欠銀數 1,568,217.016								
備註	本表係崇禎二年六月三十日（1629.8.18）題本數字。兩淮運司天啟六年欠銀，自崇禎二年起，題准每年帶徵 100,000，三年通完。各省直運司提舉司鹽課起徵課數起於國初，屬國家原有正項藏稅，明代鹽課徵解原則是鹽斤有定數，鹽斤、鹽引提舉司的額定數字，自開徵起便固定，絕少變動。天啟、崇禎之際，鹽引、鹽斤數並未變動，因此，崇禎二年的「該徵解銀」～額定徵收數字，可以視作是天啟六、七年及崇禎元年的「該徵解銀」～額定徵收數字。明代鹽政，見張廷玉等修，《志 56，食貨 4》，《明史》，卷 80，頁 1～18。								

資料來源：畢自嚴，《度支奏議》，堂稿卷 7，頁 42～44。

崇禎二年的全部尚未收到，前三年則總拖欠 499,472 兩，總拖欠率 15.58 ％，比起太倉京邊錢糧的情況好。

綜合前文，新餉、舊餉、太倉京邊錢糧、各省直運司提舉司舊餉鹽課這四宗晚明邊餉的主要來源，前兩項是加派，後兩項是國家正項；論起拖欠情況，舊餉比新餉嚴重，太倉京邊錢糧比舊餉鹽課嚴重，加派又比國家正項嚴重。另外，必須注目的是，這四大宗晚明邊餉財源，沒有一宗是可以完全收齊的，每一宗在每一年都有拖欠，而且除舊餉鹽課外，其他三宗的拖欠情形都是逐年趨差的。面對此困境，崇禎朝廷又值鶉衣百結窘態，如何以精衛隻鳥之力，啣細碎金銀填此邊餉龐大之海，確實嚴苛地考驗著畢自嚴的智慧與能力。

第二節　戶部尚書對財政的初步構想

崇禎年間的戶部衙署裡，尚書畢自嚴的日常辦公之處名「經濟軒」，《度支奏議》全書 119 卷，便是出自畢自嚴在這裡窮年累月批答公文的結集。

崇禎二年三月（1629.3），經濟軒裡的畢自嚴面對紛至沓來的戶部事務，就「邊餉不敷」這個大前提，以如何振興經濟、積聚錢財為主軸，實際瞭解軍需和財賦現狀後，中和各方建議所得，「條列六款，以自附於蒭蕘之義」，上疏陳奏，請皇帝「併與在廷諸臣共商定之」。〔註 15〕這是他就任戶部尚書之後，首度全面性地提出施政總綱，共計六款。本節依各款內容，大概分為「開源」、「節流」，及「正項徵解」（將國家原有正項賦稅盡力一項項找出，在其中找錢源、徵齊）三種思想與規劃，往後各節除多出「改革政治弊端以利財源」外，大體亦同。以下為六款內容：

一、糴糧生息

以各州縣官庫裡起解中央之外所剩下來的稅收，「但係存留銀糧及貯庫無礙官銀」，如官生俸廩、各役工食等銀為資本，在夏、秋季穀麥價格較低時，由地方州縣政府照市場公平價向農民收買，並儲存在官倉之中。冬、春穀麥市場價格升高時，州縣再將倉中存積乘時賣出，計畫在此一買一賣之間，官庫可賺取其中差價。同時，這樣做也可以防止農產成熟、政府收稅之際，「百姓爭鬻粟輸納，其值必賤，驅其利于富家豪賈，一入困而價漸騰湧」的狀況。

〔註 15〕畢自嚴，《度支奏議》，堂稿卷 4，頁 66。《崇禎長編》，卷 20，頁 37～42。

據畢自嚴的瞭解與估算，當時明朝州縣共一千三百多，各地方政府貯庫官銀，「大者不下幾萬兩，小者亦不下幾千兩」，而依此計畫行去，「大縣每歲收放不下萬石，小縣收放亦不下四、五千石」，「歲可得息數十萬」，這數十萬銀子之利絕對有助於中央財政。

本項條陳綜合唐朝劉晏常平法「豐取賤與」之意，和明前期周忱巡撫江南時的〈濟農倉法〉「會秋稔，以官鈔平糶贏糧，以鉅萬數」的主旨，又參考當時戶部山東司主事李希衛、中書舍人郭萬程兩人具奏的意見而成。但是，畢自嚴也注意到「江南穀價之升沈減於北地，歲時豐歉之貴賤難以懸度」的實情，主張不必馬上就通行全國，而是試行，「先擇甲科有司及鄉科之有正薦者為之」，斟酌損益，以本條款為準，因地因時變通作法，務求便民而非厲民。

其後，還必須注意到選擇誠懇的胥役、廉正的州縣官；不拘泥一定要放在官倉，而應本便利原則，置放鄉村倉庫也無妨等等小節。同時有配套措施，官員「若得息一萬者，紀錄優擢；得息三萬者，減年行取」，以實質利益鼓勵地方官配合中央政策，努力推行。〔註16〕本條陳算是以政策配合的「開源」思想。

二、搜刮商稅

明代七大鈔關始設立於宣德四年（1429），針對商業行為，以徵收過稅為主，兼收商稅，〔註17〕是傳統關權制度的延續和發展。就其管理和歸屬來分，可以分為戶部鈔關和工部鈔關，抽分竹木的場、局屬於工部，收客商過稅的鈔關屬於戶部。這些鈔關一般都設在水路交通要道，客商叢集之處，設立之初原是收寶鈔，故名為「鈔關」，計算所得的單位是「貫」；〔註18〕到畢自嚴之時，因政府和社會已在經濟上大量運用白銀，始演變成以「兩」計算所得。

崇禎時期，大運河沿岸較大較有名且持續設置的有七個鈔關：西南有九江關（九江府治），東南有北新關（杭州府治）、滸墅關（吳縣縣境）；在長江與大運河匯流之後，一路向北，則有揚州（揚州府治）、兩淮鈔關（淮安府治）、臨清關（臨清州治）、河西務（武清縣境）。此外，入京之後，還有稅課司崇文門分司一關。〔註19〕當然，並不只有這七個鈔關而已，其他還有更多較小

〔註16〕畢自嚴，《度支奏議》，堂稿卷 4，頁 66～68。《明宣宗實錄》，卷 94，頁 7。
〔註17〕申時行等修，趙用賢等纂，《大明會典》，卷 35，頁 1～2。
〔註18〕李龍潛，《明清經濟探微初編》（臺北：稻鄉出版社，民國 91 年），〈明代鈔關制度述評〉，頁 479～485。
〔註19〕明代在北京徵收商稅的機關，稅課司本體在定安門，崇文門是分司，同屬於

的鈔關存在於全國各地。八大稅關相關位置見〈附圖三：明代八大稅關圖〉。

鈔關本就是明朝政府為增加財政收入而設，萬曆六年全國經由各地鈔關徵收而來的商稅共進帳 250,590 兩銀；〔註20〕天啟年間，前述八關之稅總額則是 344,729 兩銀。〔註21〕這數十萬兩銀，在崇禎年間自然是為錢著惱的畢自嚴注目之處。

在這項條陳下，畢自嚴的想法，是在國家原有的徵稅正項之中找錢。他的規劃如下：

（1）江西九江府原有湖口鈔關徵商貨之稅，該地為荊吳──兩廣的交通要衝；南直隸太平府蕪湖鈔關徵收竹木之稅，該地為南貨入京必經。湖口鈔關裁撤，蕪湖鈔關便「併稅雜貨」。畢自嚴擬以此雜貨之稅歸併湖口，增充軍餉，似有重建湖口鈔關之意，可算是「正項徵解」裡的「開源」。

（2）南京宣課等司例管南部之稅，每年總額課卻只有萬餘兩銀，較北京崇文門年總稅所得近 100,000 兩不成比例。「南京都會之地，貿易往來」，「清核所得，當不止此」，應當詳加追究。這是「正項徵解」。

（3）山東有泰山香稅，舊例年解太倉 20,000 兩，因白蓮教徐鴻儒之亂而止。現在亂事已經平定，應當恢復。這是「正項徵解」。

（4）浙江有黃魚稅，一年數萬兩，用作春秋二汛操賞和支銷公費。「二汛操賞恐亦無多」，擬以其 3／10 充邊餉。這是「正項徵解」。

（5）陝西有潼關、咸陽的木稅，例定每年其中 20,000 兩用作該省公費，其餘「皆佐貳所得，未必盡入公家」。佐貳所得這部分，必須責令地方官注意清理攢積，近期內分充餉、削除陝西寇盜兩項用，事平後再抵年例。這是「正項徵解」。本規劃是參考御史姜兆張之題本意見。

（6）福建中部有徵收對象是船和木的沙埕稅，「不知額數」；有徵收對象是通呂宋商船的海澄稅，一年 27,000 兩解到福建布政司，用作防備倭寇。閩地「諸貨叢雜，群商輻輳」，稅應不止 27,000 兩，應可再設法多抽以充軍餉。福建從嘉靖年間開始，地方上就一直有與外國的非法走私貿易存在，與呂宋（今日的菲律賓）和巴達維亞城（今印尼的雅加達）關係不淺；也有如漳州

中央政府機構。李龍潛，《明清經濟探微初編》，〈明代稅課司、局和商稅的徵收〉，頁 524。

〔註20〕李龍潛，《明清經濟探微初編》，〈明代鈔關制度述評〉，頁 555。

〔註21〕畢自嚴，《度支奏議》，堂稿卷 6，頁 47～48。

巨賈林希元者，以本地仕紳身份帶頭從事私人外貿，和東南亞、日本都有關係。〔註22〕這是「正項徵解」的「開源」。

（7）廣東有香山澳稅，徵收廣州城外夷人、土商的貿易稅，委託廣州府協助徵收，一年「聞此項銀不減滸墅」，而滸墅關當時定額一年要上繳 87,500 兩。〔註23〕香山澳稅用作總督公費，「就中漏報更多，此亦可搜為邊餉用者也」。事實上，自明朝建國不久後，明太祖就實施朝貢貿易，並且經明成祖的努力，形成以中國為中心的外交、貿易結合一致的朝貢體系。正德以後，朝貢貿易的主要進行地在廣州，廣東地方官員對外國的貿易船隻進行抽稅，是當地政府的收入來源之一，因此，這方面的利源也是很重要的。〔註24〕這是「開源」。

（8）各州縣有向斗秤牙行徵收的行稅，先輸粟於官，再給發印照。各地方規矩不一，每年大縣可得數百兩，小縣可得百餘兩，全國加起來可達數十萬兩，重點是這筆錢向朝廷報多少，全憑地方官的良心。擬「明定徵輸之額」，將各州縣分為上中下三等，派定每地每年該解到中央若干行稅，將這筆錢「收之公帑」，「稍益軍國之些須」。這是「正項徵解」。

以上各項規劃，無非是希望「當此三空四盡之日，搜刮已及於窮簷」之際，能夠從榷政方面多得些錢，達到「錙銖總歸於朝廷而滴涓亦裨於滄海」的實際目標。標題都已經明白說「搜刮」，也就不必再潤飾任何行為；而「且聞各稅原榷有官，俱非創起」一句，〔註25〕也表明「正項徵解」是畢自嚴很重要的財經思想。

三、淮南積引

明代行開中法，商人納稅換鹽引，才可以運鹽到邊鎮。萬曆末年，全國最盛產鹽的兩淮，共有已納過課的鹽引 2,170,000 引壅積不通；由於年年都有新引產生，因此這壅塞不通的 2,170,000 引更無從解決。當時，戶部郎中袁世振想出如下辦法解決：

‧本來：每引額定納引價 0.5 兩，每年額定發 705,180 引，每引可行

〔註22〕鄭永常，《來自海洋的挑戰～明代海貿政策研究》（臺北：稻鄉出版社，民國93 年），頁 161～183。
〔註23〕畢自嚴，《度支奏議》，堂稿卷 6，頁 47。
〔註24〕鄭永常，《來自海洋的挑戰～明代海貿政策研究》，頁 93、112～118。
〔註25〕以上各「」中引文及（1）～（8）各點，畢自嚴，《度支奏議》，堂稿卷 4，頁70～72。

　　　　鹽 570 斤一年共可行鹽 570 × 705,180 ＝ 401,952,600 斤

　　• 新方式：

　　　　每引只可行鹽 430 斤，每年定額 430 × 705,180 ＝ 303,227,400 斤

　　　　401,952,600 － 303,227,400 ＝ 98,725,200 斤→每年騰出的鹽斤額數

　　　　98,725,200 ÷ 430 ＝ 229,593.48……引→每年可以消耗掉壅積的舊引

　　　　額數（原文稱 "引窩"）

每 220,000 引編為一綱，共設「聖德超千古，皇風扇九圍」十綱，預計十年銷
完舊引，自萬曆四十六年到天啟七年，共行十年，期滿應當恢復每引 570 斤
的舊制。

　　天啟五年，戶部尚書李起元因遼餉匱乏，題請不要恢復舊制，故崇禎元
年仍照袁世振方案的引斤數施行，並於壅積舊引上，每引再加徵「餘沒遼餉
銀」1 兩，朝廷每年可多得 220,000 兩。此舉是明加稅於壅積舊引之上，而前
十年的方案等於暗加稅於減斤動作之中。

　　事實上，到了崇禎元年，兩淮昔年所壅積的舊引，並未如預期地在十年
之中通通銷完，因為「奸商黠賈捏造假引、偽鈔，以圖隱漏引價」，「有已行
之積引，未嘗截角，以圖再行者；又有設綱以前不中用之老引積鈔抵充以混
行者；又有私雕木板，假印偽造積引以行者」，造成合法的壅積舊官引無法消
耗完畢。

　　畢自嚴的意見，是將這些未消耗完的壅積舊官引繼續保留，每引還是要
納「餘沒遼餉銀」1 兩，每年共 220,000 兩，所得供新餉；另外，同樣這批壅
積舊官引，每引額定納引價 0.5 兩照收，每年共 110,000 兩，所得供舊餉。

　　這一項條陳，是畢自嚴參考當時監生李大綱的意見，然後回頭翻閱舊案
而成。〔註 26〕本項介於「開源」和「正項徵解」思想中間。

四、裁革雜流

　　明代徵稅有賦有役，有田即有賦，由人民將米麥等收穫親送官倉，由地
方官點收，以繳納實物為準；有身即有役，由人民親赴官充役。自萬曆初

〔註 26〕　「淮南積引」全部，畢自嚴，《度支奏議》，堂稿卷 4，頁 72～75。汪崇篔，〈明
　　　　末清初的兩淮鹽政狀況〉，《鹽業史研究》，第 2 期（2010），頁 13～23。汪崇
　　　　篔，〈明萬曆年間兩淮鹽政變革及疏理〉，《鹽業史研究》，第 2 期（2009），頁
　　　　3～12。

期實行一條鞭法後，各項賦役改以銀作為主要繳納方式，賦的徵收和解運，漸由民間轉移到由官方負其大部分責任，役也改成官府負責雇募。〔註27〕如此，民間省去押運至京沿途的痛苦。

　　但是，這一切都與冠帶（即有功名者，畢自嚴稱為冠帶）無關。明代學校和科舉之盛，都超越前代，也因此造就一批「縉紳」，凡進學——考上秀才後，都可算做縉紳，本人可免服徭役，還有免交田糧的優惠；身份不同，賦役的優惠越大，免徭役的部分更可推及家人。〔註28〕基於上述的利益，人人追求冠帶不遺餘力。能讀書的就通過科舉取得身份，不能讀書的，便只好從流傳久遠的用錢買資格一途著手，畢自嚴稱作「納例」、「援納」、「事例」。

　　天啟後期，魏忠賢擅權亂政，到處掠錢以為己有，援納是一大斂財之法，由此而衍生出眾多名實不符的縉紳。這些人被綏與冠帶的理由，多是建魏忠賢生祠、建皇城三大殿、邊鎮工程、寧錦大捷有功，其中，又以殿工加銜者濫竽最多。〔註29〕

　　本來，明廷定農民援納冠帶，是 200 兩銀　例，並且要經歷二次考察，「實歷十餘年，始得一命之榮」。經過魏忠賢一陣攪弄，變成照陋規價，只要 15 或 20 兩便可以買到，而且「不論行頭、不論幾考，乞各衙門假託效勞有年，移送吏部，徑題冠帶，且得優敘」。越到後期越鬆散，改元崇禎前後，已是「中間實歷者，十無二三；援納者，十無一二」，即有人根本沒納錢，卻也順勢成為縉紳，更造成吏部一年竟題請超過 4,000 人加冠帶的失控情況。以一人 200 兩計，明廷一年損失 800,000 兩，崇禎元年事例銀歲入不到 300,000 兩可證。〔註30〕

　　為此，畢自嚴參考前戶部左侍郎王家楨和當時的御史黃仲曄兩疏的意見，請從此禁絕題授雜流冠帶，回復照以前規制、價碼，確實三考、援納，將過程「大書告示，刊書傳報」，「與天下共見之」。〔註31〕

　　本條陳算是「改革政治弊端以利財源」的思想。

〔註27〕梁方仲，〈一條鞭法〉（收入《梁方仲經濟史論文集》，北京：中華書局，1989年），頁78。

〔註28〕張顯清、林金樹主編，《明代政治史》上，頁85～87。

〔註29〕《崇禎長編》，卷20，頁1219。

〔註30〕畢自嚴，《度支奏議》，堂稿卷4，頁75～76。

〔註31〕畢自嚴，《度支奏議》，堂稿卷4，頁76～77。

五、扣省站價

這一條陳是對驛站而發，而這項主題之被牽出，首發者是兵科左給事中劉懋。明代水陸驛站遍及兩京十三省，盡屬公家設施，本供公文往來傳遞及官員必要之用，不過，晚明官員並不愛惜尊重，「用之公者十二，用之私者十八；驛遞之苦累由於往來過客者十四，由本省衙門者十六；出於撫按衙門者十三，出於司府衙門者十七；撫按承差，初不過十餘名，今增而一百名與二百名矣！」公器私用、濫用的情況嚴重。

官員不自重，其差遣的下屬同樣狐假虎威。驛遞之役分春、秋兩班，驛馬的使用則須持有馬牌，每牌注馬兩匹。到此時，已是被使用者濫索、私加到每牌三、五匹，「少不如意，拳毆驛官，鞭撻驛卒，身無完膚」。驛站供給酒食之外，還要奉上「借馬銀」1～2兩，「若銀色不足，砂置馬背，箠楚馬_脇，繩緘馬口，急鞭疾跑，馬不倒死，亦不可再馳矣！」

當時，一匹馬由十六戶人家共同照應，加上工食銀，需花160兩，「而酒食、惜馬、補馬等項，猶是鬻妻賣子女以賠之」。〔註32〕這林林總總，畢自嚴也有所察，總縮財政的他，以下列三項規劃對付：

（1）針對驛站屢被各官員拿來做人情，浪費公帑的弊端，已令裁減一切勘合，禁革一切牌票，力求節省。既有節省，必有所積，而查訪的結果，「今所節省者，不啻十之五矣！」這筆省下來的金錢，「未必有司庫藏實實積儲，未必窮簷下隸人人受賜」，如被地方強豪倚勢吞沒，無益國家財政，因此，請命各地撫按督率道臣，先詳查自己轄區所屬驛站的文冊，估算自奉旨禁革以後，一個月比以前節省多少，再推算節省後一年需用錢若干，政府就可以根據這個數字，量減撥給各驛站的錢，「計其所得，當亦不下數十萬」。同時，還必須徹查「煩費如故」的驛站，將其中舞弊不法的官員參劾上報。這是「節流」。

（2）「各州縣於驛馬外有設里馬，以供差遣及往來接送迎謁之需」，被官員濫用，人民為此加派痛苦不堪。畢自嚴擬只保留原額驛馬，裁減里馬；當然，如能將省下里馬的這一部份支出「歸之餉額」，他很樂見。這是「節流」。

（3）北直隸、山東、江北、河南等地驛遞，舊設有協濟銀兩一項支出，派由南直隸、江南、浙江繳交，常被拖欠。既然驛政大幅縮編，協濟銀兩便

〔註32〕以上三段，《崇禎長編》，卷20，頁1250～1252。楊正泰，《明代驛站考》（上海：上海世紀出版有限公司，2006），頁1～8。

可以「盡改充餉」。這是「正項徵解」。〔註33〕

六、查覆丁銀

　　本條陳是參考當時科臣王猷〈封疆不堪再壞疏〉意見而成。據畢自嚴查考，明朝歷代丁銀徵收「沿革不一，而四方奉行亦異，有三等九則」，各州縣單丁額度則是自 0.1～0.9 兩不等。接近崇禎年間的狀況則是：秦中──徭役偏重，每丁 1～9 兩；中州──以應交丁銀總額均攤於田畝中，實際丁數無關緊要；北直、山東──行一條鞭法，不分等則，每丁交銀 0.15～0.2 兩。〔註34〕

　　其中，最重要的問題是王猷所問的：「今海內生齒日繁，何以載在版籍如故？」按照〈表 1：萬曆末到天啟年間明朝戶口財賦出入概況表〉的「戶數」和「口數」一列，數字從萬曆四十八年～天啟六年都沒有變動，可證明王猷所言不虛。畢自嚴主張如下：

　　　　下令撫按督率有司，文到即加意編審，尋求累朝舊制，兼著各方習
　　　　俗。大約以戶丁增長為主，凡隱漏壯丁，務一一清出。照洪武三年
　　　　及弘治三年例諭：「丁口漏報者，許自首免罪；作弊者，無赦。」

這是從根本著手的作法，重點在使國家掌握的人地資料正確，並查出每一縣隱匿的餘丁數，增加稅收以充餉。這是「正項徵解」。

　　除去這六條陳之外，畢自嚴也曾考慮過當時皇帝直屬的內承運庫裡堆積的貨物，如果折價賣掉的話，可得約 300,000 兩，拿來充軍餉，不無小補。不過，基於私利，崇禎帝當然不可能答應。〔註35〕

　　以上六條陳，是畢自嚴上任八個月之後，首度明確地全面就國家財政提出的初步構想。和歷代籌畫經濟的財政大臣一樣，這六條陳裡規劃雖多，還是不外乎「開源」、「節流」兩種思想。畢自嚴最與眾不同的想法，是「正項徵解」，也就是詳查政府一切既有稅收、財源，盡量地撙節積聚，以供軍需。這一點是很務實的，把國家原來就有的財源項目鞏固好，都設法收到，再談其他，相當符合這位出身農家，腳踏實地的戶部尚書的本性。這也是針砭魏忠賢亂後，國家行政嚴重失序的救時良方──一切歸本，重新出發。

〔註33〕以上各「」中引文及 A、B、C 各點，畢自嚴，《度支奏議》，堂稿卷 4，頁 77
　　　　～78。
〔註34〕畢自嚴，《度支奏議》，堂稿卷 4，頁 78～79。
〔註35〕以上兩段文字，包括引文，畢自嚴，《度支奏議》，堂稿卷 4，頁 82～88。

畢自嚴的財經思想及規劃，並不僅限於戶部管轄範圍，而是從國家整體著眼。如 2.搜刮商稅中，許墅關歸工部管理，〔註 36〕還有其他各地抽竹木等琳瑯滿目稅項的機關都不一定全屬戶部直轄，卻也在畢自嚴的規劃之內。又如 4.裁革雜流，其實與當時如火如荼進行中的「逆案」相關，是許多有志官員共同的呼籲。此題本呈上的次月，那些藉魏忠賢而濫登冠帶的「雜流」們便消失了一批，共有因魏忠賢而得以胡亂蔭襲、加級、敘錄者 536 人，他們的頭銜被全部削除。〔註 37〕

綜合以上六條陳各個細目，可以知道，軍餉支出是當時財政的首要議題，畢自嚴的所有規劃，無非就是竭盡所能湊錢供應軍餉。軍餉，一直是畢自嚴任內最大最繁重的責任。然而，畢自嚴雖說的有條有理，自己還是感到「持籌黔技已窮，憂時鼠思轉切」，因此「隕越戰慄」地乞求皇帝召開會議，〔註 38〕讓同朝大臣們一起為大明財政想想辦法。

第三節　國家財經改革諮議

皇極門，就是今天太和殿前的太和門，明代原叫做奉天門，嘉靖以後改稱皇極門，是明代皇帝「御門聽政」之處。〔註 39〕畢自嚴為振興經濟、籌措財源而絞盡腦汁，終究是坐困愁城，眉頭深鎖，故請崇禎帝下詔眾大臣，共同為國庫、軍餉而集思廣益。畢自嚴誠懇地說：「臣冀諸臣之教臣。」〔註 40〕於是，在崇禎二年三月畢自嚴的六項條陳提出之後，許多大臣的意見，紛紛在召對之時出籠，雜然併陳。如兵部尚書王洽便疏陳邊務十事：嚴債帥、修實備、核實兵、衡將將、覈欺蔽、懲剝削、稽教練、剔積蠹、舉異才、弭盜賊；〔註 41〕而裡面「剔積蠹」一項，希望去除軍中的冗員，雖然範圍只限於邊鎮的軍隊，但與畢自嚴「裁革雜流」求去除冗濫人員的思想十分雷同。

湖廣道監察御史劉學詩繼起陳述：「省不急之官，罷無名之費」，崇禎帝回應：

〔註 36〕 李龍潛，《明清經濟探微初編》，〈明代鈔關制度述評〉，頁 484。
〔註 37〕 《崇禎長編》，卷 20，頁 1220～1230。
〔註 38〕 畢自嚴，《度支奏議》，堂稿卷 4，頁 66。
〔註 39〕 王鏡輪，《故宮寶卷》（臺北：遠流出版社，2003 年），頁 14～15。
〔註 40〕 畢自嚴，《度支奏議》，堂稿卷 4，頁 66。
〔註 41〕 《崇禎長編》，卷 19，頁 1120～1121。

汰冗屢有明旨，其應裁官俸等銀，編入邊餉，並有司稅契、榷徵、
贖鍰諸款，盡輸正供。著撫按官嚴加查覈，以定官評優劣。

畢自嚴得旨，先唯唯稱是，再提出劉學詩當山西推官時，曾經建議裁去太原
府同知，「竟以情面中止」一例，委婉指出裁官之事不易。隨後，畢自嚴回覆
想法：「我皇上乾綱獨斷，賞信罰果」，宜採一手寬：「若有司有清汰節省積羨
數多者，不難破格紀錄而超擢之」，另一手嚴：「臣等以白簡從事，有司愛功
名，不敢不畏法度，不敢不急輸將」。君臣合力，一白臉、一黑臉，寬嚴並濟，
然後達成目標。

劉學詩還有其他建議：預糴倍運及借浙江貢茶、絲絹、相木、描竹等費
用當作糴本。畢自嚴聽聞，認為浙江這些錢屬於「內供錢糧」，要入內承運庫
的；有前一節提過想賣內庫積貨以供軍餉被拒的例子，他怎敢再打皇帝的主
意？漕運加倍方面，目前官方船數和人力欠佳，「措本往返糴買必須數月」，
必然無法及時供應到軍需。崇禎帝聽完尚書之見，稱「是」。〔註42〕

其他眾位大臣也議論紛紛，成群集會，由太常寺少卿呂維祺匯集大家討
論的意見，代表陳列四事各項方案上奏。崇禎帝聞奏後，認為「這本搜陳剴
切，條盡簡明。」指示交給戶部參考。呂維祺等人的各項意見，還有畢自嚴
的逐款回覆如下：

一、議清覈

（一）屯田鹽筴錢法

禮部何如寵等十人討論，「國計自糧徭而外，其大者無如屯鹽鼓鑄。」但
是「至今日而舉不可問矣！」呂維祺指出：「屯田之病，由隱占私賣，不在究
奪，而在清查均賦。」重點在「清查」二字，資料齊全，就無弊端。畢自嚴
研議後，答覆皇帝和眾臣：「崇禎元年七月……已蒙俞旨，令臣部咨屯田御史
及相關各撫按一體遵奉行矣！合再申飭。」工部張鳳翔等人還補加建議道：
「鹽，深於私販小票，而增引革引尤在於信契，期廉掣官之為關鍵也。所當
行巡鹽御史設法推廣者也。」

至於鼓鑄，呂維祺說：「莫要於上下通行。合請著為令，窩鑄者無赦，私販
者遣，仍沒其貨。」而樞臣申用懋等人的結論是：「總之，下手實做，與任事者

〔註42〕以上兩段，畢自嚴，《度支奏議》，堂稿卷5，頁33～35。

以便宜之權，乃可徐觀成效。」〔註43〕以上三點應屬「改革政治弊端以利財源」。

（二）生祠變價

地方官要是做得好，有德政，人民感恩戴德，會為他立生祠供奉。但是，造的浮濫了，就只不過是地方官自吹自擂的象徵，百姓經過生祠「甚有掩鼻以過者」。大臣們請派理刑官詳察，「凡以物議敗而官無實惠者，即行拆毀，變價充餉」。〔註44〕這應屬「開源」。

（三）大木瓴工

皇城三大殿工程完畢，臨清瓴廠暫停二年，呂維祺和臺臣宋師襄請停收大木，至少可以省去 1,000,000 兩。畢自嚴說：「事隸工部，臣等未敢越俎」。科臣沈惟炳、臺臣蔣允儀等人又提「誥軸自置，歲省 170,000」，畢自嚴回答：「誥軸從來典制織買，藝體，臣部似難贅議」。〔註45〕以上兩點應屬「節流」。

二、議折解

（一）俵馬本折

民眾有俵馬之役，就是把馬匹糧草解送到指定地，「不時多有意外之虞，解戶茹苦受累，至捐身家以殉之」。臺臣蔣允儀和呂維祺建議將解送糧草本色改成本色三、折色七，以三年為期解送，不要把人民逼死。畢自嚴答詢：「惟是事隸太僕執掌攸關，頃該寺已有疏入告矣！臣部何敢擅議。」〔註46〕這是「改革政治弊端以利財源」。

（二）河工銀兩

臺臣楊建烈、曹暹提議，將河工之銀暫且移來助餉。畢自嚴以為河工銀「職在工部，該部亦在匱乏，合聽該部酌議，以充急需。」他則轉頭找到京師附近的河間、保定二府有一項兵餉事故銀兩，請兩臣和皇帝給他時間去查是否存剩有十數萬兩；若有，再「盡數解部充餉」。〔註47〕這是「正項徵解」。

〔註43〕以上兩段，畢自嚴，《度支奏議》，堂稿卷 5，頁 37～39。申用懋時官兵部左侍郎，《崇禎長編》，卷 19，頁 1169。

〔註44〕畢自嚴，《度支奏議》，堂稿卷 5，頁 39～41。

〔註45〕畢自嚴，《度支奏議》，堂稿卷 5，頁 40。沈惟炳時官太常寺少卿，《崇禎長編》，卷 20，頁 1201；蔣允儀時官太僕寺少卿，卷 21，頁 1325。

〔註46〕畢自嚴，《度支奏議》，堂稿卷 5，頁 40～41。

〔註47〕畢自嚴，《度支奏議》，堂稿卷 5，頁 41。

三、議裁省

（一）議捐公費

憲臣曹于汴、楊鶴，臺臣李玄等建議依向來的慣例，「撫按之贓罰公費充新餉」。畢自嚴答稱：「解者多不如數」，請皇帝下旨再申飭每年如期完解。另外，司道各府有的設有公費銀，部份藩臬們設有羨餘銀，「合無一體諭令捐助」，「多者可三、五百兩，少亦須一、二百兩，著為歲額，於以助餉給邊」。〔註48〕這是「正項徵解」。

（二）裁革冗役

「在外各衙門執事員役舊有額設，以致今日冗不可紀」，到處都有冗濫雜役蠹食國家薪水，呂維祺請「移文撫按，先為司道郡邑倡，自酌省分大小、差遣繁簡，量留差承若干名，其餘盡行裁去。」同議者有憲臣曹于汴、楊鶴，臺臣吳玉、李柄。畢自嚴答覆是同意，並且請自撫按到州縣層層追問裁革，「一面將汰去人數刻榜懸掛，一面勒限將汰過廩給工食報部充餉」，同時禁止州縣地方官抽扣衙役應有的工食銀，府官以上則不論，要請撫按查參。〔註49〕這是「節流」。

（三）清汰虛冒

呂維祺與科臣康新民、沈惟炳，臺臣蔣允儀、吳甡建議「足餉無如清兵」，他們請下令巡按御史，會同督撫司道，嚴格查核現役士兵，剔除冒名頂替之兵，懸賞能揪出非法士兵的人，「仍將點過逐隊花名，大書揭榜，以示存留」。同樣，軍官、將領若是出身請託、因戰敗而廢者，「一概斥逐，並將實在官軍姓名勒限報部」，〔註50〕還國家一個組織嚴密的軍隊。畢自嚴對本項未置可否。這是「節流」，也是「改革政治弊端以利財源」。

四、議催解

（一）責成藩司

這一項是關於錢糧的徵解，呂維祺等人發覺其中弊端：負責起運京邊錢

〔註48〕畢自嚴，《度支奏議》，堂稿卷5，頁41～42。曹于汴時官都察院左都御史，《崇禎長編》，卷21，頁1342；楊鶴時官都察院右副都御史兼兵部右侍郎總督三邊，卷20，頁1203。
〔註49〕畢自嚴，《度支奏議》，堂稿卷5，頁42～43。
〔註50〕畢自嚴，《度支奏議》，堂稿卷5，頁43～44。康新民時官大理寺卿，《崇禎長編》，卷19，頁1149；吳甡時官山東道御史，卷21，頁1325。

糧的單位，「各省繇布政司，兩直隸繇各府」，「若司府督催不亟，州縣徵解自緩；又有州縣已解之司府，而司府不即解之京邊」，光靠科臣參罰，難明曲直，容易造成不公平。畢自嚴完全同意，請「依議申飭，并載入考成。以後錢糧不完，藩司暨府總計分數，與州縣一體參罰，住俸督催」，至於「慎選計俸」的部分，還必須與吏部商議進行。〔註51〕這是「改革政治弊端以利財源」。

（二）置差催提

戶部與天下相關單位往來，靠文書遞送，「稽延動經旬月，甚有竟置沉匿寢閣者」，故呂維祺等大臣建議各省布政司將負責文書遞送的「提塘官與四承差」的姓名報送戶部，立冊管理。以後，「凡緊要文移，即著落提塘輸遣承差，即刻完報。不如約者，革究不貸」，而這些差官為公事，「許用傳報撥馬」。〔註52〕這項建議的重點就是在求加快行政文書的效率，是「改革政治弊端以利財源」。

以上是許多朝官共同會商所討論出來的多項意見，畢自嚴得到匯報疏之後，具奏回覆。從這些建議的內容看來，大致也不脫「開源」、「節流」、「正項徵解」，以及「改革政治弊端以利財源」等四項。「改革政治弊端以利財源」在眾議中所佔的份量，相對比前一節當中畢自嚴自己意見裡所佔的份量多，或許是因為眾大臣是從各種視角來看，比畢自嚴單就戶部的眼光看籌措財源一事，更多著落在比較普遍的政治問題上。

另外，在 3.議裁省（2）裁革冗役中，畢自嚴決定「一面將汰去人數刻榜懸掛，一面勒限將汰過廩給工食報部充餉」，和（3）清汰虛冒裡，他採取「仍將點過逐隊花名，大書揭榜，以示存留」的做法，突顯出畢自嚴另一項在做法上的財經思想，就是一切透明化，公佈真相，舞弊也就難以發生。此外，「酌省分大小」一句也顯示當時人的觀念裡，已經有南直隸省、福建省、廣東省等等省分分別。

後來，又奉旨會議，則由戶科都給事中解學龍代表陳奏。因為當時朝廷攢錢手法幾乎已經遍手天下，搜括一途「反裘類竭澤，業已數數施而斷不可再」，所以，這群熱心國是的中央官員們，主要就「尚存天地之間、人事之內而未經講求，或講求而未果、未竟者」討論。依「開源」、「節流」、「正項徵解」、「改革政治弊端以利財源」四種思想來分，則有如下之議：

〔註51〕畢自嚴，《度支奏議》，堂稿卷 5，頁 44～45。
〔註52〕畢自嚴，《度支奏議》，堂稿卷 5，頁 45～46。

五、開源部份

（1）河濱灘蕩：政府對於近河灘的肥沃土地要「令撫按廉委、風力推官丈量清楚，或輸價承買，或定課納官」，加強收稅，以助軍餉，勿讓地方土霸奪去此利。

（2）裁革效勞：去除假報效之名，私通人情而能名列免除徭役冊者的名字，讓他們繳稅充餉。

（3）勳戚捐助：雖然在勸募的過程中，遭遇「勳戚英國公張惟賢等具有公揭投部不願捐助」，但還是請和國家休戚與共的勳戚們捐助助餉。

（4）賈稅酌徵：在「稅契、稅當等稅俱用以充餉」以助軍興之後，賈稅一項當然不能免，此處指的是地方上小本經營的商稅。

六、節流部分

（1）班軍改折：去除班軍中「強半子虛」的空頭名額，以省下的錢充作軍餉用。

（2）監生納班：去除不納班的監生名額，免其支領公家糧米以省錢。

（3）清汰冗冒：也就是政府裁員計畫，裁官，也裁兵，如此自可省錢。

（4）京衛吏役：裁減京衛、吏役當中冗濫不需要的名額，尤其是「錦衣衛吏役最多」，裁去多餘，減少支出。

七、正項徵解部分

（1）湊解紙贖：地方州縣的「春夏積銀久已抵充雜項新餉」，「撫按公費、贓罰抵充新舊二餉，原有定額」之外，再把各司道府官的「一切鍰贖」和私費「定為額數，每歲依期完解」中央。

（2）加增榷額：恢復天啟六年各榷關的正額。本來崇禎元年「因大工已竣，改助工為助餉，每兩加羨銀 5 分，解入太倉」，現在，請恢復成天啟六年時的每兩加徵 1 錢羨銀助餉。

（3）捲稍銀兩：「畿南賦役冊有捲稍銀兩並重夫重馬銀，即小縣不下百餘金」，請清查並命解到太倉助餉。

（4）吏農班價：「南北兩直隸及十三省布按，與各府及都運二司衙門，凡上納吏農，除現在參房應役外其餘舊例：每名每年納班銀 3、4

兩不等，每省約得數千金」，合全國各省則有數萬兩，請「各省解司各轉解部充餉」。

八、改革政治弊端以利財源部分

（1）查覈存留：查覈各省存留項下的數目，「一切款項，當存若干，當裁若干」，去其不必要的，重新編冊進呈中央，然後，「然後刊刻成冊，布告天下」。

（2）書役納吏：嚴厲約束各州縣的書吏，避免他們「作弊以圖徵利」。

（3）殿工冠帶：免去在天啟末年因建造三大殿之功而濫封的冠帶。

（4）京東水田：畿輔田地，「轆轤取水不能驟給」，「北方人因而習之溝洫，蓄洩相時處置」，故水利宜開發以利農業，並且「則壤而賦」，不要逼農民多交稅。〔註53〕

以上共計十六款建議，出自戶科都給事中解學龍和科臣沈惟炳、劉先春、祖重燁、陳良訓、劉斯琜……，臺臣譚汝偉、王相說、鄧啟隆、樊尚景、龔一程、胡良機……，樞臣申用懋、憲臣曹于汴……等人，在國家財經會議裡所匯集並整理的結論。

從上面諸臣建議的各款可知，籌措財源不只一個途徑，每個人所見雖有限，但會議討論之後，彼此交換心得，所得必然不少，甚至還有如「殿工冠帶」一項與前述畢自嚴六款條陳中「裁革雜流」相同的意見出現。總之，在經過許多熱心者的集思廣益和往復探討之後，畢自嚴獲得更多可以為國家籌措財源的想法和做法，為他的施政提供莫大的助益。

第四節　戶部《邊餉總綱》的頒布與實行

經過滿朝熱心的大臣們，感於朝廷正值「搜刮無餘，開節莫措」的窘境，以振興國家經濟、籌措軍事財源為題，召開多次會議討論，「右畫津津，嘉謨鑿鑿，有具疏入告者，有列單款送者」，〔註54〕再由崇禎帝批閱後，轉交戶部尚書畢自嚴作施政參考。

崇禎二年閏四月初（1629.5），畢自嚴初步彙整各大臣的建議，擬十二款施

〔註53〕 以上 5～8 四部分，畢自嚴，《度支奏議》，堂稿卷 5，頁 47～70。
〔註54〕 畢自嚴，《度支奏議》，堂稿卷 5，頁 77。

政綱要上奏，內容有：增加鹽引、停修倉廒、酌議鼓鑄、搜刮雜稅、隱畝宜查、南馬協濟、牙行換帖、修衙銀項、板木改折、寺田起科、崇文店稅、撥兌京運。這些內容，大部分在前幾節都曾提過，而崇禎帝在諸臣的往復陳奏中間應也早就耳熟能詳，他御筆駁回酌議鼓鑄、隱畝宜查、崇文店稅三款，認為不必行，其他九款則多少仍有意見，令畢自嚴「另覆奉旨疏款，參綜彙冊，通行內外各衙門畫一遵承，務濟實用」，〔註55〕要他再重整後定案。畢自嚴為此，在閏四月上旬又召開一次財經會議，就既有方案繼續研討和改進。〔註56〕

　　一個半月後，畢自嚴再次綜合「在廷諸臣協恭之忱，各抒碩化」的建議，復經他自己「謬加參酌條列」，遵諭旨「彙冊頒行中外，務求畫一」，以達「欲裨實效，毋托空言」和「所以計餉」的最終目的，〈會議邊餉事竣通行彙冊頒布疏〉在崇禎二年五月十六日（1629.7.6）產生，成為崇禎初年財經政策之本，亦即當時最重要議題——籌措邊餉的解決方案和指導總綱；因其已成政策書，以下稱作《邊餉總綱》。

　　這本《邊餉總綱》，是閏四月時初步十二款綱要的去蕪存菁，部分款項內容與後者雷同，另外還參雜有國家財經會議後來位大臣的意見，合併共二十款。《邊餉總綱》的目標是籌錢，原則則是「非取之民間，亦非增之額外。不過那緩以就急，裒多以益寡，舉向來耗蠹於無用之物力，一轉移間，便成九邊之丹膏耳」。〔註57〕它的內容如下：

一、班軍改折

　　這款在求釐正「京軍則正身少而雇倩多」的弊端，落實「京操近經兵部題覆折半充餉」之議，實行「併京操、邊操兩軍俱免赴班查照名數，各於原籍地方訓練。其原籍安家行糧，查明確數，盡扣解部，以充軍餉」。〔註58〕京操、邊操兩軍的士兵要是免赴操班，就可以不必發餉而省錢，故能以班軍軍餉之半助邊餉。

　　事實上，這早在畢自嚴的財經規劃之中。崇禎二年閏四月四日（1629.5.26）的時候，班軍京營已經奉旨題准折半，也就是將各地輪班調來駐守京師的軍隊的軍餉減半發給，剩下另一半充作邊餉。當時規劃的班軍京營原有軍餉數

〔註55〕畢自嚴，《度支奏議》，堂稿卷5，頁96。
〔註56〕《崇禎長編》，卷21，頁1324。
〔註57〕畢自嚴，《度支奏議》，堂稿卷6，頁40～41。
〔註58〕畢自嚴，《度支奏議》，堂稿卷6，頁42～43。

字如下表 12。

表 12：班軍京營軍餉表（單位：銀兩）

班　別	春　班		秋　班		
軍　餉 兵　源	中　都	山　東	中　都	山　東	河　南
安家銀	16,159	數　千	6,412	5,566	無
解京給散大糧銀	31,051	16,842	28,697	14,870	2,868
總　計	47,210	16,842＋數千	35,109	20,436	2,868

資料來源：畢自嚴，《度支奏議》，堂稿卷 6，頁 31～32。

　　據畢自嚴調查，班軍京營輪班官軍共 40,273 名，原本就分作春秋兩班值勤，一班為期三個月，每名士兵月支 4 斗米和銀子。上表當中的數字，是他們原本足數支取的銀兩數，而畢自嚴的計畫如下：

- 表 12 中總計列再加總的銀兩數目為：122,465＋數千
- 折半助邊餉的銀兩數目則為：（122,465＋數千）÷2＝61232.5＋數千／2──拿來助邊餉
- 每班發米本、折色相半，一期發的數目：米 24,122.4 石、銀 12,061.2 兩
- 折半助邊餉的米本、折色數目：米 12,061.2 石、銀 6,030.6 兩〔註59〕──拿來助邊餉

他以此計畫上陳，並就操作此項銀兩的職權該屬兵部還是戶部請旨。後來，計畫獲准，也得聖旨：「軍儲原隸計曹，這京操半折班銀，准歸卿部充餉，彙冊督催畫一行」，即由戶部全權規劃，兵部聽命行事。〔註60〕

　　《邊餉總綱》裡的規劃，與畢自嚴在閏四月被題准的規劃完全一樣。這一款，參考解學龍的建議。

二、加增榷額

　　「南北榷關凡八，有舊額，有新增」，此處的舊額、新增，指的是正稅，而南北八榷關，指的是本章第二節裡曾說過的北新關、滸墅關、九江關、兩淮鈔關、揚州、臨清關、河西務、崇文門等八處榷關。

〔註 59〕畢自嚴，《度支奏議》，堂稿卷 6，頁 30～32。
〔註 60〕畢自嚴，《度支奏議》，堂稿卷 6，頁 33。

　　榷關就是鈔關。明初鈔關課稅，原是實收實徵的，「其所榷本色錢鈔，則歸內庫以備賞賜，折色銀兩，則歸太倉以備邊儲」，或者是本、折色輪收，或者是折色徵收七分之二，每年狀況都不一致。直到萬曆六年（1578），各鈔關解納的本色錢鈔，始統一規定改成全部以銀計算，附近的州縣官按一年四季四次之數，派員持公文解送到戶部，由崇文門及九門鹽法委官處共同監收，送到廣惠庫交納。〔註61〕

　　並沒有規定數額，直到成化年間才存在定額，以課稅額最高的一年為準。然而，定額制造成官員拼命搜刮以足稅額、以實囊橐之弊，所以定額屢有變更，並不是長年固定。〔註62〕此外，

　　這八處榷關，如〈表 13：天啟元年和五年八榷關徵稅變化表〉顯示，在天啟元年時，北新、滸墅、九江等三關都各增稅 50％，兩淮鈔關和揚州兩處也都增稅 33％和 20％；天啟五年時，除了崇文門增稅 29％和滸墅關再增抽原額 44.4％的稅之外，其餘北新、九江、兩淮鈔關和揚州的再增稅額，都是正稅原額的五成以上。綜合兩次增稅結果，正稅總額除了崇文門翻成 1.29 倍，還有臨清關、河西務因解不足額而各議減 20,000 兩、10,000 兩之外，其餘五關的正稅總額都翻將近 2 倍，甚至 2 倍以上。

　　若以最接近崇禎朝的《大明會典》規定檢視，畢自嚴所依據的戶部正稅原額數據，除兩淮鈔關有減少及崇文門沒有規定外，其餘六關的正稅原額照萬曆十五年的法定徵稅額，多已增加，是萬曆末年的實際正稅徵收定額。

表 13：天啟元年和五年八榷關徵稅變化表 **（單位：銀兩）**

項目＼關名	北新關	滸墅關	九江關	兩淮鈔關	揚　州	臨清關	河西務	崇文門
萬曆十五年定之稅額	36,800+	39,900+	15,000+	27,700+	12,900+	83,800+	14,900+	——
正稅原額	40,000	45,000	25,000+	23,000	13,000	83,800	46,000	68,929
天啟元年加增額度及佔原額之％	20,000	22,500	12,500	7,600	2,600	0	0	
	50％	50％	50％	33％	20％			

〔註61〕申時行等修，趙用賢等纂，《大明會典》，卷 35，頁 1、8。
〔註62〕李龍潛，《明清經濟探微初編》，頁 508～509、511。

天啟五年加增額度及佔原額之%	20,000	20,000	20,000	15,000	10,000	0	0	20,000
	50%	44.4%	80%	65.2%	76.9%			29%
加增後正稅總額及佔原額之%	80,000	87,500	57,500	45,600	25,600			88,929
	200%	194.4%	230%	198.3%	196.9%			129%
備　　註						因解不足額議減20,000	因解不足額議減4,000	

資料來源：畢自嚴，《度支奏議》，堂稿卷6，頁47～48。申時行等修，趙用賢等纂，《大明會典》，卷35，頁1～2。

　　天啟六年時，因為三殿大工，因此，「奉旨：助工稅照正額，每兩加羨餘1錢」，也就是照表13中的正稅原額數字，每關每兩再加抽羨餘銀0.1兩，稱做「助工稅」，總數是51,492.9兩，增稅額度是10%，這也是八權關在天啟年間的第三次加稅。不過，因為「後來各差所解多寡參差有差，有名無實」，所以崇禎元年畢自嚴上任後，「因大工已竣，題改助工銀為助餉，每兩加羨餘銀5分，解入太倉」，亦即每關每兩加抽羨餘銀0.05兩助餉，較天啟六年減去一半，總數是25,746.45兩。現在，據《邊餉總綱》的規劃，又要恢復成照天啟六年例，每關每兩加抽0.1兩稅助餉，總數又回到51,492.9兩。崇禎帝並下令「關課按數考成」，畢自嚴再申：「務要按期完解到部充餉，不許借口增稅，致剝商膏，以叢物議。差滿之日，應同正額一體考覈。」

　　這一款，參考憲臣曹于汴、楊鶴，銓臣孫居相，科臣沈惟炳、陳良訓、劉斯崍、張鼎延，臺臣蔣允儀、譚汝偉、劉學詩、王相說、鄧啟隆、樊尚璟、龔一程、胡良機等人共同的意見。〔註63〕

三、停修倉廒

　　按照舊例，公家倉廒每三年由工部負責大修一次，每年由戶部負責小修，所用的預算稱為「籌架銀兩」。實際上，大修部分，並不是工部每三年才動工一次，而是年年有工程，每年輪到大修的倉廒有24座（24×3＝72，可見工、

〔註63〕以上兩段文字，畢自嚴，《度支奏議》，堂稿卷6，頁48～49。樊尚璟時官掌山西、廣東道御史，《崇禎長編》，卷19，頁1146。

戶部負責修繕的公家倉廒共有 72 座）。

天啟以後，因財政困難，元年工部停修一次，並自該年起，將每年大修數目降為 12 座。《邊餉總綱》的規劃，「今議再停大修三年」，「自崇禎元年為始，於事例內照數量扣，稍濟匱乏」。停修方面，畢自嚴以天啟元年為例計算：

- 戶部應還工部米折軍夫銀兩：2,920
- 戶部應還工部山西司應分事例銀兩：7,000
- 總計停止大修一年可省銀兩：2,920＋7,000＝9,920

減修方面，以天啟三年為例計算：

- 大修 12 座倉廒共用銀兩：6,999.5
- 減修 12 座倉廒共省下銀兩：6,999.5
- 總計原本一年大修 24 座倉廒應用銀兩：13,999

至於 9,920 兩和 13,999 兩之間的差異，是因為天啟元年係完全停修，且當年工部奏准戶部只需將上述米折軍夫銀和山西司應分事例銀兩項「扣足抵還」便可，並不計較不足數的部分，所以工部一年原本編列的大修籌架銀，是 13,999兩，就是畢自嚴說的「移文工部，查當年停修倉廒一次，計該銀一萬有奇」。

這部分迄崇禎二年《邊餉總綱》頒布時所省下來的銀子應當不少，但值朝政大亂之後，因此崇禎帝指示天啟年間的舊帳「姑置無論」，自崇禎元年開始停修三年所省下的錢，「照舊於工部事例內如數扣算」（此處「工部事例」一詞，指的應是「工部年度預算」；畢自嚴的「事例」一詞，講的內容多是預算、經費之事）。

其次，小修方面，《京通則例》規定戶部小修籌架銀是 0.005 兩／石／倉，一年共進倉之本色穀物是 200 多萬石，一倉需小修籌架銀 60 多兩。質諸上述戶、工兩部負責的倉廒共有 72 座來算，戶部一年的小修籌架銀是 4,320 多兩（60×72＝4,320），正合於畢自嚴所稱的「每歲應有數千金」。這筆銀子，他打算「以一半作籌架，一半充正餉，亦暫借二、三年，以佐軍糈不及者也」，與自崇禎元年起，工部停止大修三年的政策是同步實行的。崇禎帝同意執行，並令「仍咨督部轉行京、通二廳監督一體欽遵施行」。

這一款，參考科臣沈惟炳，臺臣蔣允儀、宋師襄的共同意見。〔註64〕

〔註64〕「停修倉廒」全部，畢自嚴，《度支奏議》，堂稿卷 5，頁 80～81；堂稿卷 6，頁 49～51。

四、板木改折

御用的板木向來徵收本色，每年要松板 8,975 片、楞木 997 片，用途則是拿來鋪京師及其附近倉庫的地板。天啟元年，戶部尚書汪應蛟奏准將徵收板木本色改徵折色，根據「產木遠近，定價值貴賤」，這近萬片板木折銀 3,739.5 兩。然而，天啟年間行政效率極差，到天啟六年，仍是「各處奉文稍遲，多解本色」；崇禎元年力圖執行收銀，並且「以事關搜刮，解入新餉」，當年解了一半 1,869.75 兩充新餉。板木之所以能夠改折的背景，是因為「自有災折，復有截漕，而糧之入京庾者，什僅其七」，米不如過去進京的那麼多，鋪倉的木板需要量自然減少。

邊餉總綱的規劃是，照崇禎元年例，以後改成每年徵收板木本色一半、折價一半，「本色入倉供用，折價入太倉作邊餉支銷，不得復隸新餉」。此外，原徵漕米，因災傷而改徵折色的地方（原文稱「漕米災折地方」），當地另外原該徵收的板木也應當順勢一併改徵折色。畢自嚴唯恐地方因災而忽略掉這項該徵的稅，他說：「雖曰竹頭目屑，為數無多，然以十年計之，可得 20,000 餘兩。」算極細瑣竹木，可謂竭盡心計。

崇禎帝兩議均准，但令板木一半改折的 1,869.75 兩全充舊餉，因為「今舊餉視新餉更不贍矣！」這一更動，涉及的地區有浙江、江西、湖廣、南直隸等處。

這一款，參考科臣沈惟炳，臺臣蔣允儀的意見。〔註65〕

五、增加鹽引

本章第二節第 3 項淮南積引，曾經提過鹽政的部分問題，鹽商偽造假引、偽鈔，致使合法的官引壅塞不通。除此之外，還有官賣之鹽市場價貴而滯銷的問題，其原因在於「奸徒私販乃十倍官鹽」，而合法「商人所受者，引內之鹽，而夾帶之禁，更嚴於私販竈戶之餘鹽」。政府抓非法私鹽不力，卻嚴管合法官鹽商人，不准他們多夾帶一些鹽以增加利潤，造成他們在必須跟十倍於他們的私鹽販子也充斥市場的狀況下，既要保本，又想賺錢，但私鹽販子不繳稅，他們要繳稅，相對地，合法商人賣鹽的價格自然就顯得高，「私鹽日多，正引日滯，官鹽日貴」，理之必然。這個問題，前文呂維祺等人的建議中也略提到過。

〔註65〕 「板木改折」全部，畢自嚴，《度支奏議》，堂稿卷 5，頁 90～91；堂稿卷 6，頁 51～53。

　　《邊餉總綱》裡的做法，是計畫在產鹽的地方：兩淮、兩浙、長盧、河東、福建、廣東等地，「或於額引之外量增新引，或於額引之內量增斤重，俾令商人儘其資本，任買場鹽」，使鹽商可以公平交易，鹽產地的竈戶們也可以由售鹽獲利。不論是增加新引，或者在原額引內增加合法斤兩，總目的都在增加官鹽的斤數。

　　畢自嚴以為，合法之鹽量若增加，鹽商和竈戶們「亦何樂於私鬻商引、自銷鹽價、自賤竈鹽、自行私販、自絕無窮之利？」能在政府允許的範圍之內盡量的賺錢，誰還願意冒險違法，甘為「亡命之徒，揭竿興販」？畢自嚴期以順勢增量，達到「官鹽廣而私鹽絕」的目的，這樣的結果會是利歸政府。與他持相同看法的大有其人，本款所集合意見的會議者：禮臣何如寵，憲臣曹于汴、楊鶴都是。

　　關於本款，《邊餉總綱》疏成之時，長盧等處鹽商已有希增新引的呼聲，粵東也有因行減斤配引法而歲增數萬稅收的成功例子，在在都顯示增加合法官鹽總斤數的必要性。崇禎帝同意增新引、增斤重並行，但要求「務要秉心公虛，從長酌議，限三月內回奏，以憑具覆施行。慎勿高閣置之，徒令會議成空談也。」仍力持成法，主張試行之後，看成效再議。

　　本款建議者有禮臣何如寵，憲臣曹于汴、楊鶴。〔註66〕

六、搜刮雜稅

　　這一款綱要的思路，是承襲畢自嚴三月時最早提出的六款條陳當中的「搜刮商稅」內容而來，要點在將國家正項之內可能的雜稅，凡有餘裕的，盡量搜刮至中央以資軍餉之用。因此，地方上各項「各有定額，從來俱作本省公費支銷」的細微小稅，都在這位戶部尚書關注之列，希望「查明原數，以一半作本處公費，以一半歸臣部」，並說明「是以應得之稅搜刮充餉，原非奪其所有也」。

　　這一款綱要，必須與三月時的六款條陳一併合看，才能獲得全面規劃的原貌。除去本節第 2 款「加增榷額」中的關稅已加無可加，還有三月六款條陳中的咸陽木稅、潼關襖稅，已經被陝西巡撫題作新兵糧餉之外，其他還可供籌畫的雜稅，《邊餉總綱》規劃如下：

〔註66〕「增加鹽引」全部，畢自嚴，《度支奏議》，堂稿卷 5，頁 78～79；堂稿卷 6，頁 53～55。

（1）南京宣課司的年稅太少，應當詳查增額。

（2）廣東香山澳與呂宋商船往來，「其利即每歲數十萬，亦不為過」，需考慮「其稅之應榷與否」。

（3）福建、廣東下海船隻最多，持「司府印帖於外洋貿易」，印帖一張要繳稅 4～10 多兩銀，兩地官員卻把這項措施「不用以市德，即藉以潤囊」，收歸私囊。請以此銀上繳公家，「撫按司府更不得博寬大而聽令乾沒」；得旨：「襍稅嚴禁私潤」。

（4）廣東南雄府的太平橋南北抽盤商稅 43,000 餘兩，除解部 5,000 兩，其餘作本省充餉公費。

（5）浙中的黃魚稅，一年 10,000 餘兩，除料價 3,000 餘兩，其餘作操賞公費，不列正項。

（6）福建有沙埕木稅與海澄襍稅，混在該省商稅——魚稅項內，約 30,000 餘兩；山東泰山香稅，舊有解京額銀，因兵亂免解；各省撫按充兵餉銀 6,000 兩；各省布政司科場銀 2,000 兩。以上四項襍稅，「既已奉旨充餉，嚴戒私潤，即本省有不得已之用，亦當各分一半，速解本部可也。」

（7）福建漳州、泉州、福州，浙江寧紹、溫台，廣東惠州、潮洲等府，都有下海船隻，「其納價有 3、5 兩至 6、7 兩者」，向來都由地方自收為公費支用。現在，令「酌量起解，如乾沒不報者，恐物議叢而白簡隨之矣！」是要議處的。

本款採納有憲臣曹于汴、楊鶴，樞臣申用懋，科臣沈惟炳、張鼎延，臺臣蔣允儀、姜兆張等人的意見。〔註67〕

七、南馬恊濟

明初立法，南方養馬供北邊軍事用；後來因為南人不習養馬，此役累民，遂改為「解銀恊濟」。孰料，日久法玩，官員開始漠視這項稅收及其改折的政令，「始則壓解，繼則拖欠，久則習為固然，子虛烏有，毫不可問」，等到中央嚴催，在根本沒有認真推行改折的狀況下，才立即在轄區內加派這項銀兩，使南人認為北方拖累他們。即使有解到的，還有「神棍墨吏上下瓜分」，堪稱

〔註67〕「搜刮雜稅」全部，畢自嚴，《度支奏議》，堂稿卷 4，頁 69～72；堂稿卷 5，頁 83～84；堂稿卷 6，頁 55～57。

混亂且利不入朝廷。

表 14 是《邊餉總綱》頒布時，畢自嚴手上所能掌握到關於南馬協濟銀稍微確實的數據資料，對於中央困窘的財政，不啻一大泉源。

表 14：明代各地南馬協濟銀表（單位：銀兩）

地　　區	名　　稱	數　　目	畢自嚴的根據
浙江省	外省馬價銀	44,380＋	《賦役全書》
蘇州府	協濟北直固節驛并山東河南等處馬價銀	11,919.76	《賦役全書》
鎮江府	協濟順天府密雲驛，鳳陽府王莊、固鎮二驛炭渚馬價銀	1,525.54	《賦役全書》
松江府青浦縣	協濟山東昌平州馬價銀	1,514.992	《賦役全書》
浙江、江西、南直等處	順天府南馬水夫銀（協濟北直等處驛遞）	40,000＋	《大明會典》萬曆四年題准
浙江、江西、蘇松、鳳陽等處	山東馬戶銀	22,127＋	天啟二年戶科右給事中辛鳳翔疏

資料來源：畢自嚴，《度支奏議》，堂稿卷 6，頁 59～60。

由表 14 中可以看出浙江、南直隸、江西等處在晚明經濟上的地位，其中，蘇州一府的協濟馬價銀，達浙江全省的四分之一強，可見它負擔之沉與經濟地位之重。受限於手頭資料有限，「各省（賦役）全書未盡解部，無能懸擬多寡」，畢自嚴在南馬協濟這一款的規劃與數字呈現只能止此，表 14 中的銀兩數目或許還有重複之虞。

鑑於官員疏懶，南馬協濟上「現徵之物，有半解者，有不解者，協濟地方未受實惠」，《邊餉總綱》議定，中央通行申飭並咨行該繳此項銀兩的浙江、江西、湖廣、福建、南直隸等地撫按，令其詳查當初協濟的緣由、被派馬匹數目，及後來改折銀兩的數目，若從前不可查，就以崇禎元年為始，「將實在銀數詳細造冊，一面報部，一面徵解，以充軍餉」。畢自嚴一再強調「南馬舊係額設，非新增及私幫比」，和他「在正項之內找錢」的思想是一貫的；此外，畢自嚴也強調，本款和本章第一節，三月六款條陳中的第 4 項「扣省站價」，從驛站節省政府開支的想法，是「互相發明，所當力為舉行」，內容相關的兩項政策。

扣省站價已經獲得聖旨同意，地方驛站的夫馬均有裁減，而南馬協濟也奉旨命令嚴催。

本款參考科臣張鵬雲、臺臣劉學詩之議。〔註68〕

八、修衙銀項

一般州縣地方官，都以當地的官衙為居住地點，慣例是「到任有修，每歲有修，皆編入正項錢糧」，在每年的地方預算中都有定數，但是「強半盡入私囊，實未嘗為修理用也」。至於更大品級的地方官所居住的院道衙舍、撫按公館，「皆窮工極餙，所費無限」，「過侈觀美，糜財物」，已經超出官衙求實用就好的基本條件。

當時全國大小衙門有二千餘座，以浙江省為例，該省一年修理銀有 3,800 餘兩，而全國所有省分集合起來，估計一年有 40,000～50,000 兩。《邊餉總綱》計畫針對「各省府縣公署及察院司道公署皆有額設銀兩」供修葺衙門之用，「此後令三年修理一次，其兩年銀兩，悉以解部充餉」。得旨：「修衙量解扣銀」，原則上同意。

本款參考科臣劉先春、祖重燁、顏繼祖、王都的意見。〔註69〕

九、牙行換帖

人民生活，必有買賣，「即如米、麥、油、酒，為民生所必用者，定有所產之方，而富商大賈於此競逐焉」。當時，地方上料理這些市場買賣相關事宜的，是「牙行」，「凡貨物出產聚集處，所有商賈往來」，均在它的處理範圍，「即小縣僻州，必有市肆貿易，必有牙行居間」，可謂遍布全國各州縣。〔註70〕

牙行在宋、元時代即已存在；明初洪武年間，本來禁止一切官牙、私牙的存在，人民只要納稅，便可以由買賣雙方直接交易。但是，因為民間商品經濟日益頻繁，永樂年間便取消牙行禁令，在城鄉商業較發達之區設立官牙，

〔註68〕「南馬協濟」全部，畢自嚴，《度支奏議》，堂稿卷 4，頁 77～78；堂稿卷 5，頁 86～87；堂稿卷 6，頁 57～60。張鵬雲時官兵科都給事中，《崇禎長編》，卷 20，頁 1209。

〔註69〕「修衙銀項」全部，畢自嚴，《度支奏議》，堂稿卷 5，頁 89～90；堂稿卷 6，頁 60～61。

〔註70〕以上兩段，畢自嚴，《度支奏議》，堂稿卷 5，頁 88～89；堂稿卷 6，頁 62～63。

在城裡的叫「牙行」，在水道的叫「埠頭」或「埤頭」，以便於控制和管理商業市場。此時，私牙仍在嚴禁之列，直到嘉靖後期，因商業繁盛，因此官牙制度逐漸破壞。

官牙由有資產之人戶充任，官府發給印信文簿，附寫該牙經手的客商、船戶籍貫姓名、路引字號、貨物數目，每個月查一次，以防逃漏稅。牙行則主要負責撮合兩家生意，從中收取佣金，官府即徵收其稅，叫做「牙稅」。私牙到後來因市場需要量而禁不勝禁，明政府也只好認可，並對其收稅。〔註71〕

牙行領的印信文簿，在《邊餉總綱》裡稱為「帖」，舊例，換一帖納數錢～1.2 兩，由「科臣解學龍等疏云：『牙行納銀、納穀，夫既已徵之於民，何不可歸之於國？』」一句，也可以知道，牙行換帖時也有收實物的，各地規定不一。到崇禎時，有的牙行「一行領帖至十數紙，納帖折價可數百金」，就算是窮縣僻州的牙行，亦有 30～50 兩的稅源；若以本款建議者之一的寺臣康新民之前任職的固始縣為例，牙行換帖，每年則納米 180 餘石，「以供縣官之用」，更可知這項稅收本是地方稅，由縣官自由運用。

《邊餉總綱》的規劃，如解學龍之言，將此稅收歸中央，「除雲貴暨窮邊州縣免議外」，規定每省該繳多少牙稅給中央，「行令省直如數徵解，以佐軍餉。仍造冊揭報部，以憑稽覈」。得旨：「牙行換帖，因地酌宜。」〔註72〕戶部規定之數如下表 15。

表 15：崇禎二年戶部額定各省牙稅年繳交數量表（單位：銀兩）

地　區	數　量
南直、江北	3,000
江　南	7,000
浙　江	10,000
河　南	7,000
山　東	6,000
湖　廣	6,000
福　建	6,000
廣　東	6,000

〔註71〕 李龍潛，《明清經濟探微初編》，〈明代廣東三十六行考釋〉、〈明代稅課司、局和商稅的徵收〉，頁 378～379、頁 541。
〔註72〕 以上兩段，畢自嚴，《度支奏議》，堂稿卷 5，頁 88～89；堂稿卷 6，頁 62～63。

山　西	5,000
陝　西	4,000
北　直	6,000
四　川	5,000
江　西	6,000
總計 1,317 州縣	總計 77,000

資料來源：畢自嚴，《度支奏議》，堂稿卷 6，頁 64。

　　畢自嚴制訂各省該交牙稅額數，必有所本，而表 15 的數字也顯示，迄崇禎初年，明朝的民間商業力似乎表現不弱，多數省分都在 5,000～6,000 兩之譜，江南、浙江與河南則表現更為突出。這 77,000 兩雖非鉅款，卻也是中央枯竭財政的一大挹注。本款除康新民外，尚參酌科臣張鵬雲的建議。〔註 73〕

十、湊解紙贖

　　這一點是由前文戶科給事中解學龍等人的意見而來。解學龍的原則與畢自嚴「在正項之內找錢」的意思相同，他提此項建議的出發點是「取之民間而民間殆不可復矣！惟就其已取之民而未輸之國者，再尋究之」，而他的目標，是地方州縣存留自用的銀子或實物裡，還可搜來供中央濟急的部分。

　　《邊餉總綱》成稿時，「各州縣春夏積銀，久已充抵雜項新餉」，只是各地或有其他原因，多將這項地方存銀「匿報，不以實見」，已有旨責令撫按另行造冊回奏。另外，地方上的秋冬積穀，也已被戶部倉場尚書南居益注意到而「題覆，又量取三分解京，餘聽備賑」，以此之故，各州縣的這項存留部分也被中央蒐羅去而「雖有存焉者，寡矣！」其後，地方的撫按公費、贓罰銀部分，亦已「抵充新餉，原有定額」，再難染指；「此外，祇有撫按司道府官鍰贖可搜刮耳」。

　　鍰贖，就是本款的紙贖，指的是地方官仲裁案件時的紙筆等費，例由地方公費支出。眾大臣一致認為：

> 各省道府，乃承上接下之官。事之大者，聽裁決於撫按，事之小者，
> 州縣自為審理，其受詞或有之，為數無幾，較藩長、皋憲總錢穀刑
> 名者不同。

因此，地方上編列給道、府一級官員審案支出的紙贖銀，不是必須，值此國

〔註 73〕畢自嚴，《度支奏議》，堂稿卷 5，頁 88～89；堂稿卷 6，頁 62～64。

家急需用錢之際，應當拿來助軍餉。

　　《邊餉總綱》規定，「原有者，聽其捐助；本無者，不必過求。且各道原設有濟邊紙贖者，亦多未見下落，亟宜清查一翻」，並行文各省直查照遵行。聖旨允准施行。

　　本款建議者尚有憲臣曹于汴、楊鶴，樞臣申用懋，科臣沈惟炳、劉先春、祖重燁、顏繼祖、王都，臺臣蔣允儀、李玄。〔註74〕

十一、議捐公費

　　晚明，地方公費解入中央助餉之例，先有萬曆十年命各省直撫按將原為其職所設的「濟邊贓罰銀」解入太倉，轉運邊鎮，屬於舊餉範圍；次有天啟元年奏准，將地方督撫所管的軍餉「各照該管原額，以十分為率，解一分助餉」，以及「各差御史將公費贖銀酌捐助餉」，屬於新餉範圍。這些都依地方、依職位，而有不同的派定數目，詳情如下表16所示。

表16：各省撫按公費每年協濟新舊餉銀額數表（單位：銀兩）

地區	濟舊餉部分		濟新餉部分		天啟六、七兩年全未完者
浙江省	巡撫贓罰銀	1,600	督撫軍餉銀	42,000	新餉：督撫軍餉銀、巡按公費銀
	巡按贓罰銀	4,000	巡按公費銀	3,000	
	司道贓罰銀	205	巡鹽公費銀	6,000	
江西省	巡撫贓罰銀	4,000	督撫軍餉銀	6,000	──
	南贛巡撫贓罰銀	200	南贛巡撫銀	3,334	
	巡按贓罰銀	4,000	巡按公費銀	2,000	
福建省	巡撫贓罰銀	2,000	督撫軍餉銀	33,000	舊餉：巡按贓罰銀
	巡按贓罰銀	4,000	巡按公費銀	2,000	新餉：督撫軍餉銀
湖廣省	巡撫贓罰銀	5,000	督撫軍餉銀	15,000	舊餉：巡撫贓罰銀、巡按贓銀
	鄖陽巡撫贓罰銀	800	鄖陽巡撫銀	600	
	京□□廩銀	150	巡按公費銀	3,000	
	巡按贓銀	7,000	──	──	

〔註74〕「湊解紙贖」全部，畢自嚴，《度支奏議》，堂稿卷5，頁50～51；堂稿卷6，頁64～66。

河南省	巡撫贓罰銀	4,000	巡按公費銀	4,000	——
	巡按贓罰銀	4,000	——	——	
山東省	巡撫贓罰銀	4,000	河道總督銀	21,000	——
	巡按贓罰銀	8,000	巡按公費銀	3,000	
山西省	——	——	巡按公費銀	2,000	
	——	——	河東巡鹽銀	2,000	
陝西省	——	——	巡按公費銀	3,000	
	——	——	巡茶按院銀	2,000	
	——	——	甘肅巡按銀	1,000	
廣東省	巡撫每年贓罰銀	700	督撫軍餉銀	41,000	新餉：督撫軍餉銀
	巡按每年贓罰銀	5,000	巡按公費銀	3,000	
廣西省	——	——	巡按公費銀	1,000	——
北直隸	保定巡撫贓罰銀	4,000	順永巡按	2,000	舊餉：順天巡關贓罰銀、順天屯田贓罰銀、真定巡按贓罰銀 新餉：直隸學院銀
	順天巡按贓罰銀	5,000	直隸學院銀	1,000	
	順天巡倉贓罰銀	240	長廬巡鹽銀	5,000	
	順天巡關贓罰銀	400	真順巡按銀	2,000	
	順天屯田贓罰銀	500	——	——	
	真定巡按贓罰銀	2,500	——	——	
南直隸	應天巡撫贓罰銀	3,000	應天督撫軍餉銀	20,000	舊餉：鳳陽巡撫贓罰銀、應天巡倉贓罰銀、應天屯田贓罰銀 新餉：應天督撫軍餉銀、蘇松巡按銀、淮揚蘇松學院銀
	應天巡按贓罰銀	6,000	應天巡按公費銀	2,000	
	淮揚巡按贓罰銀	7,000	應安學院銀	1,000	
	鳳陽巡撫贓罰銀	2,500	蘇松巡按銀	2,000	

	應天巡倉贓罰銀	600	淮揚蘇松學院銀	1,000	
	蘇松巡按贓罰銀	4,000	淮揚巡按銀	2,000	
	應天屯田贓罰銀	600	兩淮鹽院銀	6,000	
總　計	——	94,995	——	242,934	——

資料來源：畢自嚴，《度支奏議》，堂稿卷 2，頁 50～58。

　　表 16 中的各項名稱，通通屬於地方公費。第二大欄是國家正項之內，各省每年原編列的年度預算，改撥給舊餉使用的部分，一年共 94,995 兩；第三大欄則是正項之內，改撥給新餉使用的，一年總計 242,934 兩。從舊餉的撥給，就可以知道，在萬曆初年，已經有移正項轉助軍餉支出的做法，則天啟元年的舉動與前文眾多大臣在公費方面打算軍餉的提議，仿效舊例的成分不小。

　　雖然這兩筆錢已題作軍餉，但從最後一欄，新、舊餉都分別有項目在天啟六、七兩年完全沒交，「此外，非兩年只完一年，則兩年各完一半」，「款內能全完者，纔寥寥數人」，[註75] 暴露出地方上「中央定則定矣，督撫好官我自為之」的輕忽怠慢。

　　第三，由督撫軍餉銀訂定移助新餉的額度是 1／10 來看，可以畫出另一個表 17 如下：

表 17：晚明六省督撫軍餉銀表

地　區	濟新餉數目	原有督撫軍餉銀數目
浙江省	42,000	420,000
江西省	6,000	60,000
福建省	33,000	330,000
湖廣省	15,000	150,000
廣東省	41,000	410,000
南直隸	20,000	200,000
總　計	157,000	1,570,000

資料來源：表 16。

[註75] 畢自嚴，《度支奏議》，堂稿卷 2，頁 50。

表 17 的協濟新餉總數目是 157,000 兩，據此推算，則當時此六省原有的
督撫軍餉銀有 1,570,000 兩，是晚明在北方九邊鎮之外，另一筆相當可觀的軍
費預算，而且，這是國家原本正項之內的正當財源，不像遼餉是額外的、臨
時加派的。不過，表 16 中，除去督撫軍餉銀可以倒推回去原數之外，其他項
目的銀兩都只是原預算的「部分」而已。

在北方急餉、中原暫時無事的狀況下，相較之下不是那麼緊急、數量也
不少的地方公費，如何不在考慮之列？況且萬曆、天啟既然已經題定助餉，
崇禎年間自然順理成章，蕭規曹隨，重點在於收到。邊餉總綱本款於是規定，
首請申飭地方撫按，將「充新舊餉已久有定額」的撫按贓罰公費「每歲如期
完解」，要隔絕督撫好官我自為之的怠忽心態。其次，聚焦於「藩臬府運之長」
的羨餘銀，「諭令一體捐助，酌煩簡以定多寡」，「著為歲額，於以助餉給邊」。

據畢自嚴實際瞭解的結果，「司道府公費即額設管轄地方」，也有地方沒
有這項預算的，所以《邊餉總綱》擬定「其有者，隨意捐助，一聽其便，而
無者不問焉」。至於第二點，建議者之一的寺臣康新民曾歷任兩浙，他「每歲
積公費千餘金」，並「聞兩淮運司每年額設運價 6,000 兩，餘羨尤夥；由前兩
例，畢自嚴以為這項財源是可以考慮的，在《邊餉總綱》裡訂定：「合候申飭
彙冊報部查解，歲以為常。」崇禎帝批示道：「這寺臣條議各款，既經酌妥，
悉如議申飭。」

本款和第三節中呂維祺的同名建議一樣，其他議捐公費的提議人，還有
憲臣曹于汴、楊鶴，臺臣李玄等。〔註 76〕

十二、河濱灘蕩

這一款意見也是從解學龍疏中的意見承襲而來。議者以為：

> 凡天地自然之利，惟水澤之處為多，是以河灘淤地、水濱洲渚之間，
> 在在皆有生息，第或不問，而任豪右之侵肥，或私徵而充有司之囊
> 橐，國家曾不得其錙銖之益，良可惜也！

當時，北方有河灘淤地，南方則有濱江、濱湖、濱海的新生沙洲，其中飽含
「蓮藕魚利，非田賦之正供」，與其被有司、土豪侵吞，「合無行令撫按廉委
風力推官丈量清楚，或輸價承買，或定課納官」，以貢獻國賦。

〔註 76〕以上四段，畢自嚴，《度支奏議》，堂稿卷 5，頁 41～42；堂稿卷 6，頁 66～
67。

戶部上下對此議深表贊同，戶部官員還條議三個例子附和，其例如下：

（1）丹陽縣的練湖（南直隸鎮江府）本來是用以蓄水濟運的，原知縣袁鯨曾經召集民眾在它較高之處佃種，以該收益抵充遼餉一年，故當地免除加派。後來曾奏請將此收益列入當地往後的正賦，但無下文，戶部主事賀烺注意到了，他建議「若計畝徵價，數千金可立至矣！」

（2）東平州有安山湖，濟寧州有南旺湖（俱屬山東兗州府，大運河經過），「四圍沙淤，漸成沃壤」，百姓在其上私墾種麥達數百頃，還發生豪強為爭奪土地而鬥毆、興訟，甚至傷殘斃命之事。戶部郎中王復興建議「從今分別估勘，給照管業，認佃納糧」，則國不遺地利，兼可便民止鬥，更能夠幫助軍事，一舉數得。

（3）漕河沿岸向來都有河灘淤地，每畝收籽粒銀 0.03 兩餘，歸河道總督和工部分別收貯，供河工支出。近來河道總督李若星已就此事奏報中央，戶部尚書畢自嚴便想這項銀兩「若肯借之助餉，所入亦夥」，對龐大的軍餉而言，猶如天降甘霖，但他不敢自專。

眾人之議旋得旨：「灘蕩地方，廉能官隨宜清理，不必概丈。」《邊餉總綱》遂據此規定：「河濱淤地、江湖沙洲，原屬沃壤。願承買者，輸價入官；應徵課者，責令納租。」練湖、安山湖、南旺湖三處周邊私墾地，應派風力推官隨處清查，[註77] 令百姓出售農作後，照數納課；通計三地每年可得 10,000 兩，足充正餉。不過，「南旺湖乃漕河血脈通塞所關，已淤者不可濬，未淤者不可塞」，附近州縣必須多注意，不可因小失大，過度開發。其他還有許多湖濱灘蕩，各地撫按要清查造冊，呈報中央，通通歸入軍餉使用。[註78]

十三、吏農班價

此為解學龍疏中之議。按例，地方上衙門的衙役都由當地農民充任，當

[註77] 風力推官，據康熙初年儲方慶的上疏內容：「盡去天下之理刑推官，是蔽法司之耳目也，法司之耳目蔽，府縣之恣睢莫有與為難者矣！……科道察部臣之奸，巡方制督撫之專，而推官實為之爪，於群臣甚不便。」推官應屬於監察系統之一員，也是法司成員，職司理刑方面事務，等第則是相當於府縣一級的地方基本官員。賀長齡輯，《皇朝經世文編》（臺北：文海出版社，1983 年），〈裁官論〉，卷 18。

[註78] 「河濱灘蕩」全部，畢自嚴，《度支奏議》，堂稿卷 5，頁 54～56；堂稿卷 6，頁 67～70。

年輪到的人以身應役，其餘還沒輪到的人照舊每年納「班銀」3～4 兩不等，每年該有多少俱有成例，一省一年約得數千兩，南、北直隸及十三省布政使、按察使、府、都運二司衙門一併計算下來，每年「何啻數萬金」！

這筆錢的用途，「乃各地方官或以充交際，或以肥己私家」，籌議的眾大臣們不禁要問：「試思今日空盡之時，錙銖之利尚欲搜刮以佐緩急，而歲入鉅萬如許，竟置而不問，忍乎不忍？」

承此，《邊餉總綱》規劃，移文各省撫按，查屬下布、按兩司和各府、州、縣，以及都、運二司衙門，轄下每年共計現在吏農有多少？除去當年輪到以身應役的人，其餘納班銀者，分為春秋二季，臚列花名冊，隨銀子一併解上。直隸省解到府，其餘各省解到司，再轉解充餉；不准如前不報私吞。崇禎帝裁示同意實行。

本款建議者還有科臣沈惟炳、劉先春、祖重燁、王都、顏繼祖，臺臣蔣允儀、劉學詩。〔註 79〕

十四、寺田起科

明代，「宇內名山梵宇，凡係敕建，俱有賜田」，可是不准超過百畝。其中也有例外，就是大明建立者朱元璋曾出家所在的皇覺寺，入明之後，已經改名龍興寺，隸於南直隸鳳陽府，賜田許多，甚至有隸籍蘇、松二府的田。

原本龍興寺賜田的收穫「子粒」歸該寺僧人所有，但是到晚明，「豪有力者，乘僧徒不肖，陰據其產，沿襲欽賜名色，占至數千畝外，自收子粒」，卻絲毫不必納入國庫。崇禎初為籌餉，「宗藩世祿尚且以世降殺，寺田豈宜白占？」樞臣申用懋因此建議，命令鳳陽府地方官稽查龍興寺賜田原額，照民田起稅徵租，一半歸寺僧，一半充軍餉；其他地方的敕建寺廟與賜田比照辦理。

《邊餉總綱》如是規定，並特別強調「龍興寺賜田頗多，而隸於蘇、松二府者，俱係膏腴」，理應查明。其他「閩、浙等處寺田最繁」，也都有豪強占田弊端，需移會各省撫按清查，依申用懋議辦理。聖旨同意進行。〔註 80〕

〔註 79〕 「吏農班價」全部，畢自嚴，《度支奏議》，堂稿卷 5，頁 67～68；堂稿卷 6，頁 70～71。

〔註 80〕 「寺田起科」全部，畢自嚴，《度支奏議》，堂稿卷 5，頁 91～92；堂稿卷 6，頁 71～73。

十五、議革冗役

這就是前一節呂維祺的建議之一，今納入《邊餉總綱》定案實行。

當時，地方各衙門執事員役已經大大超出政府原訂名額，很重要的原因之一便是「掛褡」——掛名支薪，這類狀況「所不及見不及聞者多矣！」而且這些掛名之人「家多溫厚且善竊上官嚬笑，恣其魚肉，即勤渠服役，亦其分內犒賞市恩，何異教猱升木？」蠹害地方，為患不小。

《邊餉總綱》訂定，移文各省撫按，並令其也咨行所屬司道郡邑，「先行酌量應留差承若干名，其餘盡行裁去」，將淘汰的人數刻榜懸掛公告，還要定期限，「將汰過廩給工食報部充餉」。同時，本款也與前文一路討論，扣省地方衙門經費送解中央充餉的相關條議有涉，責令撫按查察不盡力節省地方經費充餉的官員，讓地方官不敢私積餘款，也就沒辦法養冗役，藉此杜絕冗役充斥、浪費公帑的情形。得旨：「這寺臣條議各款，既經酌妥，悉如議申飭。」

參與提議者還有憲臣曹于汴、楊鶴，臺臣吳玉、李柄。〔註81〕

十六、清汰虛冒

本款合併呂維祺和解學龍兩疏之議。《邊餉總綱》裡確定為「軍隊確實化」的大原則，提出「足餉無如清兵，謂清一兵則裕一餉也」的根本做法。首先是士兵方面，中央通行各邊督撫巡按，選委廉能司道府官「將一切見在著伍丁壯分區齊點，親驗腰牌。有混冒頂雇者，隊長連坐，千把革職，偏裨註下」，還懸賞以待能揪訐出虛冒實情的人；隨後，將清查過的士兵花名冊依軍隊編伍次序大書公布，以彰去留，「一洗從前役占薪水名色」。

其次，軍官方面，依同樣的大原則清查，凡是經由情面鑽營，或敗軍受懲之人一概斥逐，再「將實在官軍姓名勒限報部」，徹底清除隱占假借者，達到清汰虛冒的目的。最後，仿照關寧督師所行模式，「定為經制，計人支糧，計馬支料，據實報部」。聖旨指示：「冗冒逐事節汰。」

本款建議者尚有寺臣康新民，科臣沈惟炳，臺臣蔣允儀、吳甡。〔註82〕

〔註81〕 「議革冗役」全部，畢自嚴，《度支奏議》，堂稿卷 5，頁 42～43；堂稿卷 6，頁 73～74。

〔註82〕 「清汰虛冒」全部，畢自嚴，《度支奏議》，堂稿卷 5，頁 43～44、52～54；堂稿卷 6，頁 74～75。

十七、生祠變價

本款是呂維祺疏文中的一項意見。生祠濫觴於為官「循行者，賦甘棠而庚桑農，壘尸祝不絕」，而時下卻演變成「墨吏或托廟貌以蓋其惡，二、三私人嚇愚氓而輪奐之」。這些建築物雖屬百姓造蓋，但建成之後卻是地方公共財，既無明確歸屬，當然就歸國家所有。有用的生祠留著，「志民遺愛」，對於鼓舞民心、淳化風氣，作用不小；至於令人「掩鼻以過」的生祠，不如變賣助國。

《邊餉總綱》規定，各撫按要查核境內的生祠，「果有惠政及民而民心思慕者，許合詞請祔主名宦，仍聽留其祠」；其餘奉祀那些「官無實惠而以物議敗者」的生祠，立刻拆毀，將建築材料變價充餉。附帶聲明，查拆過程也不宜逼民太甚，此外，撫按也必須公告轄區，以後廢除建祠風習，將好官事蹟寫入地方志的〈名宦〉部分就好。聖旨批准實行。〔註83〕

十八、賈稅酌徵

前一節解學龍等人的會議疏裡已有提及本款內容。地方性的稅賦，能搜刮以充餉的財源，都已竭盡所能的找出來，只剩賈稅尚未被列入。這一款要徵的對象與宗旨是：

> 要於百姓非有加捐者，總之此數，彼（地方官）取之民，我取之官，
> 搯彼助滋，移私為公。本無者，固不可創；本有者，亦不容隱。

至於實際項目則並未指明，只說若在行商報稅之外，原來另外有的賈稅，要盡數查明、徵解，同時必須注意，「倘仍在門攤、地舖、店房之內行商，先已稅過者」，不准重複再徵一次，「毋令貪官奸胥藉此誅求」。聖旨同意施行。〔註84〕

十九、殿工冠帶

本款就是前文畢自嚴的六款條陳「裁革雜流」，與解學龍疏中「殿工冠帶」兩提議的綜合。

魏忠賢紊亂天啟朝政，藉著修復皇城三大殿之功而被封，進入士人階層

〔註83〕 「生祠變價」全部，畢自嚴，《度支奏議》，堂稿卷5，頁39～40；堂稿卷6，頁75～76。

〔註84〕 「賈稅酌徵」全部，畢自嚴，《度支奏議》，堂稿卷5，頁62；堂稿卷6，頁76～77。

的人，「幾遍長安矣！」滿街都是，其中的大部分「何嘗有真正效勞？」就算真有效勞，也趁機撈了不少油水，再封官職，實無道理。

《邊餉總綱》規定，移咨吏部，照〈清選法〉，「將效勞聽選員役，逐一查驗長單，其在內、在外所歷年分、衙門，細加磨勘」，如果沒有真實經歷，則命令被列名聽選之人赴戶部，依他被題選的官職大小照價碼納銀，領取納過銀的證明文件之後才准聽選。至於僥倖已經被選赴任的，為免滋事，寬宥不究。本款所得銀兩，「酌行於餉」。此議獲崇禎帝批准；本款建議者還有科臣劉先春等、臺臣吳甡。〔註85〕

二十、京東水田

京東水田，指的是天津一帶和附近何家圈、四當口兩處的屯田。天啟二年，朝廷曾派董應舉以屯田巡撫銜，攜戶部帑金 44,000 兩赴天津處理屯田一事。當時的屯田來源，有買來的，有人民捐助的，總計 198,954 畝 8 分，設有屯官專門處分開墾之事，每年春天給開墾者屯本，秋收時，開墾者的收穫先扣出屯本數還官，剩下的分三份，「官得其一，民得其二」，為利息。

天津屯田的一切「開屯買地、置房造器、與開河賞軍，及三年、四年、五年屯本」，都出自 44,000 兩。天啟三年就豐收，併行和糴法，成效立現。屯田的收入，有還給戶部的 14,000 兩，還有兩年兌運腳價等項 16,846 兩，和兌運到關門鎮、寧遠鎮的米、麥、高粱本色 60,223 石（值 39,154 兩），三年回收 70,000 兩銀。

因天津屯田屬軍屯，科則比民屯輕，逐漸便有平民把田地賣入天津軍屯之中，想避稅；同時間，又有屯官貪污，衍生弊端。天啟六年，董應舉改任荊州鼓鑄，津門屯田便歸併到天津督餉部院，由餉道及地方各司道負責。同年聖旨質疑本案：「買田而屯，成何政體？」督餉部院黃運泰也上奏說：「是屯也，其創始也，奸民鬻地入屯，不過為躲重就輕之計。詎意正賦仍在，旁賦疊出，百姓多稱不便。」又因為董應舉人去政息，屯官漸廢，於是將此政停止，退回不堪的捐助屯地 79,730 餘畝，追還屯本，剩下武清等十州縣的堪屯地 65,916 畝 5 分，題准每年額徵屯租銀 2,220 餘兩。

至於何家圈、四當口等地的屯種水田，起於御史左光斗、張慎言條議，

〔註85〕　「殿工冠帶」全部，畢自嚴，《度支奏議》，堂稿卷 4，頁 75～77；堂稿卷 5，頁 68～69；堂稿卷 6，頁 77～79。

以同知盧觀象專門管理此事，屯種勞力則用天津水陸營兵，「收穫新米，即給營兵以抵糧，扣省糧銀，即抵遼餉」。天啟二年收穫白米 2,000 石，當作津、通兩處官軍月糧；天啟三年收成白米 4,000 石，當作山海關官軍月糧。然而，後來因為公私庫藏的借貸未清，攻訐大起，到天啟五年，盧觀象升任離開，何家圈屯田日益荒蕪。

畢自嚴曾在天津五年，對此事知之甚詳。崇禎二年二月中時，他上奏請求恢復上列幾處的屯田，聽督餉部院及屯田御史節制，訂定每年應收多少石米，報戶部抵餉，還預計「歲終考成，其以虛文塞責，必加重罰；如果屯政修舉，即與紀錄優敘」，用來資助津門的海運之費。獲得崇禎帝同意，指示督餉部院、屯田御史速行清理，吏部商議考成之事，協助進行。〔註86〕

《邊餉總綱》考慮到「水田北方不能多雨」、「畿輔之間轆轤取水不能驟給」，以及北方人還在適應原屬南方的水田，董應舉與何家圈之屯田又荒廢已兩、三年，於是主張緩行，「其京東等處亦當隨便開墾，果有餘息，不妨充餉」。相關事宜，移咨督餉撫按及屯田衙門商議遵行。得旨：「水田隨便開墾。」〔註87〕

以上，便是《邊餉總綱》二十款的詳細內容，奉旨「彙冊刊布，大小臣工當念切封疆，協心國計。」它融合了畢自嚴的財經思維及對國家財政發展的全面規劃，崇禎帝力圖振刷舊弊、開創新局的期待，還有舉朝熱誠大臣的苦思細籌，成為崇禎初年的財經指導之本。

小　結

本章是探討畢自嚴的施政根本，也就是他的財經思想與規劃。由前述各項內容，可以瞭解到他極為認真地投入戶部的業務，絞盡腦汁地尋求任何可以蒐羅錢財的方法，甚至不惜以戶部尚書之尊，求教位階低於他的滿朝大臣。畢自嚴如此付出，根源就是為籌足軍餉，供應北方九邊鎮對付滿州外敵的軍事開支。

歷來所稱「遼餉」，都屬泛稱，只知道指的是晚明用於北方九邊鎮的軍事支出，但未明其詳。首先，遼餉應定義為「國家原有正項稅額之外的加派，目的是供應遼東軍事之支出」。其次，遼餉分兩部分，一為舊餉，即萬曆四十

〔註86〕 以上五段，畢自嚴，《度支奏議》，堂稿卷 4，頁 16～21；堂稿卷 15，頁 77～78。畢自嚴，《度支奏議》，堂稿卷 16，頁 20～21。

〔註87〕 畢自嚴，《度支奏議》，堂稿卷 5，頁 69～70；堂稿卷 6，頁 79～80。

六年之前，為供給北方九邊鎮軍事用度而實施的加派，總數約為 2,000,000～3,000,000 兩；一為新餉，又泛稱「九厘銀」，即萬曆四十六年～四十八年實施的三次三厘加派，共計九厘，目的也是供給北方九邊鎮增加的軍事支出，總數約為 2,500,000 兩上下（以本論文本章表 8 實際數字為準）。然而，這兩筆錢定則定矣，未必都能如數收到，崇禎改元前後，大約只能收到不足二成。北方九邊鎮的軍餉，還有第三個來源——國家原有正項稅收之內的京邊錢糧，向全國各地徵收，總計 1,600,000 兩上下，約能收到八成。

　　不論是新餉、舊餉，還是太倉京邊錢糧，這三項供給北方軍事邊鎮支出的重要餉源，雖說徵諸全國，但由表 8～10，無不明白表示出南直隸在其中扮演的沈重角色。其他各區都是以「省」為單位來計算，南直隸卻單獨以「府」為單位列出，一府一府，清清楚楚地被條寫在題本中，每年該交多少，無所逃遁。然而，質諸這三項賦稅，真正屬於國家正常財政體制裡的原有項目，只有太倉京邊錢糧一者年 1,506,266 兩，其餘新、舊兩餉總計年 5,379,884 兩，根本不是人民原應負擔的，是臨時的，但南直隸諸府在兩者的負擔上，仍被等同「省」來看待，其在晚明經濟上的地位與受朝廷緊迫榨取的境遇，躍然紙上。

　　因為軍餉支出耗繁，徵收狀況卻不良，迫使畢自嚴不得不有全盤的財經思想與規劃，以因應財政的窘況。他的財經思想有四種：開源、節流、在正項之內找錢、改革政治弊端以利財源。前兩種，和歷代財政大臣的傳統理財思想並無二致；後兩種，「正項徵解」，就是畢自嚴在《邊餉總綱》裡面說的「以應得之稅搜刮充餉」，[註88] 不好高騖遠，從國家本身便有的徵稅項目著手。從前文中呈現出來，正項之內包羅萬象的稅目及可收為軍用的內容，也突顯出畢自嚴精細實察的一面。他找錢，搜刮及於細瑣微目，微目底下，他還要再估數量，一縣多少，合全國總州縣則有多少，細細點點，無遠弗屆，直到查有實證、手有數據，方才上報請行。至於「改革政治弊端以利財源」，是順應當時崇禎帝亟欲勵精圖治的朝局大勢，以及定逆案的周邊餘波而生，萬變不離其宗——籌錢，以此觀之，畢自嚴可稱的上是「財之時者」。

　　本章的內容要明確區分何為思維，何為規劃，是很困難的，這跟畢自嚴個人的特質有關。畢自嚴是個苦幹出身的官員，累積多年經驗而成思想，然後在戶部尚書任上，再以思維指導規劃、運作，所以本章不完全是財經思維而已，在思維之中，其實已經包含規劃和實際運作，可以說畢自嚴的思維和

〔註88〕畢自嚴，《度支奏議》，堂稿卷 6，頁 55。

規劃是同步進行的，或者是實作先於思維，導致思維產生。

至於各項條文部分，每一款都是晚明關心國家財政議題的大臣們留心觀察、盡力擘劃的結論，不管其內容深淺、見識高下，這批大臣關心國政，已證明即使到明代最末期，還是有熱心想做實事的官員，即使很多意見未必符合現狀，或後來也未獲採行。

實際條文的內容，都是以「籌錢」為中心主旨而出發，無論是畢自嚴提出，還是由眾大臣建議，或是崇禎帝的決定，彼此之間相關連的地方還不少，從中也不難發現一些晚明財經上值得關注的現象。從畢自嚴初步的第 3 款提議──淮南積引，一路討論到《邊餉總綱》第 5 款──增加鹽引，批漏出崇禎初年鹽政的兩大問題：舊積官引難消、私鹽猖獗，而問題的原生點似乎在於：民間需鹽量已經超過政府合法官引所規定的總斤數。從萬曆末到整個天啟年間，晚明長期亂於政爭、人禍，政府無暇聞問民生議題，因此用鹽這個與民眾非常息息相關的重大政題便長期不獲重視；下迄崇禎改元，人民的需求和在此上衍生出來的亂象，已經不容執政當局忽視，不論是增加新引，還是增加原額引內的斤重，「合法官鹽總斤數必須增加以符合民間用鹽需求量」，似乎才更是一個最迫切需要變革的主題。

其下，第四節《邊餉總綱》第 6 款──搜刮雜稅，已是將地方存留銀財源，強奪至中央的做法，可見財政之困窘，而此舉也勢將引發地方和中央之間的角力，對全國的團結力不是一件好事。各地徵收雜稅的內容，如本款裡所陳列，八大鈔關徵稅內容，其實不會更特別，以北京崇文門為例，也是一般民生用品，如較大型的綢緞布匹稅、貨棧使用費、牙行稅，或是極尋常的乾梨皮、荸薺、芋頭、冬瓜等的進城稅，抑是形式上的小店面稅、車騾入城稅、崇文門分支──潯縣鈔關的船稅；從這些林林總總的各種稅目裡，透露出商稅與平民的關係很深，畢自嚴的財經思想出發點都是很基本的。〔註89〕

第 10 款──湊解紙贖裡，從「且各道原設有濟邊紙贖者，亦多未見下落，亟宜清查一翻」這段話，似乎道、府紙贖這項地方存留銀已經不是首次被考慮到，而是早就已設立濟邊紙贖的名目，將此銀兩入於搜刮之列，本款只不過是就其剩下來的部分，繼續搜刮。第 18 款──賈稅酌徵有「如在行商報稅

〔註89〕 孫健主編，《北京古代經濟史》（北京：北京燕山出版社，1996 年），頁 212～214。

之外，原另有賈稅者，無妨盡數查明徵解」，[註90] 足以看出這一款只是前面相關款的補充條陳而已，並不是實際有所指的款目。

以上 6、10、18 三款，與《邊餉總綱》第 8 款修衙銀項、第 11 款議捐公費、第 13 款吏農班價、第 15 款議革冗役，及第 18 款賈稅酌徵，有一個共同的主導思想，就是將地方衙門的預算挪助中央使用，有朘地方、肥中央的含意在。畢自嚴之所以這麼做，多少也是被軍餉的龐大需求所逼，不得不然；除非滿清順服、四境安靖，否則中央之肥也只是短暫的，此處之油脂，終將為邊疆軍鎮這個黑洞所吸乾。

《邊餉總綱》的第 7 款──南馬協濟，與第二節第 4 款──扣省站價密切相關，是一體兩面的政策，但從內容中也可以得知由此引伸出的另一項必要條件──《賦役全書》之完備。作為戶部尚書，手頭沒有可資為據的全國各地徵稅基本數字資料，是很困擾的，因此，也就有後續編纂《賦役全書》之舉。

本章雖然是以崇禎初年籌軍餉為背景，探討衍生出來的由戶部主導的國家財經政策總討論與議行，但從全章內容涉及的範圍來說，實際上已經牽涉到部分晚明政治革新。群臣在為軍餉籌畫的正面，也同時揭發出晚明長久行政效率不彰、政壇惡鬥所積下諸多弊端的反面。據此，本章可定位為戶部尚書畢自嚴的財經思想與規劃，也可定位為群臣對國家財政的總檢討、總攬錢，更可定位為晚明中央政府對於國家在政治、經濟方面長期紛亂不治的自省與力求革新的舉動。

[註90]　畢自嚴，《度支奏議》，堂稿卷 6，頁 77。

第六章 軍事糧餉的規劃與調度

　　在畢自嚴實任戶部尚書期間，經手最多、最繁雜的財政事務，首屬軍事糧餉及其相關問題，而這方面的議題也正是崇禎朝所面對的最重大國家政務。前一章是畢自嚴上任初期，對於整體戶部業務的構想與政策制訂，所有的考慮與規劃，絕大部分都是為籌措錢糧以因應軍事糧餉的支出，其次則希望重整和健全晚明的財政體制。本章承續前章的內容，以經濟國策——《邊餉總綱》頒布之後，畢自嚴立即遇到的實際戰爭考驗，及其後的復員和現實財經行政情況為主，探討他執政期間的成效，與在晚明經濟史上的影響。

第一節　理想與現實之際：《邊餉總綱》初實施

　　地方軍事將領和中央官員們都注意到軍餉宜省、士兵數目必須整頓的問題，而且或行或議，已經採取行動，企圖改善困境。但是，中央與地方的衡量標準不同，做法也都因人而異，因此，即使大家的出發點一樣，都是想省錢、籌錢，真正行動起來，十人十法，彼此之間還是會發生扞格。

　　《邊餉總綱》要配合軍隊實施的可能性，經濟會議是邊實驗、邊討論的過程，眾臣建議和《邊餉總綱》裡都有清汰軍中虛冒、冗濫之員，還有軍隊折半輪值以節省軍餉支出的決議，及其邊行邊議的實況，或多或少都反應地方上當時已在私下進行的一些改變，但從該事件亦可見得理想與現實之際，必有爭議。另外，薊州鎮要餉事件中顯現出的諸多軍隊、糧餉本身的問題，無不使《邊餉總綱》為國籌財、替軍豐餉的良善立意橫受阻折。

　　總之，軍餉問題之改革必須雙管齊下，中央、地方用力都得深，單只戶部畢自嚴一方盡責勞累，是沒有辦法順利照本行政、達成目標的。

一、清餉事宜十法──導正宿弊以節流

前文曾說過，畢自嚴是以財政雙鉗夾住大明財政，試圖將它扭歸於收支平衡之正途。《邊餉總綱》推行起來，各種開源之法，或許可以為軍餉找得數脈泉源，但如出不得法，濫靡虛費，則枉費列位大臣多次會議的苦心籌策。因此，各項已被查知的軍餉積弊痼疾，也須加以規範，務求周詳。

基於亡羊補牢及防患未然兩種思維，畢自嚴於崇禎二年六月十八日（1629.8.6）續上一疏，言明戶部業務總有兩大部分，「內而倉庫，外而糧儲各官也」。國家財經改革會議既已為倉庫開源，而且畢自嚴已經「略陳其概，業蒙皇上俞允申飭」，則位在邊外的糧儲各官──餉司，「與三軍尤親，馬饑飽、邊事安危，俱於是乎寄」，故亦應在安內之後，適時攘外，才能保持內外及收支的平衡。他請針對餉司立十法，目的在求達到「惟清惟平」，「外與餉司共守之，而內則臣部自操之」，〔註1〕希望能使邊餉總綱的整體推行更加圓滿、順利。

這十款法令如下所擬：

（一）痛革京運庫折之弊

九邊鎮軍餉十分之七仰給於京運，這項銀兩，每軍鎮都在 200,000 兩以上，至有超過 500,000 兩的。「從前或內外法馬不一，或荒庫給發稍輕」，所以各邊鎮經手的官員從中竊取公帑者屢見，餉司也都設「庫折之名」來抽成。〔註2〕

戶部已經比對、校定戶部法馬（即「砝碼」），如新餉庫秤每重 1,300 兩，即挫磨掉 3 兩 4 錢，太倉則每重 1,000 兩，減去 1 兩；其下，再「通行各省直藩司、餉司，但有法馬輕重不如式，即令請發更換」。〔註3〕畫一兌支度衡器械後，規定從今起「凡解銀到日，該餉司按冊稽查」，仔細核對餉銀來處、解官、數量，「如有短少，須解送同城督撫兵道眼前，抽鞘秤兌」，一環一環追查到底。同時，廢除庫折之名，在發放餉銀的同時，督撫兵道也必須抽封秤驗；「餉司既無庫折，而各營有短少者，即係侵剋，罪在不宥」。餉司更受戶部嚴格監察。〔註4〕

（二）力滌民運出納之規

各邊鎮餉銀，除京運外，多有賴民運，本、折色不一，歷來拖欠從 300,000～1,000,000 兩都有，尤以山西、陝西二省情節最為嚴重。拖欠固然是由於有司

〔註1〕 畢自嚴，《度支奏議》，堂稿卷 7，頁 11。
〔註2〕 畢自嚴，《度支奏議》，堂稿卷 7，頁 12。「法馬」，同今之「砝碼」。
〔註3〕 畢自嚴，《度支奏議》，堂稿卷 7，頁 3。
〔註4〕 畢自嚴，《度支奏議》，堂稿卷 7，頁 13～14。

催科不力，但也有「苦於加耗之太重者，有苦於下役之需索者」，使百姓不堪賠補，視為畏途。在發餉時，也有如大同餉司郎中徐克讓之徒，「入增加二，出扣加二」，一出一入之間，賺去國家公帑三成六的黑心錢（1×0.2＋0.8×0.2＝0.36）。

畢自嚴請令「今後各餉司解到民運銀兩，就令解役自己下秤，當堂敲兌，務以針平為止」，餉司監看，不准庫役剋扣要索。發放時，「亦聽領餉委官，敲兌准足，不得恣為執拗，就中短少」；至於實地分散給各兵時，有第一法的督撫兵道抽封秤兌配合，務保分毫糧餉不被侵佔。

（三）嚴覈積商召買之姦

各邊鎮的舊兵芻糧和預備新兵援調的軍餉，原來是由「民屯本色，及薊密漕糧、關寧海運」，還有「召買米、豆、草束」等法供應。後來卻日久乏理，弊竇叢生，產生奸商浮報價錢，然後「領銀到手，別營生計，而粒米寸草不買入倉」，接著，知曉浮報之溢額數目的書辦剋扣發糧以自肥，演變成「有價值二石而只可置一石」的狀況。於是，各倉入米的拖欠狀況，十有六、七；長年累月下來，已成牢不可破的積弊。

仕上疏之前，畢自嚴首先針對新兵月餉豐厚的薊州、密雲兩鎮施法，「以召買銀兩酌價折給」新兵，請士兵自己領錢買米，最為妥當，並且「近已行之有效，不煩再議」。其次，援兵、舊兵的糧料，由原託商買改成官買，照萬曆末、天啟朝舊例，「若秋成日，餉司預會撫道，議定確價」，於通報戶部的同時，委託幹練佐貳官員，攜帶邊鎮先借庫銀，「在於豐稔地方，查照時值，買運上倉」，以速度爭取金錢，避免因公文旅行、戶部發銀解銀的耽擱而得花更多的銀錢買漲價後的糧料。

至於以前領了召買銀卻拖欠倉米的商人，「餉司糧廳務在設法追比，盡數補完」。餉司方面，「另立循環文簿，赴部倒換，逐季銷算」，立下規矩，按照制度來做。〔註5〕

（四）禁絕營伍預支之蠹

本來官軍的月餉，都是「按月照營挨項支放」。天啟後期一片混亂之中，「發餉愆期，遂致派放失序」，有月月先支餉銀或預支的；有兩、三個月沒領餉的；也有餉司把常例當作緊急項目，而讓胥吏得以趁亂科索、操縱；更有原非營伍官軍，卻預支預借各項名色，冒領營運，日久之後再代餉司補放

〔註5〕以上2、3款，畢自嚴，《度支奏議》，堂稿卷7，頁14～17。

之情。〔註6〕

這種種弊端，早有實例存在。崇禎元年十月（1628.11），時任整飭薊州等處邊備兼巡撫順天等府地方都察院右僉都御史的王應豸，揭發戶部薊州鎮餉司郎中陳調鼎冒預支之名，行「預借奸委以牟利」之實的弊案。當時，薊州鎮「軍餉正支尚懸半載」，卻查出有預支 26,000 多兩的情形。究其實情，薊州鎮餉司書辦胡雲所等人扣拿 5,000 兩，委官王道明等人又剋扣 1,300 兩入私囊；買米糧料時，按規矩，「原應查照市價，以免冒破」，但這些餉司人員反而高抬虛估價錢到米每石 2.4 兩、草一束 0.05 兩，胡雲所等由此獲不當利益 3,110 兩，中軍張俊、施文教兩人侵漁 4,100 兩，商人張鳳習等人侵佔公帑 7,500 兩；發放實物給軍隊時，又剋扣近 10,000 兩銀。還有，薊州鎮各營路從餉司領本營之銀後，繼續層層剋扣，一年有 900 多兩會因此不翼而飛。

預支之外，同一批人尚行「公費扣二」的手段，藉口捐修董家口橋工，在召買銀項裡復侵吞 14,800 兩。總管餉司的陳調鼎，「一任奸人作弊，鈐轄全疏」，將軍餉「大半以肥碩鼠，借謂無通同情節而鯨吞蠶食」，明顯有瓜田李下之嫌。〔註7〕

此案後續如何，因缺頁不得而知，但畢自嚴鑑於此例，慨嘆饑軍要餉之必生，請立法規定除非因緊急而奉有明文，准先發一、二個月的，今後發餉，「務要挨營順伍，按月序放」，並且不准越級呈請挪移銀兩，以杜絕書吏作弊，再強制懲處不法；範例方面，則應以近日易州餉司及其郎中劉象瑤「立□司門，痛絕預支，賈怨狡猾之徒，幾罹風波之險；然地方公論自明而本官擔當具見」為榜樣。〔註8〕

（五）清理鹽引開中之實

邊鎮倉米與行鹽結合成開中法，行久法疏，「變為折色，而邊儲始匱」。萬曆末又復折色，但因鹽引壅塞（本論文第五章第二節「淮南積引」），商人裹足，故倉米照舊缺乏，米價昂貴；「邊地多荒」，由耕種收穫亦屬難能。此外，「奸商會通牙行，往往高抬妄報」，官員則予姑息；商人懶於搬運，士兵怕排隊領米之苦，「輒以糧票自相兌之，而官攢得以從中漁利」，致餉倉依然無米。

為矯正上述各種弊症，畢自嚴請立法：

〔註 6〕 畢自嚴，《度支奏議》，堂稿卷 7，頁 17。
〔註 7〕 畢自嚴，《度支奏議》，堂稿卷 3，頁 40～43。
〔註 8〕 畢自嚴，《度支奏議》，堂稿卷 7，頁 17～18。

> 自今以後，令餉司於每年秋成時，會同各道，轉行各管糧廳及州縣正
> 官，務將米豆價值博訪城市……惟取的確時估，蚤行呈部定奪，即督
> 各商上納本色糧料，定限年終盡完，過期問罪。

也禁革一切過往之弊，期能復原永裕邊儲的明初建立開中之本意。

（六）杜除還官侵沒之竇

「各鎮兵馬，多者十數萬，少不下五、六萬」，但明廷並不能掌握其確數，因為確實呈報上去的逃亡、倒死的士兵案例，只有十分之一，而這些人的餉銀，卻不會因其消失而還給公家。造冊先於逃故、餉司蕭規曹隨不肯詳查數目、邊地撫道以這些無人領的餉銀充作本衙門交際公費、經手之不肖者以此銀挪貸私用，均為這些餉銀的最終「用途」，便宜了私人，冤哉了國庫。

畢自嚴提請禁革所有非法「用途」的狀況，要求各餉司「凡每月放餉，先將各營糧冊親閱」，還要向本道詢問該月有無買補兵馬頂替舊額，「查明無異，方准支放」。在發餉日，餉司令各營中千開報應予扣除之兵馬餉銀數目，貯藏倉庫中，「還官餉司，旋報督撫衙門，存作閏月餉銀」；若中千拒不合作者，可申報戶部代為追查。收放情況，一季報部一次，績效佳者優予記錄。

（七）銷算漕糧收支之數

「薊、密、昌、津四鎮，分貯漕糧四、五十萬以餉邊軍」，因其轉運煩勞，故待遇特優。但是，京城倉庫每年都能有萬石掃積餘米（倉庫角落掃出落積之米）和尖耗餘米（徵收時附徵以補運送中途消耗之米），四鎮卻從來沒有；京城軍營支放，每年都能有還官銀米，「四鎮舊兵，業減原額」，卻從無贏餘還官。

視此敷衍圖利之舉，畢自嚴不能容忍，請「申飭，今後餉司以軍數合糧數，逐月銷算，要見終歲有無贏餘」，還要將倉積、還官餘米「每年勒令造冊報部，作正支銷」，以節省公帑。

（八）定立季報循、環之法

戶部原有設循、環二簿以互相稽查的舊規，但只有發自戶部兩倉庫的京運銀兩和關門、寧遠二鎮，會準時一月一次支放細冊報告，其他民運、屯糧與各鎮對此置若罔聞，「若杳不相涉者」。

畢自嚴似乎頗為生氣，籲請立法申飭九邊餉司，「修復循、環季報之法」，分為：京運年例銀入數、京運解官、民運入數、民運解役；某營官兵幾員、支出糧銀、馬騾數、支出草料銀數等，前四為循，後四為環，二簿各四列，依日

期記載，寫出每個月的帳本。另外，收放民屯和召買本色糧料時，也仿照前例，分二簿各四列照實登載填冊。這樣做，一則使戶部瞭解「邊儲之虛實」，二則「九邊之緩急，亦可按冊而預籌之，先事預防」。〔註9〕

（九）珍惜部司廉隅之防

戶部餉司及餉司郎中，與督撫兵道之所以同時設立，意在「司餉者不得司兵，而司兵者不再司餉」，掌兵與管餉互相制衡。餉司郎中一職，「上僅受節制於總督，至撫院以下，皆得分庭抗禮」，而且到晚明「餉司差規，定用甲科，非是途者不得與焉」，其在邊鎮之清要可見一斑。

自畢自嚴上任以來，不但發現餉司諸般漏洞，更詰發出兩大餉司弊案，使戶部蒙塵。大同餉司郎中徐克讓已出身乙榜，還侵吞糧餉，暴富到關中大盜都要劫掠他蒲城老家；他先以不謹、浮躁降級，遭盜曝富後又被送入牢裡待審。陳調鼎則在升任浙江金衢道兵備按察司僉事後，因薊鎮餉司冒支案而被「關提勘問」。舊例，餉司郎中離任，就應該通知督撫，請道、府一級官攝署，以免「時日耽延，府奸慁事」，但這兩人繫案卻不通知也不離職，拖延戀棧，督撫依例無法派官取代。為免重蹈覆轍，畢自嚴請令「此後各餉司共惜廉隅且以為殷鑑」。

（十）裁汰部司加銜之例

萬曆朝例，「部郎俸深者，祇有加四品服俸例」，又於吏部紀錄，日後升轉時再在「應得職銜上加陞一級、二級例」。然而，天啟末政亂時期，濫加優銜之風亦漫及諸餉司，崇禎初仍未改正，導致「以加銜照舊管事，以不真不假之官，處不內不外之地」。餉司郎中係京職，兼具外省差事職銜後，反倒給俸難計、升轉難考、見總督的儀禮亦難表，紊亂體制朝綱。故畢自嚴請去除此種謬況，循例正名，照章行事。〔註10〕

這針對邊鎮餉司而發的清餉事宜十法，獲皇帝批准，命令移會各餉司確實遵行，使得畢自嚴讓財經政策周全的竭心努力，又往前進了一步。

第二節　己巳之變引發的財經政策調整

《邊餉總綱》既定，按照預期，下一步就是藉由行政促成它的實踐；然而，一切都出乎意料之外，一場突如其來的己巳之變（即金軍入寇北京戰爭，崇禎

〔註9〕 以上 5～8 款，畢自嚴，《度支奏議》，堂稿卷 7，頁 18～23。
〔註10〕 以上 9、10 款，畢自嚴，《度支奏議》，堂稿卷 7，頁 23～26。

二年十一月～崇禎三年三月，1629.12～1630.4，畢自嚴又稱「虜警」），打亂畢自嚴的全盤佈局。若財經諮議與《邊餉總綱》是運籌帷幄之內，則己巳之變便是決戰千里之外，讓畢自嚴還沒有準備好，便實地經歷嚴酷的戰時調度考驗。

一、戰爭突發，財政枯竭

崇禎二年十一月初，女真金兵南侵，直逼龍井關（北直隸順天府東北角，見〈附圖二：明順天府附近圖〉），北京城戒嚴，幾天後，遵化縣陷落，順天巡撫王元雅被執，〔註 11〕震動整個晚明朝廷。十一月初四時（1629.12.18），山海關部分兵便已出發勤王；十四日（1629.12.28），皇帝諭令兵部尚書遼東督師袁崇煥入關赴援，明朝援軍集結來京，〔註 12〕直到次年二月十日（1630.3.23）明軍恢復遵化縣，三月間，金主力軍隊才逐漸鳴金退去。〔註 13〕這場出乎意料的京師侵略戰爭，使得朝廷百事暫停，必須集中焦點，戮力禦敵。

前軍末發，輜重先行，糧草在戰爭中非常要緊；畢自嚴身為戶部尚書，職責司理財計，在這場戰爭中扮演著非常吃重的角色。由於金軍直薄北京城下，因此畢自嚴不僅是後勤補給的領導者，也是前線調運、分配的總舵手；無奈，實質上，他只是一位措手不及，倉無足餉的戶部尚書。

女真金兵入侵明朝國境之地──北直隸順天府遵化縣，那裡的直接軍事費用，仰賴北直隸保定、河間、廣德、大名四府每年定額攤派的「民兵工食銀」供應；現銀放在遵化縣庫內，屬於薊州鎮餉司管轄。〔註 14〕表 18 是遵化縣庫在「金軍」入寇前不久的查察狀況。

表 18－1 是遵化縣庫年度預算的正額編列狀態，由北直四府負擔該縣的民兵支出，而且額定徵收的歲入銀數大於預計支出的歲出銀數有 12,081.4（＋3,320.4）兩之多；以十年計之，總入應過 396,288 兩，總出應是 275,474 兩，歲餘應過 120,814 兩。然而，再參照表 18－2 的遵化縣庫實際近況，天啟元年～崇禎二年七月終這九年七個月，庫存加收入僅 298,827.9 兩，總出 296,707.1 兩，

〔註 11〕 《崇禎長編》，卷 28，頁 1557、1559、1560。王元雅巡撫地為順天，畢自嚴，《度支奏議》，堂稿卷 8，頁 41。

〔註 12〕 《崇禎長編》，卷 28，頁 1579～1580。

〔註 13〕 談遷，《國榷附北游錄》九，頁 5519～5521。畢自嚴，《度支奏議》，堂稿卷 13～14 諸奏摺，均顯示朝廷已漸恢復非戰爭時期主題的日常議事，及討論戰爭善後事宜。

〔註 14〕 畢自嚴，《度支奏議》，堂稿卷 8，頁 40～41＆44。

結餘只有 2,120.8 兩，拖欠 77,199.1 兩，並且支出也不全然是為當地民兵，而是北京城三大殿修復之工程。此外，根據實查結果顯示，表 18－1 的薊鎮餉司年例心紅工食銀 4,934.4 兩一項，純屬子虛烏有，「徒存其名」，薊州鎮餉司從來沒有派解過，不知銀兩從何而來。〔註15〕至於遵化縣民兵情況，對看下表 19 更顯明朗。

表 18－1：遵化縣庫軍餉出入表——年份出入正額編列狀態
（單位：銀兩）

分 類	項 目	銀 數	總 計
歲 入	保河廣大每年額派民兵工食銀	39,628.8	39,628.8（＋3,320.4）
	（遇閏月之年另加派）	3,320.4	
歲 出	給放三屯左營民兵工食銀	19,200	27,547.4
	薊鎮餉司年例心紅工食銀（徒存其名）	4,934.4	
	三屯山海鎮守小賞銀	3,400	
	校場地糧銀	13	
歲 餘	——	——	12,081.4（＋3,320.4）

表 18－2：遵化縣庫軍餉出入表——天啟末崇禎初實況（單位：銀兩）

分 類	項 目	銀 數	總 計
庫存及收入	天啟元年閏二月終庫存民兵銀	52,290.2	298,827.9
	天啟元年三月～崇禎二年七月終收過保河廣大四府解到并還官銀	246,537.7	
支 出	天啟元年三月～崇禎二年七月終助工解京及放過銀	296,707.1	296,707.1
結 餘	迄崇禎二年七月終	——	2,120.8
拖 欠	天啟元年三月～崇禎二年七月終保河廣大四府拖欠未完銀	77,199.1	77,199.1

資料來源：畢自嚴，《度支奏議》，堂稿卷 8，頁 41～42。

〔註15〕 畢自嚴，《度支奏議》，堂稿卷 8，頁 44～45。

表 19：遵化縣民兵一年份支出表

項　　目	兵數（名）	一年一兵支出銀數（兩）	一年總支出銀數（兩）
（原額民兵）	（1,690）	——	（20,280）
見在民兵	889	12	10,668
見在家丁	407	18	7,326
山海鎮賞有功員役（出自 3,400）	——	——	566.6
淘汰民兵	−3	−12	−36
革去老弱及逃亡民兵	−187.5	−12	−2,250
淘汰家丁	−2	−18	−36
總　　計	——	——	16,238.6

資料來源：畢自嚴，《度支奏議》，堂稿卷 8，頁 43～44。(此表名中的「一年」，指的是天啟末崇禎初之際，常態下的一年，不是指特定的某一年；表 21−1 也是如此)

　　表 19 是表 18 更細部的呈現。見在民兵之數，加上家丁數目，還達不到原額民兵數，可見得天啟年間為助大工，挪用遵化縣民兵工食銀的舉動，已侵害到地方兵員的正常編制及其財源，造成遵化縣累年下來兵不足原額的狀況。表 19 中亦有淘汰民兵、家丁，及革去老弱、逃亡民兵的員額之舉，同上一節薊州鎮節省軍餉事件，都是戶部實行「以清汰虛冒節餉之流」政策的具體明證。

　　表 18−2 的遵化縣庫，在崇禎二年七月底，結餘只有 2,120.8 兩，表 19 的節汰後民兵一年支出卻仍達 16,238.6 兩，其補給實力可想而知。遵化縣財力不足，兵額不足，難以抵擋；其東方的薊州鎮本部才因為軍餉整頓引發軒然大波，方落幕不久（見本章第一節），滿清入寇時，鎮本部士兵只有 5,194 名。

　　遵化到薊州鎮這第一線軍心不穩，兵額不足，又是軍餉整頓之初，猝然遭警，即使連督師袁崇煥也抵擋不住。〔註 16〕在十一月初，中央的戶部新、舊二庫所貯的銀子「原自無幾，近日外解又復寥寥」，僅能擇要發下昌平、宣

〔註 16〕《崇禎長編》，卷 28，頁 1561。

府、易州、密雲、薊州等鎮新舊餉銀及犒賞銀共 122,079.8 兩，〔註 17〕他處欠餉尚來不及處理。後來，因為第一線防禦已破，朝廷緊急派重臣孫承宗以中極殿大學士、兵部尚書銜赴紫禁城東方不遠的通州坐鎮，尚未釐清餉銀分配的京軍三大營 113,200 多人，馬上便要隨孫承宗輪班赴通州預作防禦，其後行還有旗手等衛軍丁 7,800 名、監局匠役 10,700 名，這一大群人的糧草、裝備隨時就要準備支用，〔註 18〕一切頓時陷入混亂。

戶部有兩庫存放銀兩，一是太倉銀庫，又叫老庫、舊庫，「九邊年例、各官俸糧，及都城一應褄支，皆貯於此」，就是國家原有的正項稅銀都在此；一是新餉銀庫，又叫新庫，「專為遼事而設，凡加派、雜徵等銀，皆貯於此」，也就是遼餉的新餉、舊餉等等，都由此而出。〔註 19〕

因應戰爭，十一月二十日（1630.1.3）統計，有老庫銀 29,000 多兩、京糧隸巡青項下未收齊的 100,000 多兩，以及新餉銀庫 230,000 兩。銀兩看似不少，但是，新餉銀庫專供邊餉發放，目下是各鎮舊欠未清，未來的餉銀還不能少；老庫的銀兩，原是要供應朝廷日常之需，京糧巡青項下卻沒收齊，而這兩項「未奉題請，不敢擅動」。雖然崇禎帝批准戶部可以緊急動用上述三項銀兩，「通融支放，事寧銷算，照數補還」，對於這場大規模的京師保衛戰而言，亦是杯水車薪，完全不夠用，因為在通州將駐紮大批京軍的同時，還有天津關門、寧遠鎮兩地的重兵需餉。關門、寧遠鎮先前的月餉，戶部錢不夠，只能「自顧贏頭，各解二萬」，剩下的還沒發，此刻，兩鎮與京城因「夷氛不息，道路梗塞」，暫時失聯，更要顧慮到「萬一關寧餉斷，乘風鼓譟，禍不可言」。〔註 20〕實物方面，有在京六倉的米 1,000,000 石，京五草場 2,000,000 束草（戶部在京六個草場其中五個），還有畢自嚴「督率司官急行收買」的料豆 14,000～15,000 石。比起銀兩，實物「俱待支用，可不稱匱」，算是還不錯。〔註 21〕

十二月初，金兵已駐紮在離京城最近的通州，袁崇煥亦因防禦不力而使剛剛夭殤次子的崇禎帝震怒，被逮捕下獄，陣前換將。〔註 22〕同月下半，戶

〔註 17〕 畢自嚴，《度支奏議》，堂稿卷 8，頁 54。
〔註 18〕 《崇禎長編》，卷 28，頁 1570。畢自嚴，《度支奏議》，堂稿卷 8，頁 56～58。
〔註 19〕 畢自嚴，《度支奏議》，堂稿卷 10，頁 91。
〔註 20〕 畢自嚴，《度支奏議》，堂稿卷 9，頁 17～18。
〔註 21〕 畢自嚴，《度支奏議》，堂稿卷 9，頁 15。
〔註 22〕 《崇禎長編》，卷 29，頁 1594。

部已是「庫藏空匱已極」，而錢穀所賴以增加的外解——各州縣上繳中央的稅賦，卻因「虜騎充斥如此，都門以外，行旅久斷」而遲遲未到。即使這樣，軍餉卻「日費不下萬金」，從無止息，也不能止息，畢自嚴「酌盈以佐虛，那寬以就急」，支撐得很辛苦。〔註23〕

論起畢自嚴必須供應的對象，除了通州的京軍三大營之外，還有巡捕營軍、十六門門軍、專屬皇帝的勇士四衛營、北京本地協防城民，以上，是北京城周邊的五個保衛部隊，其在整個滿清入寇期間的所有花費，如〈表 20：崇禎二年十一月初～三年一月底己巳之變北京軍事總支出表〉所示。

表 20：崇禎二年十一月初至三年一月底己巳之變北京軍事總支出表

日 期	項目	單日一單位領取數		領取者身份及數量			領取總數		備 註
11／2～11／6	鹽菜銀	0.02	兩／人／日	官軍（含班軍 4,000）	106,000	人	10,600	兩	鹽菜銀及料草銀 11／3 由總協差官毛祖讓領訖；米由各軍自領
	料草銀	0.03	兩／牲／日	馬	17,473	匹	2,620.95	兩	
	米	0.03	石／人／日	官軍（含班軍 4,000）	106,000	人	10,600	石	
11／7～11／11	鹽菜銀	0.02	兩／人／日	官軍（含班軍 4,000）	106,000	人	10,600	兩	鹽菜銀及料草銀 11／8 由總協差官毛祖讓領訖；加給煤炭銀 11／12 由總協差官毛祖讓領訖；米 11／7 太倉差庫官馮一正解訖
	料草銀	0.03	兩／牲／日	馬	10,600	匹	2,620.95	兩	
	加給煤炭銀	0.005	兩／人／日	官軍（11／6～11／11）	102,000	人	3,060	兩	
	米	0.02	石／人／日（原本）	官軍（含班軍 4,000）	106,000	人	7,950	兩	
		0.015	兩／人／日（折銀）						

〔註23〕 畢自嚴，《度支奏議》，堂稿卷 10，頁 26～28。

日期	項目	數	單位	對象	人數/匹數	單位	數額	單位	備註
11／12～11／16	鹽菜銀	0.025	兩／人／日（官軍）	官軍	101,694	人	13,111.75	兩	鹽菜銀及料草銀由戶部寶泉局員外米世發兌成銅錢（銀0.1兩＝70文），共13,111.75＋2,570.1兩＝10,977,295文，11／16解總協軍門收訖；米11／16總協差官張文謨領訖
		0.02	兩／人／日（班軍）	班軍	4,000	人			
	料草銀	0.03	兩／牲／日	馬	17,134	匹	2,570.1	兩	
	米	0.02	石／人／日（原本）	官軍	101,694	人	10,569.4	兩	
		0.02	兩／人／日（折銀）	班軍	4,000	人			
11／17～11／21	鹽菜銀	0.03	兩／人／日（官軍）	官軍	101,694	人	15,754.1	兩	太倉差庫官馮一正於11／24解總協軍門收訖
		0.025	兩／人／日（班軍）	班軍	4,000	人			
	料草銀	0.04	兩／牲／日	馬	17,134	匹	3,426.8	兩	
	米	0.02	石／人／日（原本）	官軍	101,694	人	10,569.4	兩	
		0.02	兩／人／日（折銀）	班軍	4,000	人			
11／22～11／26	鹽菜銀	0.03	兩／人／日（官軍）	官軍	101,694	人	15,754.1	兩	鹽菜銀及米由太倉差庫官馮一正於11／24解總協軍門收訖，俱運赴各門司官監放訖；料豆及草俱箚各倉及草場支領訖
		0.025	兩／人／日（班軍）	班軍	4,000	人			
	料豆	0.03	石／牲／日	馬	17,134	匹	2,570.1	石	
	米	0.02	石／人／日	官軍	101,694	人	10,569.4	石	
				班軍	4,000	人			
	草	1	束／軍／日				85,670	束	
11／27～12／2	鹽菜銀	0.03	兩／人／日（官軍）	官軍	101,694	人	15,754.1	兩	鹽菜銀及米俱由新餉庫差原解官程希堯於11／28解總協軍門收訖；料豆
		0.025	兩／人／日（班軍）	班軍	4,000	人			
	料豆	0.03	石／牲／日	馬	17,134	匹	2,570.1	石	

	米	0.02	石／人／日（原本）	官　軍	101,694	人	10,569.4	兩	及草俱箚各倉及草場見在支領
		0.02	兩／人／日（折銀）	班　軍	4,000	人		
	草	1	束／軍／日				85,670	束
12／3～12／7	鹽菜銀	0.03	兩／人／日（官軍）	官　軍	97,806	人	14,570.9	兩	鹽菜銀及料草銀12／5箚新餉庫支解訖，取有印領在卷，米俱於戶部坐門司官處唱散訖
		0.025	兩／人／日（班軍）	班　軍	4,000	人		
	料草銀	0.04	兩／牲／日	馬	14,447	匹	2,889.4	兩
	米	0.02	石／人／日	官　軍	97,806	人	9,780.6	石
				班　軍	4,000	人		
12／8～12／12	鹽菜銀	0.03	兩／人／日（官軍）	官　軍	98,194	人	14,629.1	兩	鹽菜銀及米俱於12／9箚新餉庫支解訖，料草銀12／18箚太倉庫支解訖
		0.025	兩／人／日（班軍）	班　軍	4,000	人		
	料草銀	0.04	兩／牲／口	馬	14,447	匹	2,889.4	兩
	米	0.02	石／人／日（原本）	官　軍	98,194	人	9,819.4	兩
		0.02	兩／人／日（折銀）	班　軍	4,000	人		
12／13～12／17	鹽菜銀	0.03	兩／人／日（官軍）	官　軍	98,194	人	14,629.1	兩	鹽菜銀及料草銀12／16箚新餉庫支解訖，取有印領附卷；米俱於戶部坐門司官處唱散訖
		0.025	兩／人／日（班軍）	班　軍	4,000	人		
	料草銀	0.04	兩／牲／日	馬	14,447	匹	2,889.4	兩
	米	0.02	石／人／日	官　軍	98,194	人	9,819.4	石
				班　軍	4,000	人		
12／18～12／22	鹽菜銀	0.03	兩／人／日（官軍）	官　軍	98,194	人	14,629.1	兩	鹽菜銀及米俱於12／24箚新餉庫支解訖；料草銀箚太倉庫支解訖，取有印領附卷
		0.025	兩／人／日（班軍）	班　軍	4,000	人		
	料草銀	0.04	兩／牲／日	馬	14,447	匹	2,889.4	兩
	米	0.02	石／人／日（原本）	官　軍	98,194	人	9,819.4	兩
		0.02	兩／人／日（折銀）	班　軍	4,000	人		

日期	項目	數率	單位	軍別	數量	單位	總計	單位	備註
12／23～12／27	鹽菜銀	0.03	兩／人／日（官軍）	官軍	98,194	人	14,629.1	兩	鹽菜銀及料草銀 12／28 箚太倉庫支解訖，取有印領附卷；米俱於戶部坐門司官處唱散訖
		0.025	兩／人／日（班軍）	班軍	4,000	人			
	料草銀	0.04	兩／牲／日	馬	14,447	匹	2,889.4	兩	
	米	0.02	石／人／日	官軍	98,194	人	9,819.4	石	
				班軍	4,000	人			
12／28～1／2	鹽菜銀	0.03	兩／人／日（官軍）	官軍	98,194	人	14,629.1	兩	鹽菜銀及米於太倉庫給發訖；料草銀於新餉庫給發訖
		0.025	兩／人／日（班軍）	班軍	4,000	人			
	料草銀	0.04	兩／牲／日	馬	14,447	匹	2,889.4	兩	
	米	0.02	石／人／日（原本）	官軍	98,194	人	9,819.4	兩	
		0.02	兩／人／日（折銀）	班軍	4,000	人			
1／3～1／10	鹽菜銀	0.025	兩／人／日（官軍）	官軍	98,194	人	19,478.8	兩	於太倉庫給發訖
		0.02	兩／人／日（班軍）	班軍	4,000	人			
	料草銀	0.035	兩／牲／日	馬	14,447	匹	4,045.16	兩	
	米	0.02	石／人／日	官軍	98,194	人	15,711.4	石	
				班軍	4,000	人			
1／11～1／30	鹽菜銀	0.0125	兩／人／日（官軍）	官軍	98,194	人	24,348.5	兩	鹽菜銀及米於新餉庫給發訖；料草銀於太倉庫給發訖
		0.01	兩／人／日（班軍）	班軍	4,000	人			
	料草銀	不詳		不詳			7,136.8533	兩	
11／17～12／27	姜椒銀	0.005	兩／垛／5日	每垛	不詳		不詳		戶部發

日　　期	項目	單日一單位領取數			領取者身份及數量			領取總數		備　　註
11／22～11／26	姜椒煤炭銀	0.01	兩／垛／5日	每　垛	不　詳			不　詳		0.01兩折錢7文，戶部發
11／27～12／27	煤炭	1	斤／垛／5日	每　垛	不　詳			不　詳		由戶部各門司官買發；實物不給者，每日給銀0.005兩
11／2～1／30	全部總計	用銀325,051.3633兩，用米66,300.2石，用料豆5,140.2石，用草171,340束，姜椒銀及姜椒煤炭銀兩不詳，煤炭斤數不詳								

以上為京軍三大營在「金軍」入寇期間的所有軍事支出

日　　期	項目	單日一單位領取數			領取者身份及數量			領取總數		備　　註
11／7～12／17	鹽菜銀	0.02	兩／人／日		巡捕營軍	11,472	人	9,177.6	兩	照例補支至12／30，再議酌減
	草料銀	不　詳			不　詳			1,789.2	兩	
	口糧米	0.02	石／人／日		巡捕營軍	11,472	人	9,170.6	石	
12／18～12／30	鹽菜銀	0.02	兩／人／日		巡捕營軍	11,472	人	2,982.72	兩	俱于太倉銀庫給發訖；草料銀是11／28～12／17的數字。巡捕營軍原有本等額糧，只以虜警軍興，比照城守諸軍加給
	草料銀	0.03	兩／牲／日		馬	3,016	匹	1,809.6	兩	
	口糧米	0.02	石／人／日		巡捕營軍	11,472	人	2,982.72	石	
1／1～1／30	鹽菜銀	0.01	兩／人／日		巡捕營軍	11,472	人	3,441.6	兩	自1／1起，口糧、鹽菜減半支給；料草銀未經給發。自2／1為始，一概停止（發放）
	草料銀	不　詳			不　詳			1,160.64	兩	
	口糧米	0.01	石／人／日		巡捕營軍	11,472	人	3,441.6	石	

日期	項目	單日一單位領取數		領取者身份及數量		領取總數		備註
11/7～1/30	全部總計	用銀 20,361.36 兩，用米 15,594.92 石						

以上為巡捕營軍在「金軍」入寇期間的所有軍事支出

日期	項目	單日一單位領取數		領取者身份及數量		領取總數		備註
11/27～1/7	鹽菜銀	0.02	兩/人/日	十六門門軍	7,038 人	5,630.4	兩	門軍原有本等額糧，只以虜警軍興，比照城守諸軍加給，虜退減半
	口糧米	0.02	石/人/日	十六門門軍	7,038 人	5,630.4	石	
1/8～1/30	鹽菜銀	0.01	兩/人/日	十六門門軍	6,364 人	1,463.72	兩	於太倉庫給發訖。1/8起口糧、鹽菜減半支給；2/1始全停發
	口糧米	0.01	石/人/日	十六門門軍	6,364 人	1,463.72	石	
11/27～1/30	全部總計	用銀 7,094.12 兩，用米 7,094.12 石						

以上為正陽等十六門門軍在「金軍」入寇期間的所有軍事支出

日期	項目	單日一單位領取數		領取者身份及數量		領取總數		備註
11/7～1/7	鹽菜銀	0.02	兩/人/日	勇士四衛營	12,750 人	15,185.4	兩	此軍為王室之爪牙，俱稱羽林之貔虎；軍興所加糧餉之增減，請皇帝裁定
	口糧米	0.02	石/人/日（本色）	勇士四衛營	12,750 人	12,694.2	石	
		不詳	（折色）			1,913.25	兩	
1/8～1/10	鹽菜銀	0.02	兩/人/日	勇士四衛營	12,752 人	765.12	兩	於太倉庫給發訖
	口糧米	0.02	石/人/日	勇士四衛營	12,752 人	765.12	石	
1/11～1/30	鹽菜銀	0.01	兩/人/日	勇士四衛營	12,863 人	2,572.6	兩	口糧、鹽菜減半支給；於太倉庫給發訖
	口糧米	0.01	石/人/日	勇士四衛營	12,863 人	2,572.6	石	

11／7～1／30	全部總計	用銀 20,391.37 兩，用米 15,986.92 石						
以上為勇士四衛營在「金軍」入寇期間的所有軍事支出								
日　　期	項目	單日一單位領取數		領取者身份及數量		領取總數		備　　註
11／24～12／24	鹽菜銀	0.02	兩／人／日	五城民夫	10,614 人	6,278.2	兩	虜退即徑議停止
	口糧米	0.02	石／人／日	五城民夫	10,614 人	6,368.4	石	
11／24～12／24	全部總計	用銀 6,278.2 兩，用米 6,368.4 石						
以上為五城民夫在「金軍」入寇期間的所有軍事支出								
己巳之變期間明廷所有軍事支出全部項目總計		用銀 385,454.4133 兩，用米 111,344.56 石，用料豆 5,140.2 石，用草 171,340 束，姜椒銀及姜椒煤炭銀兩不詳，煤炭斤數不詳						
備　　註		京軍三大營：五軍營（100,000 人左右）、三千營、神機營，建制完備於永樂年間。五軍營即前、後、中、左、右五軍，共有 72 京衛，其中步騎軍又分為中軍左掖、中軍右掖、中軍左哨、中軍右哨，歲調中都、山東、河南、大寧兵番上京師。《明史‧志 65‧兵一》，卷 89，頁 2。 班軍：地方衛所輪班到京師訓練和戍衛的軍隊。						

資料來源：畢自嚴，《度支奏議》，堂稿卷 9，頁 66～71；堂稿卷 10，頁 78～82；堂稿卷 11，頁 59～62；堂稿卷 13，頁 10～17。

　　表 20 中依序分為如上一段所述的五大類，而在京軍三大營裡，又有官軍、班軍之分，官軍是負責作戰的士兵，「班軍四千，現充火軍，未入營伍」，[註24] 他們專職烹煮，故危險性比官軍小，待遇自然也比較少。表 20 裡，從十一月十二日開始，直到崇禎三年一月三十日（1630.3.13）北京城周邊軍事供應終止結算為止，班軍的鹽菜銀部分，一直都比官軍少；不過，班軍的數量，也一直都維持在 4,000 人，相對地，官軍則是從最初的 102,000 人，日益減少到 98,194 人，中間的差額，自然是或死或傷。從京軍三大營的鹽菜銀部分，也可以清楚辨出，在畢自嚴控管下，銀兩是嚴格地照實有人數發給的，減多少人，就減多少份鹽菜銀，不允許冒名頂替的事件發生。

〔註24〕 畢自嚴，《度支奏議》，堂稿卷 8，頁 53。

表 20「單日一單位領取數」欄中，有原來→折銀的變化，如 11／7～11／11 大列「米」，就表示原計畫是一天一人發 0.02 石米，但在該梯次關餉時，改成是發銀兩，以 0.02 石米折銀 0.015 兩；表 20 後面的資料都是如此。從這點亦可知，在這場戰爭中，士兵所領的不完全是銀兩，也有實物。

馬匹比照士兵，也是料豆和料草銀不定時地交錯而發，但是以料草銀為次較多，整場戰爭裡，京師本身的武力用去料豆 5,140.2 石，用草 171,340 束。草由戶部供應，戶部六草場是外包給商人，由他們收成，再照舊例一束不逾 0.03 兩上納給朝廷、領錢，以往一束重 15 斤。金軍入寇之後，畢自嚴才接觸到這個層面，「詢之慣飼馬者云，每馬每日除料豆外，得草十斤，不啻足矣！」所以他改成一束重 10 斤，免得堆放過多溫爛。戰爭之中，士兵都去打仗，沒人可運，只好另想辦法；然而，包括車、驢、提絏等費的運價，一車要 4～8 文錢，約等於 0.0044～0.0088 兩銀，耗資不菲，即使想雇，也「因大雪極寒，兼遇□小車為兵車，人皆縮步」，無車也無人，故只好由戶部尚書自己「亟派十三司官，自率其胥役，背負肩挑」，全戶部官員衙役「俱為運草之人」。〔註25〕如此艱困，馬草之難得可見。

京師本身的武力，在己巳之變裡，共用去銀 385,454.4133 兩，米 111,344.56 石，均如表 20 所示，數量十分龐大；同時，表中可以看出，京師本身防衛武力的戒嚴期糧餉支應，多終止於正月三十日（1630.3.13），而京軍三大營無疑是最近京師的武力後盾。

京師本身武力耗費如上，但己巳之變中，保衛北京城的不止這些，還有各地雲集勤王而來的援兵，「日費不下萬金，而將來者尚源源未已也」。〔註26〕

援兵源自山海關、天津、宣府鎮南北路、保定、神機營……等處所，共有官兵 29,729 名，馬騾 8,907 匹、頭，另有祖大壽所帶新兵 20,000 人，戰馬 11,000 匹，他們的糧餉也不能不顧。為滿足這群「貔貅」，戶部「竭盡心力，四應支持」，「東呼則東應，西呼則西應」，早晚都不得安眠，累得形銷骨立。〔註27〕

〔註25〕 畢自嚴，《度支奏議》：「本部監督象房草場山西司主事吳起龍……自逆奴發難以來，晝夜住宿草場，督率官攢庫秤等役，不時巡緝……商人未收新草被焚，救下燒殘散草，難以數計。草場失事，職何敢避罪？」足證草場為國家所有，由國家保護，交商人經營，堂稿卷 10，頁 4～5；〈馬草甚艱斤重宜定疏〉：「臣部在京草場凡六處，營軍援卒，咸責解運。」可知草場屬戶部轄下，而運草事宜歸諸士兵，其他文內草價、運價，俱見此疏，頁 22～25。

〔註26〕 畢自嚴，《度支奏議》，堂稿卷 10，頁 26。

〔註27〕 畢自嚴，《度支奏議》，堂稿卷 10，頁 37～43。

　　援兵的總花費，在戶部並沒有翔實的統計，但由戶部在金軍入寇後銀庫狀況，大概可以推算出這部分的花費。

表 21：崇禎二年十月廿八～十二月三十日太倉及新餉銀庫支出表（單位：銀兩）

支出款項	支出銀數	備　註
太倉庫各鎮年例銀	231,000	1. 軍興以來戶部共支放過銀 1,051,983.011
裱　支	225,131.37	2. 軍興以來戶部共支放過錢折銀 22,674.94
新餉庫發過外鎮月餉	134,102.91	3.10 / 28～12 / 30 的軍用部分總支出數目
補還工部崔產銀	6,488.9	＝1,051,983.011＋22,674.94～597,053.18
紙張工食銀	330	＝477,604.771
以上非軍用部分全部總計	597,053.18	4.12 / 30 止戶部尚存銀 56,254.853 及錢折銀 1,373.15

資料來源：畢自嚴，《度支奏議》，堂稿卷 10，頁 92～93。

　　表 21 是崇禎二年十月二十八日～十二月三十日（1629.12.12～1630.2.11），京師開始戒嚴之後這段期間的戶部庫銀支放動態。這是崇禎帝命令戶部上奏的，左兩欄是這段期間戶部支放過的非直接投入京師保衛戰的款項，有 597,053.18兩，而備註欄中可見到這六十二天裡，戶部總共支放過銀 1,051,983.011 兩，和錢換算成銀 22,674.94 兩，扣去非軍用部分，得到 477,604.771 兩，就是到崇禎二年底用於這場戰爭的銀數。由備註欄的第 4 點二數合算，該年底戶部只剩銀共57,628.003 兩，而且這筆錢還是連「發解各鎮道梗運回之寄庫銀俱在其內」，不是淨餘，「太倉等庫二百六十餘年之積貯，一旦成空」。〔註28〕

　　至於這場戰事後續的花費，見下表 22。

　　表 22 可謂是表 21 的延續，不同的是，從崇禎三年正月起（1630.2），因虜警稍緩，一些因受阻或因懼兵禍畏縮不前而遲到的銀兩，陸續解到戶部，不啻天降甘霖。這場甘霖加上去年終的戶部庫底，共計 240,596.853 兩多，在十八天裡，卻迅速地又花掉 192,550 多兩，剩下 48,130 多兩。花掉的 192,550多兩裡，不屬於此次己巳之變軍事費用的，是「支出銀數」欄的 4,080 和 7,410兩，將此兩筆銀兩自支出中扣除，其他 181,060 兩則全屬這場戰爭的用度。

〔註28〕畢自嚴，《度支奏議》，堂稿卷 10，頁 94。

表 22：崇禎三年元旦～一月十八日戶部款項出入表 （單位：銀兩）

出入款項	收入銀數	支出銀數	備 註
原貯新舊兩庫銀	56,254.853	——	即表 24 備註欄第 4 點
1／12 廣東解到金花銀	50,000	——	廣東布政司差解官聞人瑋解到
1／12 廣東解到新餉銀	60,000	——	廣州鈔關差解官張鳳、洪毓瑞解到
真定府進宮子粒銀	8,160	——	南官等縣典史白金等解到
真定府給爵銀	4,080＋	4,080＋	南官等縣典史白金等解到
河間府進宮子粒銀	10,012	——	知府王逢元親解到
河間府薊永昌民運京糧、光祿等銀（存戶部）	18,270＋	——	知府王逢元親解到
河間府薊永昌民運京糧、光祿等銀（立刻解到宣府鎮）	12,330＋	12,330＋	知府王逢元親解到
滸墅、九江鈔關關稅（存戶部）	14,080＋	——	——
滸墅、九江鈔關關稅（放內府錢鈔）	7,410＋	7,410＋	——
三大營鹽菜、米折、料草銀	——	53,750＋	——
宣大撫賞銀	——	50,000	——
薊州餉銀	——	30,000	——
通州餉銀	——	10,000	——
三河餉銀	——	5,000	——
貢夷及新兵月餉、援兵、巡軍、門軍勇士等	——	19,980＋	——
營鹽菜銀			
總 計	240,596.853＋	192,550＋	1／18 戶部餘銀 48,130＋
議解薊鎮主、客兵月餉銀	——	（15,000）	尚未支出
議解關寧援兵月餉	——	（15,000）	尚未支出
議解薊密昌易等鎮月餉	——	（70,000）	尚未支出

資料來源：畢自嚴，《度支奏議》，堂稿卷 11，頁 27～30；頁 56～57。

此外，援兵方面，尚有副協理京營戎政、兵部右侍郎劉之綸在十二月初時，為因應金兵臨京城，緊急新募的官兵號稱八營 8,161 名，後經畢自嚴詳查，實有 6,939 名；這些官兵的軍餉，從二年十二月初一（1630.1.13）到三年正月三十日，共發下 25,000 兩。〔註29〕這筆銀子，應當是己巳之變期間，直接投入於這場戰事，並且在《度支奏議》堂稿部分被提及的最後一筆。

所以，綜合前四項銀兩，這場戰爭的援兵花費大概，計算如下：

1. 表 24 所計算出的 477,604.771 兩→10／28～12／30 的軍事費用
2. 表 25 所計算出的 181,060 兩→1／1～1／18 的軍事費用
3. 兵部右侍郎劉之綸所募新兵之軍餉 25,000 兩
4. 10／28～1／18 戰爭總花費＝477,604.771＋181,060＋25,000＝683,664.771 兩
5. 表 23 所計算出的 385,454.4133 兩→京師本身武力 11／2～1／30 的軍事費用
6. 10／28～1／30 援兵的總軍事費用＝683,664.771～385,454.4133＝298,210.3577 兩

以上（因為表 25 只計到 1／18，援兵要計到 1／30）

本節至此所有的敘述得知，金軍入寇京城周邊至少九十二天（10／28～1／30），期間內所有的軍事花費，僅白銀部分，就超過 683,664.771 兩。白銀在此時期運用的分類也很多：

以城守官軍言，有鹽菜銀、有米折銀、有料草銀、有薑椒銀、有煤炭銀，又有巡軍、門軍、勇士、民夫鹽菜銀；以援兵言，將領有廩糧銀、家丁有口糧銀、士卒有鹽菜銀，新募各兵又加月糧銀。以發運言，米、豆、草束皆有運價銀；以熟食言，有燒餅銀、有烘炒銀、有熟肉銀、有燒酒黃酒銀；以召買言，有豆價銀、有口袋銀；以使令言，有發運委官口糧銀。〔註30〕

而且 683,664.771 兩又少算十二天的軍費，所以謂超過此數。戰爭期間其他燒餅、熟肉、酒、米、草、料豆……等實物，買辦起來，動輒也都在數十萬個、數十萬斤、數十萬石……，〔註31〕若都換成銀兩來計算，應也有數十萬兩銀。

〔註29〕 畢自嚴，《度支奏議》，堂稿卷 9，頁 96～99；堂稿卷 11，頁 63～67。
〔註30〕 畢自嚴，《度支奏議》，堂稿卷 10，頁 93。
〔註31〕 畢自嚴，《度支奏議》：「通州參將尤岱統兵 3,000 至東便門……本日給發麵餅

　　己巳之變及其後續零星戰鬥都結束之後，戶部奉旨將軍興繁費「悉預計具奏」。統計結果，如下表23所示。

　　表23的統計，己巳之變發生的一整年裡，明廷在軍事上費銀2,628,191.554478兩，銅錢23,135,309文，還有其他糧米、料豆等物。此表是總數的統計，至於如前文中的實物支出，或更細部的零碎銀兩、物資支出等資料，可能難以避免被忽略掉的情形，因此，前文的各項統計數字，才是表23的基礎，表23必須以整體的角度來看，其重要性絕不能掩蓋過前文各表。

表23：崇禎二年十一月～三年十月戶部轄下支出軍興錢糧表
（1629.12～1630.11）

支出單位	支出項目
新餉庫	銀 1,996,294 兩、銅錢 5,458,330 文
太倉舊庫	銀 616,912.261478 兩、銅錢 1,325,988 文
戶部廊庫	銀 14,985.293 兩、銅錢 16,350,991 文
京倉：舊太倉、南新倉、濟陽倉 海運倉：新太倉、北新倉 大軍倉：西新倉、祿米倉	城守援兵口糧、行糧米 173,922.518 石；城守援兵馬匹料豆 22,464.7625 石
京糧廳：雲南司、新餉司、邊餉司、崇文門	城守援兵馬匹料豆高糧 31,628.19 石
京五草場：明智草場、臺基草場、北新草場、安仁草場、西城草場	城守援兵馬草 1,475,351 束 10 觔（斤）
支出總計	銀 2,628,191.554478 兩，銅錢 23,135,309 文；口糧、行糧米 173,922.518 石；料豆 22,464.7625 石；料豆高糧 31,628.19 石；馬草 1,475,351 束 10 觔（斤）

資料來源：畢自嚴，《度支奏議》，堂稿卷16，頁83～84。

　　崇禎朝廷因為己巳之變，頓時被迫付出一筆意料之外的天文數字，也教措手不及、備受責讓的畢自嚴裡外煎熬，大嘆：

> 30,000 個、熟肉 500 斤、米 120 石、料豆 100 石、草 3,000 束。……大同鎮中軍文光統領兵士 1,000 名已到德勝門外，該臣等於本夜即發麵餅 10,000 個、熟肉 270 斤、黃酒 200 斤、米 100 石、料豆 60 石、草 1,000 束。」這些數字，僅是 4,000 名援兵一日之所需，堂稿卷 9，頁 53～54。又如同卷，〈給發滿帥行糧確數疏〉，11／19、11／23、11／27、11／28、11／29 五次，共發給大同總兵滿桂部 600 石料豆、3,046 束草、5,000 兩行糧銀、150 石米、10,000 個熟餅、300 斤熟肉、300 斤黃酒，頁 55～57。

今議者動請數十萬，或數百萬，豈臣部職在錢穀，遂能天降而地出乎？奴禍未悛，點金無術，疾呼四起，臣何克支？惟有席薰待皋，早就斧質之誅，或可厭人情於萬一也。〔註32〕本就已窘迫的戶部各倉，更因這場戰爭而枯涸見底。

二、戰爭期間的物資調度和糧餉籌措

金軍寇京，耗盡大明財力；花費令人咋舌，軍需用度從哪來？更高標準地測驗著戶部及畢自嚴應急變難之智，及臨危調度的能耐。

（一）戰時因應計畫

針對後援補給——這場戰爭所帶來的最大問題，畢自嚴觀察形勢，認知到銀糧是首要關鍵，並迅速作出決斷：各項糧餉以軍隊為先，儘速投入戰場先用，「不論庫貯何項錢糧，一任那辦，事平，容臣部抵補」，〔註33〕更請求皇帝「俯念戎事倥傯，俯准動借老庫、京糧，并新、舊餉通融支放，事寧銷算，照數補還。此外，如有不敷，再賜發帑接濟」。〔註34〕也就是不拘常規，務求在最短時間內，調集朝廷所有物資、銀兩，通融支用，以供應眼前作戰為最優先考量，全數投入戰場。

跟著，考慮到保護京師的「各軍業已登城，不能分身赴領」糧餉，畢自嚴分派戶部官員親自坐鎮北京城各門給散銀糧，負責人事如下表 24 所示。這些官員們，都是當時襄助畢自嚴的最得力幹部。

表 24：己巳之變期間京城內戶部官員分派職務表

職　稱	姓　名	負責項目	職　稱	姓　名	負責項目
1.照　磨	萬　鍊	正陽門發京營糧餉	23.原四川司員外	李孔度	分管援兵行糧（兩人調兵部理事）
2.浙江司郎中	吳鳴虞	崇文門發京營糧餉	24.原江西司員外	劉維禎	
3.四川司主事	李繼徵	宣武門發京營糧餉	25.新餉司郎中	范　鑛	承行料理

〔註32〕畢自嚴，《度支奏議》，堂稿卷 11，頁 21。
〔註33〕畢自嚴，《度支奏議》，堂稿卷 8，頁 62～63。
〔註34〕畢自嚴，《度支奏議》，堂稿卷 9，頁 19。

4.福建司郎中	成　珍	朝陽門發京營糧餉	26.邊餉司郎中	王肇生	
5.貴州司員外	宋應軫	東直門發京營糧餉	27.雲南司郎中	楊應震	酌派料豆
6.湖廣司郎中	董　為	安定門發京營糧餉	28.崇文門主事	劉　鎬	收買料豆
7.雲南司員外	林一柱	德勝門發京營糧餉	29.京糧廳郎中	趙建極	酌運糧米
8.廣西司郎中	王復興	西直門發京營糧餉	30.新浙江司主事	丁明登	將源出三里河之草束接應袁崇煥
9.浙江司員外	陰化陽	阜城門發京營糧餉	31.監督臺基北新草場主事	李不伐	將源出京五草場之草束供應京營
10.河南司員外	傅國俊	西便門發京營糧餉	32.原題差主事	吳起龍	及各路援兵
11.河南司主事	宋開春	廣寧門發京營糧餉	33.廣東司郎中	史起元	襄助李不伐、吳起龍，在紫禁城南城分放草束
13.河南司主事	王忠孝	永定門發京營糧餉	34.河南司郎中	米世發	
14.河南司主事	戴　金	左安門發京營糧餉	35.山西司主事	耿　啟	
15.山東司郎中	閻顧行	廣渠門發京營糧餉	36.監督海運倉主事	朱萬年	發糧草、料給滿桂、侯世祿兵馬
16.湖廣司主事	宋治寧	東便門發京營糧餉	37.北新倉員外郎	鄭抱素	
17.山西司員外	黃中色	右安門發京營糧餉；在城上專管交卸糧料草束；廣渠門內專管總放，依袁崇煥軍數分三處派發	38.監督太平倉主事	李希衛	
18.雲南司主事	薛邦瑞	廣渠門內專管總收各處運到米豆草束，隨到隨收	39.刑部陝西司主事	李士元	此數人皆起家民社，饒有才具，堪備理繁應變之選；改調戶部山東、山西司各添

19.刑部山東司主事	陳振豪	陳振豪原題造賦役全書，即行添註戶部山東司主事；李蘂原六品服俸管典簿事，加戶部主事。兩人專管京軍出、防二營選鋒行糧、料草	40.刑部雲南司主事	趙烱中	註二員，以充任使
20.上林苑監正	李　蘂		41.兵馬司指揮	劉賜桂	
21.原浙江司主事	秦羽明	管理下糧廳，坐派京營及援兵本色（調兵部理事）	42.北城兵馬司指揮	姬文郁	
22.工部營繕司主事	李學禮	原辦中書舍人事，赴戶部委用，專管張鴻功軍隊行糧料草	43.尚　書	畢自嚴	主持後勒大局之籌畫
			44.右侍郎	錢　春	

資料來源：畢自嚴，《度支奏議》，堂稿卷 8，頁 67～68；堂稿卷 9，頁 9～10、頁 29～32、頁 44～46、頁 58。

　　表 24 中，山西司員外黃中色連膺三種任務，除在左安門坐鎮發糧、在城上專管交卸糧料草束外，還與袁崇煥的大軍約定在三處發糧：城牆中段——前鋒總兵祖大壽部，通判安國練收；城牆北段——寧遠協將何可綱部，都司劉成功收；城牆南段——前協副將張弘謨部，游擊楊邦澤收。此同例裡，戶部也與兵部合作，在此三處每處都有兵部加銜都司和守備各一人管放糧餉事宜，另有加銜守備二人總管三處放草束事宜；戶部交卸糧餉給軍隊時，認人為證，避免錯發、失發。此為袁崇煥與畢自嚴議定的「分收分運之法」，〔註35〕而表 24 戶部其他官員的分派任務，也都是根據軍需、軍情，隨機應變之舉。

　　若由實際的發餉狀況，更見戶部官員之能。當時，北京城會因為「虜警戒嚴，輒遵城禁」而隨時關閉城門，而這內九外七共十六道城門遇警不一，

啟閉異時，有時候「雖請兵部令箭為照，亦不放行」，〔註36〕導致糧餉、物資運發困難。畢自嚴雖為後勤主導，總也不能屢屢請示皇帝求開門，窮則變，變則通，其屬下不時的急中之智，幫了他大忙。

　　如表 24 中專職在不定城門承行料理的范鑛、王肇生，於某日戌時要發糧草到左安門下，卻突有警報閉門，但城外援軍是時必須補給，「若再觀望耽延，定誤急用」。事不容緩，范、王二人遂隨欽賞內使出城，當面與袁崇煥議定，「米豆從城牆垛口溜下，草束亦從城牆垛口丟下，聽督師委官自行領收」，約好地點，並馬上由王肇生「先馳回報」予左安門坐鎮司官黃中色知道。當天，用此法發下米 400 石、豆 240 石，草 10,000 多束，由議定之接收人——王副將領收回軍。〔註37〕又有一次東便門緊急軍需，戶部「連夜措辦麵餅、熟料」，由畢自嚴「於三更時分」親自押送到崇文門，要立即送出城，但因警報響起，北京內、外二重城門都關閉了，戶部坐門的吳鳴虞、閻顧行、宋治寧等司官便採取從崇文城角「以一繩懸食物而下，載車南行，始上廣渠門牆，又復縋繩而下」，最後才抵達東便門士兵之手。當晚，發下燒餅 96,570 個、熟豆 120 石、高粱 80 石、草 3,000 束、熟肉 2,000 斤，燒酒 1,000 斤。〔註38〕

　　另外，表 24 當中有一點也值得注意，就是畢自嚴從其他各單位調了一些幹練的官員來戶部，陳振豪、李蒥、李學禮、李士元、趙焲中、劉賜桂、姬文郁等七人，分別來自五個不同政府部門，以此見得，畢自嚴自上任後，眼光並不只專注於戶部，他在日常行政往來之際，更注視到其他單位的人才，於緊急之時，立刻透過借調派上用場。這些人在戰爭平息之後，也都留在戶部供職，成為畢自嚴積極有效率的戶部小內閣之一員。

　　這些人裡，李蒥原非科考出身，李學禮、陳振豪、李士元、趙焲中由他部突轉戶部，劉賜桂、姬文郁由紫禁城兵馬司指揮驟升戶部主事。從這裡，間接亦可看出崇禎帝不拘成例、唯才是用的開明、求實態度。〔註39〕

　　戰爭時的戶部是 104～118 人不等，〔註40〕以此百餘人為基本，分別派定

〔註36〕畢自嚴，《度支奏議》，堂稿卷 9，頁 6、11。北京城門內九外七，堂稿卷 8，頁 65。

〔註37〕畢自嚴，《度支奏議》，堂稿卷 9，頁 11～12。

〔註38〕畢自嚴，《度支奏議》，堂稿卷 9，頁 23～24。

〔註39〕畢自嚴，《度支奏議》，堂稿卷 11，頁 88～90；堂稿卷 13，頁 20、30；堂稿卷 16，頁 33～34。

〔註40〕畢自嚴，《度支奏議》，堂稿卷 9，頁 62～63；堂稿卷 13，頁 32～35。

各自負責的區塊與任務，旁與兵部協調幫助後勤工作，〔註41〕同時和城外明軍商議放糧細節問題；千絲萬縷，力求條理分明、供應及時、物不虛費，這就是畢自嚴在己巳之變之際的戰時因應計畫。

（二）聚集銀兩、催解凍糧

這場戰爭最缺的就是糧餉、物資，戶部兩百年銀糧倉底為此淨空，而軍情正緊，京城外各地方來的稅銀被阻於涿州、天津一帶，無法到京救急；更有像兩淮鈔關解官李繼志懼兵禍，已到河間府，卻又帶著 410,000 兩稅銀倉皇南逃之例。〔註42〕內空外乏，需款迫切之下，畢自嚴遂起而帶頭，戶部全體百餘人如上述共捐款兩次：5,073 和 2,700 兩。〔註43〕在戶部帶動下，工部全體、兵部右侍郎、瀋王、山東巡撫、南京右都御史及其屬下、通州總兵、關臣、直隸巡按、候選州判……等人，均聞風響應，紛紛解囊助餉；〔註44〕還有勳戚、參政等人主動幫助運輸米糧。〔註45〕

皇帝的錢財，從天下徵來，其中各省分攤的「金花銀」，一年有 1,012,700 多兩，〔註46〕加上其他項目，為數可觀。危難關頭，大臣樂捐，皇帝至少也得借用；崇禎三年正月，崇禎帝允將剛到內供——真定府子粒銀 18,174.1812749 兩及廣東金花銀 50,000 兩挪借戶部，一個月後就還了。同月，畢自嚴聞揚州府有新舊餉銀 80,000 兩快到，再向崇禎帝求借「御前不拘何項錢糧」80,000 兩，卻被痛斥「動稱匱乏，藉口拖欠，絕無綜稽參罰」，只借了 50,000 兩。〔註47〕

除此之外，一項政策也意外地突出檯面——節省公用助餉。崇禎元年八月五日（1628.9.2）平臺召對會議決議中央和地方政府「各衙門一應銀兩盡行清查搜刮，以濟（餉銀）急需」，〔註48〕一年多來，「雖細流無裨滄海，而滄海原不擇細流」，也進來有 42,246.854 兩，迄三年二月還剩 27,212.873 兩，全部投入軍用，並且繼續加強此政策，細如各衙門裡的「寫本、紙張、

〔註41〕除前述與兵部合作發糧，尚有兵部借戶部巡軍 600 名「聽驅使」之例，都可證戶部與兵部在戰爭期間密切合作。畢自嚴，《度支奏議》，堂稿卷 9，頁 46。
〔註42〕畢自嚴，《度支奏議》，堂稿卷 11，頁 27～28。
〔註43〕畢自嚴，《度支奏議》，堂稿卷 9，頁 63；堂稿卷 13，頁 35。
〔註44〕《崇禎長編》，卷 33，頁 1914、1920、1925；卷 34，頁 1971、1988、2057。
〔註45〕《崇禎長編》，卷 34，頁 1971。
〔註46〕畢自嚴，《度支奏議》，堂稿卷 12，頁 75。
〔註47〕畢自嚴，《度支奏議》，堂稿卷 12，頁 64、3。
〔註48〕畢自嚴，《度支奏議》，堂稿卷 1，頁 15。

筆墨、飯食」等錢都必須盡量節省，「著太倉庫照數查收」。〔註 49〕其實，這就是《邊餉總綱》裡「修衙銀項」、「湊解紙贖」、「議捐公費」等三項政策的合併執行。

畢自嚴綿密的找錢功夫和協調長才，更於此刻在同袍間發揮得淋漓盡致。先前，魏黨崔呈秀抄家得出銀 39,450 兩挹注戶部為用，戶部將之分配於遼東四項軍事用途，二年底，工部尚書張鳳翔因買硝黃乏錢，欲搶奪此一財源。同樣因兵緊缺財的畢自嚴當然不能放手，迂迴地為這筆款項解套。

他首提一案：工部尚欠戶部錢 3,410,000 多，銀 41,520.78 兩，崇禎三年到期，就由中扣 19,728 兩免還，以抵崔產之半，但「該部既已力索，臣部敢弗通融？」再提次方案：查工部稍早原應發給禮部賞外夷禮品需用的 3,511.8 兩銀，因滿清阻道而放在禮部一直未動，這筆錢今先由戶部留在通州糧廳的關餉裡借出。其次，戶部湊現銀 6,488.2 兩，會同前項銀共萬兩給工部使用，再從工部欠戶部的帳中勾除 9,728 兩，也是崔產之半 19,728 兩之數。〔註 50〕如此，戶部可按原訂規劃，運用絕大部分崔產以充餉，工部在名義、實質上也得到崔產的半數，有實惠而難以再爭，更銷舊帳於無形。

戰爭期間戶部聚集銀兩情形多元而竭盡所能，至於物資，尤其是糧食的籌措更是不遺餘力。北京城食糧仰賴漕運，滿清入寇正值冬天，當年的「凍糧」都如常年一般，積在漷縣、武清縣一帶（前文第四章第四節）；戰爭期間，凍糧不但得保住，或許還必須提早入京，故本年戶部此任務擔子特別沉重。戶部差往漷縣、河西務關收糧主事喻思恉，在虜警之前便已抵達河西務關，滿清大兵蹄踏順天府，亦及於漷縣、武清縣，兵荒馬亂之中，他得邊加速凍糧運輸作業，邊保護糧食的安全，再遵旨「三日一奏報」凍糧狀況。

十一月下旬，「傳虜已圍通州，分兵四掠」，位在大運河──潞河段西邊的河西務關有遭緊之虞，喻思恉即「出牌責令（運米）各官旗鑿冰中流，停船中央，堆冰東岸約可一、二丈許，將凍船連艘河中」，幸運保存 53,245 石漕糧。十二月下旬，「忽傳虜至通州張家灣為營，搶劫燒船，火光燭天。次日，賊騎已至沙河，去河西僅十里」，喻思恉又緊急「密令官旗預為之所，有警，則沉船於水底」，寧可以後撈起再補也不要被燒掉。就在這樣附近「人民竄逃，

〔註 49〕 畢自嚴，《度支奏議》，堂稿卷 13，頁 1～4。《崇禎長鞭》，卷 33：「直隸巡按涂文火晉解贓罰銀 2500 兩佐餉，命敹收。」頁 1916。

〔註 50〕 畢自嚴，《度支奏議》，堂稿卷 9，頁 72～74、89～91。

其車輛、夫役之難設法」，搬運極端困難的狀況下，從十一月十二日～十二月二十二日，喻思恤搬運 703,318.5 石多漕糧入河西務關和漷縣，「遍尋幽僻處所，密為寄頓」，使鉅量的漕米保存無損，未受大劫掠。十二月底，崇禎帝才因畢自嚴的請求，命令返回天津的津門援兵「量撥千人，發給河西、漷縣，聽喻思恤分派，共為防禦」。〔註51〕

至二月上旬，己巳之變方興未艾，「奴賊匪茹盤據遵、永」，移到薊州鎮、永平府一帶繼續戰鬥。〔註52〕二月二十七日，大學士兼兵部尚書孫承宗傳來建昌大捷（北直隸永平府遷安縣建昌營，見〈附圖二：明順天府附近圖〉），但麾下關門、寧遠鎮士兵卻缺餉，他請朝廷儘速發餉。〔註53〕因此，戰爭期間，戶部除了要趕快將大批凍糧收入剛解圍的京城外，也必須源源不絕地送米到孫承宗主力部隊處。

圍城三月，因為搬運糧米人手不足，崇禎帝早就已有聖旨，「即傳勳戚、文武、內臣、富民之家，但有牛贏車輛的」，都准戶部差官借用到河西務關和漷縣幫助搬運。畢自嚴為使收糧加速，除了限定運糧為三天（糧在務關以內約地 120～130 里）和四天（糧在務關以外約地 150～160 里）一個來回外，還規定採取較近的潞河→朝陽門路線，「不許仍循往例，在大通橋歇肩」，先收到京六倉中離河西務關和漷縣最近的四倉，其次才是另兩倉和通州倉。〔註54〕

另外，平常漕糧在起運地向百姓徵收時，每正額 1 石，其實要收 1.25 石，多出之數叫「門斛」，用來補沿途耗損和水運腳價；畢自嚴將之減收為 1.2 石。漕糧運到河西務關時，戶部所收米數也會高於正額規定，用來補搬運之折損，每正額 1 石，屬於正兌到京的部分實繳 1.25 石，屬於改兌到其他地方的部分實繳 1.17 石；畢自嚴請旨「量免晒颺」的 0.05 石加耗，減收為正兌 1.2 石、改兌 1.12 石即可，並且「隨到隨收，令司倉者自為晒颺，另作銷算」，而負責運送漕糧的「各官旗交不及數者，仍以掛欠論」，不作處罰。他採取較前寬鬆的新規定，來鼓舞負責運米的各官旗運船，踴躍完成南方收米→漕運→米入京城和邊鎮的任務。〔註55〕

供應孫承宗部隊的運送也同時在進行著，以河西務關為分運點，京糧和邊

〔註51〕畢自嚴，《度支奏議》，堂稿卷 9，頁 75～78；堂稿卷 10，頁 60～62。
〔註52〕畢自嚴，《度支奏議》，堂稿卷 11，頁 84。
〔註53〕畢自嚴，《度支奏議》，堂稿卷 13，頁 5。
〔註54〕畢自嚴，《度支奏議》，堂稿卷 10，頁 88。借車事，亦見同書同卷，頁 83～84。
〔註55〕畢自嚴，《度支奏議》，堂稿卷 10，頁 87～89。

鎮之糧分道揚鑣。因軍情緊急，米糧刻不容緩，畢自嚴遂採取糧分二路的運法：天津督餉部院崔爾進掌舵，有「雇車起運薊州」，走陸路；有「雇募小船」，「由大沽出海，從北塘兒上運至薊州交卸」，走的是河西務關→潞河→天津→大沽→海運→北塘→潮河→沽河→薊州鎮、三河縣這一連串的水路。〔註56〕

米糧之外，在正月初的時候，戶部亦分派北直隸、山東，及河南靠近北直隸的各府，要收買料豆供應軍用。順天、永平、保定、河間四府，限正月內先繳交 33,000 石；真定、順德、廣平、大名四府，限三月內繳完 25,000 石；山東、河南兩省，限三月內各繳完 25,000 和 20,000 石。〔註57〕以上這些料豆，都由戶部天津餉司主事樊維城在寶坻縣總收，併草等其他物資，依循崔爾進的水陸二路運輸線，儘速送往薊州鎮、三河縣，交給戶部薊州鎮餉司郎中何朝宗，供孫承宗大軍應用。〔註58〕凍糧和其他物資的調度及水陸兩運，總計花去 47,000 兩。〔註59〕

關門、寧遠等鎮的軍隊月餉和賞功銀，也「繇河間至天津，從海道轉運，分發關內外」，〔註60〕足見水運之運用，尤其是天津一地的短程海運，在這場戰爭裡佔著十分重要的地位。

最後，以水陸並用的方式，從崇禎三年正月初五～四月十一日（1630.2.16～5.22），總共轉運凍糧 1,079,729.843488 石，其中京城六倉和通州倉各送入 826,188.57118 和 61,802.78 石，邊倉和薊州鎮也都各運去 56,470.467308 和 44,924.5 石；〔註61〕至於其他，料豆轉運超過 8,043 石，草轉運超過 8,310 束，〔註62〕凍糧搬運大工暨戰爭物資調度大業告竣。

從在北邊戰警之地十餘年的財官經歷，到高升戶部尚書的數年，畢自嚴無不飽經變難，鮮有一日之寧。正因如此，他兼實務經驗與變亂處理能力於一身，不僅僅是一般太平時期的泛泛財經官員。

崇禎二年十一月到三年三月（1629.12～1630.4）的金軍入寇北京事件，是畢自嚴在戶部尚書任上經歷過的最大戰事，此事不僅讓他有機會鉅細靡遺

〔註56〕畢自嚴，《度支奏議》，堂稿卷 11，頁 81～82。
〔註57〕畢自嚴，《度支奏議》，堂稿卷 11，頁 1～3、16～18。
〔註58〕畢自嚴，《度支奏議》，堂稿卷 11，頁 81～83。
〔註59〕兩淮鹽課 20,000 兩、長蘆鹽課 20,000 兩、帑金 5,000 兩、制錢折銀 2,000 兩，畢自嚴，《度支奏議》，堂稿卷 12，頁 33～34、41～42。
〔註60〕畢自嚴，《度支奏議》，堂稿卷 12，頁 38。
〔註61〕畢自嚴，《度支奏議》，堂稿卷 14，頁 7～10。
〔註62〕畢自嚴，《度支奏議》，堂稿卷 13，頁 18～22。

地瞭解戶部上到全面政策規劃、財務分配，下至營伍排隊領餉、發燒餅，旁及州縣及各衙屬倉庫、各項中央稅收源錢財的極力撙節和搜括的所有大小事務，將他幹練而精細的財政專長發揮到極致，更使其處理全國財政的能力一夕千里，益嫻彌堅。

從以上戰爭期間畢自嚴以高效率、凡事力求第一手聯絡到關鍵人物的理事態度（如派員直接與某隊的首領軍官談妥發糧細節），還有從各種公務往來當中冷眼發掘人才，要緊時刻迅速推適合之人到適合之前線協助戶部，期使用最少的物資達到最大的效益，在在都顯示他是位臨事商議、謀定後動的財政主官。這場戰爭對畢自嚴最大的影響，應是改變他的財經方針為：集中全力催收國家財源裡最重要的部分，再以之投入國家預算裡支出最大宗的部分——軍事糧餉；其他方面，則能省就省，包括以效率降低金錢上的損失。

這場戰爭中崇禎帝借款的表現，證明他是個雖然小氣，但在緊急關頭仍以國家為重的皇帝。崇禎帝是在戶部欠他 99,825.82 兩銀（為安撫寧遠兵譁事件而借，從崇禎元年十月迄三年初都未還）的前提下，還借出共 118,174 兩多。到三年四月，戶部猶欠 50,000 兩，崇禎帝反倒下旨，不必還了，通通拿去慰勞關門、寧遠的勤王有功士兵。〔註63〕

此外，己巳之變也突顯出物資運輸的緊要，特別是天津在軍需物資上的轉運功能，對於防滿清第一重鎮——薊州鎮的重要性，不言可喻，故基於「每以大兵進剿，餽餉不繼為憂」、「事關軍機，刻不容緩」、「非專設督餉大臣一員不可」。但時值國家財政困竭，不宜再多設衙門、員屬，便以原為遼餉而設的天津督餉侍郎一職，即日起兼攝薊州鎮（又稱「薊門」）糧餉事務，其職務內容如下：

> 折色則取給於臣部，召買則責成於州縣。凡通津倉司、四鎮餉司、附近道府，俱聽提調；援兵多寡、有無虛冒，俱聽查覈；護運官兵輸輓、州縣完欠勤惰，俱聽參處。……兵行有程，按程給餉；設兵運餉，按日考成。

其下原有戶部天津餉司郎中一員，專理水運；自崇禎三年正月中以後，再添設餉司一員，專管陸運。這戶部水、陸兩郎中「照舊駐箚天津，往來通州、薊門之間」，各自負責軍需物資的水、陸供應事宜，聽命天津督餉侍郎，天津

〔註63〕畢自嚴，《度支奏議》，堂稿卷 12，頁 77；堂稿卷 14，頁 38。

督餉侍郎則「與順天撫臣、按臣從長商確」更廣面的軍事糧餉的規劃與調度。
〔註64〕

這場己巳之變，震撼了北京城，也撼動戶部對於國家整體財經計畫的運行，畢自嚴從邊餉總綱企圖鉅細靡遺地找錢、收足稅，轉變為集中精力在戰後最重要的財經議題上，成其大者，略其小者，以因應崇禎初年的不得已財經情勢——救急為先；這也正符合崇禎帝給予他的指示：「國用不敷，還從大款叚處搜剔弊蠹，講求長策，毋得瑣細紛更，徒滋論議。」〔註65〕

第三節　戰後復原與考成法的實施

「賴宗社鴻慶，聖武布昭」，明朝「儆如天之福」，〔註66〕不但拒絕金國的求和，更在崇禎三年五月二十一日（1630.7.1）把蹂躪北直隸已久的金軍打回遵化縣以北，光復永平府，止息這場讓北直隸及明朝財經元氣大傷的己巳之變。〔註67〕崇禎四年八月十四，畢自嚴因功獲授太子太保光祿大夫，妻母三代均為一品夫人。〔註68〕

雖然金兵退去，恢復太平，但是殘破的北直隸與「捉襟幾於露肘」、〔註69〕重振維艱的財政，仍是戶部揮之不去的陰霾。自戰事止息，到崇禎六年畢自嚴因「心血消枯，積勞為殃」而導致臉腫生瘡，「兩目俱病，癃澀難開」，終至失明、老病臥床不起，崇禎帝不得不讓他卸任回鄉的這段期間，〔註70〕戶部最主要的兩項政策，就是以荒田招墾達成戰後復原，和力促各州縣完成賦役繳納，充實國庫；考成法則在此期間被高懸於途，照亮這條顛簸的復原之路。

〔註64〕 本段和引文，畢自嚴，《度支奏議》，堂稿卷11，頁23～26。
〔註65〕 畢自嚴，《度支奏議》，堂稿卷12，頁17。
〔註66〕 畢自嚴，《度支奏議》，堂稿卷16，頁2。
〔註67〕 畢自嚴，《度支奏議》，堂稿卷15，頁2。《崇禎長編》，卷34，崇禎三年五月乙酉：「大清遣人至開平監紀主事丘禾嘉、豐潤總兵尤世祿營議和……上奏，帝切責之，趣承宗進兵。」頁1976；庚寅：「總理馬世龍，總兵尤世祿、吳自勉、楊肇基、楊麒、王承恩俱至灤州；總督張鳳翼命總兵宋偉等攻遵化，以絕其（清）援。」頁1989；壬辰：「帝以灤城已破，綏輯宜先……至遵、永二城之復，應在旦夕。」頁1997；甲午：「樞輔孫承宗建大將，旗鼓入永平府，接慰士民。」頁2009。
〔註68〕 誥命由華亭翰林院編修楊汝成方壺先生撰成，《四代恩綸錄》，誥命，頁9～10。
〔註69〕 畢自嚴，《度支奏議》，堂稿卷15，頁2。
〔註70〕 畢自嚴，《度支奏議》，堂稿卷20，頁145、149。

一、議墾荒再振財經

田畝是明朝賦役之本，重振財經是晚明首要之急，在《邊餉總綱》半途遇碟後，更加殘破的崇禎經濟只能畫龍點睛，集中全力先做最重要的。崇禎三年四月底，太平將臨，崇禎帝馬上就此事召畢自嚴商議，要他「將從前條議各疏及頒過明旨，摘陳要款，區畫便方」，責成專官專管，以考成法輔佐督促，把實行辦法及地點通通明白訂出來，「以便永遠通遵」。〔註71〕

畢自嚴接旨後，仍不改平生謹慎個性，「將聖諭刊刻書冊，分送各衙門，諮求心計」，〔註72〕務必符合他向來「廣求博訪，彙集群策」的政策形成原則，〔註73〕使戶部政策不必一定是出於戶部的意見，而可以是其他任何一個衙門提出，交由戶部研擬具體方案，呈送皇帝批示。

這回的主議題──屯政，涉及範圍不如《邊餉總綱》廣而全面，因此畢自嚴雖廣發徵詢冊，言之有物且直接相關的迴響不多，他擬定屯政十款，配合考成法並行，企圖以考成法的監察功能，檢視並加強屯田的成效，提升生產。這十款方案，包含軍屯、民屯、開荒、管理，前四款是關於舊的屯田，第五～八款是關於新的屯田，最後兩款是關於屯政上的用人，〔註74〕詳細內容如下：

（一）清隱占以復屯制

明代建國之時，官田面積是歷朝之冠，明太祖十分重視屯田，設衛所，以士兵耕種官田，是為軍屯，以此作為解決軍費的途徑之一，期望達成軍隊自給自養。〔註75〕

明初為養軍而設的軍屯原有 655,512 頃多，記載在「各衛所軍黃冊與屯地魚鱗圖冊」，「不准私相典賣」，〔註76〕但是常有內監軍官及戍邊將校侵奪屯田，佔為己有，久而久之，政府也就承認這部分屯田為私產。〔註77〕此外，亦有如洪熙年間，永清右衛屯田被轉為仁壽宮「宮莊」的皇室侵佔軍屯例子。〔註78〕

〔註71〕 畢自嚴，《度支奏議》，堂稿卷 14，頁 47。
〔註72〕 畢自嚴，《度支奏議》，堂稿卷 15，頁 69。
〔註73〕 畢自嚴，《度支奏議》，堂稿卷 14，頁 48。
〔註74〕 畢自嚴，《度支奏議》，堂稿卷 15，頁 69～71。
〔註75〕 趙岡、陳鍾毅，《中國土地制度史》（臺北：聯經出版社，1982 年），頁 56～57。
〔註76〕 畢自嚴，《度支奏議》，堂稿卷 15，頁 71。
〔註77〕 趙岡、陳鍾毅，《中國土地制度史》，頁 57。
〔註78〕 李龍潛，《明清經濟探微初編》，頁 107。

到了晚明，原法規更形同具文，軍屯地的業主早就不知更替凡幾，戶部都不得不承認它已「盡失其面目」，而為避免舉發必引起的紛爭、攻訐，「欲追奪佃種，盡還各軍，此必不可行之勢也」。

於是，戶部擬定中央「責令撫按轉委屯道，督率有司衛所官」，要現在的田地主人誠實報出畝數，再由各衛所將自己原有軍屯田地的原有數、現存數、轉包承種數、典賣民間數、被豪強霸佔數、拋荒數，及可能的新墾數翔實統計列出，再畫出這七種型態的田地四邊所在魚鱗圖，近的省分限崇禎三年十一月，遠的省分限次年二月造冊完成，一併上陳，中央「給與繇帖承種」，「立案照例徵收」應繳之賦稅。謊報者，沒收田地；被告發者，「即以轉賞所告之人，並究買主欺隱之罪」。造冊除徵稅外，也作為考成之據。〔註79〕

（二）定科則以增賦額

本款延續前款，是科臣汪始亨察覺軍屯被賣，籍屬平民的買主耕種原軍田，卻照較輕之軍屯科則繳賦稅，不公平。經戶部斟酌之後，軍屯的田地「如本軍自種，或軍佃軍屯，則仍照屯則徵糧；如係民間佃買，方令加等起科」，照民田應繳的賦稅額課徵。同時還要輔以《大明律》：「凡用強占種田五十畝以上，官調邊衛，帶俸差操；旗軍軍丁人等，發邊衛充軍；民發口外為民。」加強嚇阻力。當然，重點還是在逐軍逐戶，細細清丈出軍屯田地的現在真實情況。〔註80〕

（三）謹徵收以充餉額

軍屯分兩項管理：「屯糧管屯，衛官實司徵收」，但前屯臣羅元賓指出其中弊竇叢生，戶部研議命令兩者的「掌印及經歷」二職公開具名在管理簿上，如果日後屯糧有少，就找簽名者「連坐均賠，仍令各府清軍官不時查比、銷算」。據調查，兩京及邊疆各衛所軍屯，原都是徵收本色的，內地衛所的軍屯大部分是徵收折色；戶部決定，應該照原例徵收，不准本折混徵，「混淆成法」，但內地「原收折色者，聽從其便」。至於平民佃種軍屯者，照民田科則徵收折色賦稅，其高於軍屯科則的部分，納入新餉使用，而每石額外加派的 0.08 兩銀，早就歸入雜項新餉使用；0.08 兩的繳交者，還包括內地只納折色的人，這項收益，僅河南省便年增銀 13,300 多兩。〔註81〕

〔註79〕 以上兩段，畢自嚴，《度支奏議》，堂稿卷 15，頁 71～72；堂稿卷 16，頁 18～20。
〔註80〕 畢自嚴，《度支奏議》，堂稿卷 15，頁 72～74；堂稿卷 16，頁 51。
〔註81〕 畢自嚴，《度支奏議》，堂稿卷 15，頁 74～75；堂稿卷 16，頁 51。

（四）速查參以飭功令

軍屯是明朝衛所制度的經濟根本，可是戶部所接觸到的狀況，卻是「崇禎三年，湖廣方參天啟四年」的當地軍屯耕種人遲交、拖欠情事；所以現在又提屯政，畢自嚴主張重振法紀，著重糾察，「申飭撫按，此後查參之典止許相隔一年，毋令淹久」，杜絕僥倖心理。另外，像山東巡撫王從義由民屯清出銀 36,742 兩，解到戶部「抵充東兗兵餉」，三吳撫臣曹文衡由民屯清出米 5,200 石和銀 9,666 兩，「奉旨載入考成，每歲解部充餉」，這兩例模範應該教其他省效法，以增加軍餉財源。〔註 82〕

（五）廣招徠以開荒蕪

禮部左侍郎徐光啟舉河南、南直隸兩省，因為水旱災頻仍，當地百姓無以生存，只能棄田離鄉，導致兩省多處田地近年「俱為不毛之土」，若要重現原貌，「牛、種、農具、房屋、人工，非挾重貲，孰能開闢？」基於連年軍費拖累，國家無錢資助人民墾荒的背景，徐光啟提議：

> 如武職之空銜，照依墾田多寡，頒給指揮千百戶等劄，付實者，登進仕籍，遇州縣生童考試，許其附籍遊泮。以鼓舞之微權，收耕耨之實益。

以國家資本之一的功名，作為墾荒有效者獎勵。〔註 83〕

（六）收本色以佐軍糈

《邊餉總綱》有「京東水田」一款，研擬恢復天津一帶和附近何家圈、四當口兩處曾實行有效的官方主導軍屯，以所得充兵餉，畢自嚴希望該計畫能繼續推行。另外，己巳之變時的「海運召買，所費不貲」，造成太平後畿輔米價狂漲，市驛騷動，畢自嚴因此倡議應當善用水利，開墾北京城周邊荒田，還有戰後遵化縣、永平府、薊州鎮一帶沒收入官的「從逆無主產業」，再「取田租以佐軍興，或給兵屯而減月餉」。同時間，遵永薊的屯田命令「多種棗杞榆柳等樹，數年之後，遍野成林，可禦虜馬，可施埋伏」，與屯田共濟，鞏固邊疆。〔註 84〕

（七）責有司以勤勸相

「燕、趙、齊、魯、梁、宋之地拋荒不少」，昔年卻是稻浪翻風，「安在

〔註 82〕畢自嚴，《度支奏議》，堂稿卷 15，頁 75～76。
〔註 83〕本段和引文，畢自嚴，《度支奏議》，堂稿卷 15，頁 76～77。
〔註 84〕畢自嚴，《度支奏議》，堂稿卷 15，頁 77～79。

其不可耕稼也！」畢自嚴認為關鍵在於有司督導不力，近年各省屯田御史裡，只有一個李玄是真正按成例，置冊登記開荒土地數，並照規矩將墾滿三年的田地起科賦稅，任內解到戶部銀 11,080 兩；其他的屯田御史都毫無動靜，底下職責所在的州縣官不是虛開妄報數目，就是敷衍拖欠。

現在，「責成州縣，各丈境內荒田，已開若干、未開若干，造冊申報」，目標訂為三年開完，再「分別上、中、下三等起科」；結合考成法，將三年內的開墾數分作溢額、及額、未完二四六八分、全未完等七級，依此給予官員優擢、紀錄、罰俸、住俸、降俸二級、降職二級赴部調用、革職等七種處罰，由「屯田御史復命查參，臣（戶）部議覆」。相對地，准許人民在墾荒地任意建屋、出資、墾種，政府也會量借牛、種，待秋收再還，但必須「具投認狀到官，各給繇帖」。〔註85〕

（八）興水利以備旱澇

徐光啟有「均民之法：招狹鄉之民，使入寬鄉」，激盪畢自嚴盱衡晚明農業，「大抵東南人習耕稼而地苦不足，西北地多曠衍而人苦游惰」，所以應該招徠南方精通種植之道者來北方，與不諳水利的北方人混住，教導他們：

> 因天時，相地利。平陸多高阜，則溝洫宜深，疏渠引流之法可學也；
> 海濱多低窪，則堤岸宜高作圩，建壩之法可學也。

極盡人智巧技，開發西北可墾之地，然後伸張公權力，在屯田初成之後，「凡耕鑿之民與管屯之官，務要痛杜侵凌」，公平處置界線、水道段落歸屬等問題。〔註86〕

（九）設總理以董成功屯田

有鑑於戶部「止能議法，即在外司道州縣亦止於奉行」，畢自嚴憂慮如屯政「官不專而權不重」，絕難成功。他的方案是邊疆舊屯仍歸當地督撫料理，內地省分的新舊屯田，則依洪武以下各朝有過專官督理屯政之例，選一位大臣代表中央在外，「往來巡行駐箚津、涿、淮、鳳之間，一切軍屯、民屯事宜，悉聽多方調度，隨事綜覈」，將各地文武官和衛所官經手過的軍、民屯和新增錢糧詳情造冊呈報，列入各官考成。戶部以原管邊餉堂的左侍郎兼管屯政，「於內按籍稽查，彼此呼應」。畢自嚴推薦徐光啟為屯政大臣。〔註87〕

〔註85〕以上兩段，畢自嚴，《度支奏議》，堂稿卷 15，頁 79～81。
〔註86〕本段和引文，畢自嚴，《度支奏議》，堂稿卷 15，頁 81～82。
〔註87〕畢自嚴，《度支奏議》，堂稿卷 15，頁 82～84。

（十）增額道以便責成

「新屯」指的是第 5、6、7 款裡面講的河南和南直隸拋荒待墾土地、京東水田、及內地省分荒田；「舊屯」則是各地衛所原屬國家的軍屯、民屯田地。舊屯都自有管理之官：「各邊屯田，係各該撫、道，并餉司為政；南北兩京，設有管屯御史；而浙江等省則係撫、道專管；其河南、山東，總轄於北直屯院」。新屯卻無所屬，徐光啟因此主張在天津和鳳陽各設一名屯田道員，由京官訪查後保舉「有志富國足民」又精通農務水利之人，從優授官，給予專有的屯務大印，聽屯政大臣指揮，專管轄內新屯招募墾種之事。〔註88〕

在屯政的討論中，畢自嚴以晚明戶部尚書的身份，回顧衛所制的經濟根本——軍屯敗壞的原因，歸結出四點：豪強兼併而窮軍之典賣不常、起科溷淆而糧額之盈縮難定、徵收無法而虛出兌支之弊滋、查參太稀而積逋朋侵之習玩。所以他提出第 1～4 款的清隱占、酌起科、謹徵收、速查參四法以治之。〔註89〕經過君臣反覆商議，崇禎帝都同意照章實行。

針對第 5～8 款的新屯部分，崇禎帝要畢自嚴注意董應舉例子息於「處置未宜，法難經久」的原因，實行時，必須「廣募開墾，多方勸相，務期利久樂從，各道擇人久任，專責考成」。〔註90〕至於第 9、10 款新屯設專官專理的方案，被打回票，崇禎帝認為依第 10 款裡舊屯原有的轄區劃分，「在淮鳳，則稟承於南京屯院；在津門，則稟承於北直屯院」，中央再以兩京屯院的巡屯御史總理即可，不必新增屯政專官。同樣地，新、舊兩屯都依舊屯原有轄區及相應的管理者，處置「招徠、勸相，及興舉水利等事」，〔註91〕各省的主要管理者是道臣，並要求要久任，由「撫按屯院嚴核考成」。〔註92〕

以荒田招墾為主要內容的屯政政策，由戶部和皇帝商討了五個月，在崇禎三年十月初十（1630.11.13）定案，諭令頒布。從此過程可知，晚明到崇禎年間，拋荒田土之事遍於全國；國家財政根本的田畝荒廢至此，也就油然可窺經濟何以不振了。畢自嚴的屯政十款方案，很明顯含有對相關衙門「有所誘於前，又有所鞭於後」的考成之意，完全遵照崇禎帝倚法治為後盾，期望振新政府效率的統治宗旨，期望達成「國有王章而人成樂土」的屯政終極目

〔註88〕畢自嚴，《度支奏議》，堂稿卷 15，頁 84～85。
〔註89〕畢自嚴，《度支奏議》，堂稿卷 16，頁 50～51。
〔註90〕畢自嚴，《度支奏議》，堂稿卷 16，頁 21～22。
〔註91〕畢自嚴，《度支奏議》，堂稿卷 15，頁 86。
〔註92〕畢自嚴，《度支奏議》，堂稿卷 16，頁 54。

標。〔註93〕

二、屯政小試到州縣賦役催解

在商議屯政的同時間，一心多用的戶部還分神在北直隸受兵禍最嚴重地區的復原上。崇禎三年五月下旬，遵化縣、永平府治、灤州縣……等等被完全佔領區依次光復，明朝從崇禎帝以下，都關切著這裡的景況，諭令當地大小官員多張告示，招撫流移，將房屋、田畝照數給還復業者。

生者歸家復業，「其餘士民之家，或擄死絕，無人管業，或逃竄遠方，一時不能猝歸」，多出不少無主土地，還有當地通敵叛賊白養粹、崔及第、賈惟鑰、馬思恭、李致和等大戶，戰中被殺，遺下大片田業；另外，這一帶備受擄掠，今年農業已經失時，「即有安種秋田者，不過十分中之一二耳」，這些情形，都被吏科給事中祝世美查訪奏報。戶部亦訂期限，命令地方造清冊上報，列出畝數及「各坐落何處，明開四至，編立字號」，準備「責令佐領、職官及世襲武弁，督同殷實人戶，速募傭趁工役，相機播種」，進行屯墾，儘速復原。〔註94〕

戶部參與這個軍事前線的其他復原工作時，也不忘記「省錢」。畢自嚴建請軍糧的運送，由武清縣→薊州鎮（200 里陸路），改成京倉→天津→薊州鎮（水路），如此則每石米運百里的價錢，便可由陸路的 0.17 兩→水路的 0.04 兩或更多一點，腳價馬上大幅減了一半。當時米價高揚，一石約 1.02 兩或更高，武清縣陸路到薊州鎮是 200 里，到永平鎮則是 600 里，若採陸路運到永平，腳價都等於米價了，所以採水運。天津在戰爭中的轉運功能，畢自嚴確實牢記於心，他也把以後北方邊鎮的軍餉都改成了水運，只有關門鎮、寧遠鎮軍餉才恢復陸運；戰時專為戶部運糧路上安全而立的輜重營千人隊，此刻也「細加遴選，拔精悍者給與衣甲器械，隨新兵營一體操練」，其餘通通解散歸農。〔註95〕

兵災地的荒田調查和屯種事宜，到次年二月（1631.3）還未完成，引發崇禎帝震怒，包括薊州兵備道僉事、永平兵備道副使、永平知府都受到住俸的

〔註93〕畢自嚴，《度支奏議》，堂稿卷 15，頁 80～81、82。

〔註94〕以上兩段，畢自嚴，《度支奏議》，堂稿卷 14，頁 90～91；堂稿卷 15，頁 2。叛賊被殺，《崇禎長編》，卷 34，頁 2005。

〔註95〕畢自嚴，《度支奏議》，堂稿卷 15，頁 3～6；水運太平時運價，每石百里 0.03～0.04 兩，堂稿卷 10，頁 87。

處罰，相當於前一節裡，三年內轄區荒田墾種未完四分的罰則，他們要戴罪繼續「督理，俟有成效，方准開復」。〔註96〕這或許是屯政十款方案併考成法實行的先聲，也頗符合畢自嚴向來施政「實做中成政策」的風格。

這件屯政先聲的事情，後來沒有再被提起，只有在崇禎五年七月初八（1632.8.23）的畢自嚴題本中，說到全國從崇禎三～五年照民田起科但開徵時間不一的各地屯田，三年下來共得銀十多萬兩，除去各省留下自用的數目，戶部可得 60,000 兩，按應用劃分及屯田是「從遼事起見」的目的，應全數「歸入舊餉」使用。〔註97〕所以永平府的復原，可能最終達成中央要求，而屯政也伴隨著此例而大規模展開。

屯政源自於戰禍後之復原，州縣賦役催解則源自於戰爭之消耗。當崇禎三年正月下旬時，戶部府庫已經竭盡，軍事支出卻還不絕如縷，畢自嚴與戶科給事中解學龍商議的結果，當時「救急非三百萬不能湊手」，依據聖旨：

> 狡奴犯順，寰海同仇，一切京邊、新舊餉額，義當先期那解，并嚴督逋欠，以濟軍興。這差官守限催鹽課分解，依議行。……如期完解者，超擢示勸；支吾不前者，重法立懲……有能於額解外搜刮堪動錢糧借助兵餉者，撫按官并行優異差去官。爾部還會同該科，選擇才幹，嚴限考覈……不時糾參，不得以此一題了事，欽此。

戶部依各省路程遠近，訂出限期催解時間表，還有各省舊欠及本年度新有之錢糧共 6,101,334.25 兩銀，直接派京官赴各省催解，而且奉諭「各官到差，限十日內先起解三分」，並依各省距京里數之遠近，訂有期限。〔註98〕

到了五月十九日（1630.6.29），解到京的數目是 2,709,600 兩銀，大大不如預期，隨後逾期未繳清的狀況更比比皆是。那個時節，「關寧積欠月餉尚以五、六十萬計，而他鎮之月餉及一切軍興募援之費，缺數尤多」，永平府的復原、屯政亦正如火如荼展布中。從戶部以迄皇帝，無不為錢而繃緊神經，因此，也就種下戰後極力催解州縣賦役政策的因子，還訂出「歲解餉銀，責在有司，各該撫按嚴限責成，自應及額。……以後催徵如有延悞，經管官必罪不宥」的原則，〔註99〕逐漸導向以考成法合州縣賦役繳納並行的情勢。

〔註96〕畢自嚴，《度支奏議》，堂稿卷 20，頁 73。
〔註97〕畢自嚴，《度支奏議》，堂稿卷 20，頁 73～74。
〔註98〕本段和引文，畢自嚴，《度支奏議》，堂稿卷 11，頁 71～77。
〔註99〕畢自嚴，《度支奏議》，堂稿卷 14，頁 85～86、89；逾期未繳清狀況，同卷，頁 85～89；堂稿卷 16，頁 59～63、91～97。

崇禎元年十月時，明帝曾頒一旨：

> 朕惟京邊錢糧原國家正賦，加派遼餉係軍國急需。我百姓胼胝奉公，未嘗不完，乃一入有司，多方稽誤，或雜項那借、或胥吏侵漁、或解官沉閣，以至運解愆期、司農告匱、三軍枵腹、九塞呼庚。……朕已有屢旨，責成撫按督催參罰，爾部（戶部）再通行申飭該直隸各府及各省布政司，每項錢糧起解，即以起解日期及解官姓名先行報部，該撫按於每季終，將本季解過錢糧若干通行造冊奏報，以便稽查。然歲終無完欠總冊照應，恐解官侵弊猶未肅清。每歲朕壽節之期，司道官一員進表，著該布政司府，將各州縣歲內完欠錢糧造簡明文冊，分為二本，以金花、京邊為舊，以加派遼餉為新，贓罰銀兩造入舊冊，督撫軍餉公費銀兩造入新冊，交進表官彙報部科，爾部據以參罰，奏咨吏部。全完者，紀錄優擢；逋欠者，分別革職、降調、輕重處分；其有侵漁染指情弊，特行提究，以為欺公蔑法者之戒。〔註100〕

此旨可視為崇禎帝對於整飭財政的總構想，但僅處理各邊鎮的小問題、研議國家財經走向，加上一場天降兵災，就已耗去將近三年，京卿督催未能達到預期效果一事，讓崇禎帝不無震撼，尤其中央政府都已訂出期限，地方政府卻置若罔聞，逋賦層出不窮，更教他耿耿於懷，質問：「有旨著勒限嚴稽，摘參示儆，如何仍混入多款，循例塞責？事關釐弊，內外相蒙，牢不可破，國用何繇充裕？」〔註101〕他還相當不滿一點，「錢糧積逋，每請旨申飭」，而他都與戶部密切合作，無不應允，下旨申飭，可是一年多以來得到的結果卻是「及奉明旨，並移會故事，亦不遵行」，他開始懷疑是戶部不盡職，為保護地方督撫而敷衍塞責，問道：「何不詳述（逋賦）督府職名？有何難查？」〔註102〕並傳聖旨到戶部，要求「將省直欠餉司府等官降俸督徵」，〔註103〕他決心貫徹執行元年的聖旨。

如此一來，本由戶部尚書畢自嚴所主導的戰後復原財經政策，急轉成由皇帝主控，戶部聽命行事；情勢也從緩進、全面，驟變成激進、單項——以

〔註100〕 畢自嚴，《度支奏議》，堂稿卷 8，頁 16～17。崇禎帝生日是十二月二十四日，正值年底，《崇禎長編》，卷 1，頁 1。
〔註101〕 畢自嚴，《度支奏議》，堂稿卷 16，頁 59。
〔註102〕 畢自嚴，《度支奏議》，堂稿卷 17，頁 25。
〔註103〕 畢自嚴，《度支奏議》，堂稿卷 17，頁 35。

考成法逼催州縣官百分之百督徵完畢為止。畢自嚴屯政十款中第 7 款「責有司以勤勸相」的分級考成方案，與崇禎帝元年聖旨令戶部與吏部合作，依州縣年度完欠數獎懲之意不謀而合，遂被移用於催促州縣繳納賦稅上面。然而，痛憤於「吏治貪殘，民生凋瘵」的崇禎帝，〔註 104〕並不理會畢自嚴在督催賦稅上，希望依往例、循序漸進地先催促，再予考成的本意，〔註 105〕壓縮時間，要戶部儘快完成，甚至越過戶部和地方官員，直接派錦衣衛捉拿地方書役到京問話。〔註 106〕

　　接著，崇禎帝以崇禎四年正月三十日（1631.3.2）為各地方官任期之限，命令吏部會同戶部、工部，查明即將被考選換新職的各地方官，在此日期之前的任內錢糧完欠數，要是「欠額多的，縱令俸滿，仍著回任戴罪督解，完日，方許升遷行取」。畢自嚴仍是依舊例，「未完一分（稅的十分之一，以下均同）以上者，即行查參，而未及一分者則置之」，〔註 107〕「以釐（稅的百分之一，以下均同）計者，即得免參」，〔註 108〕進行調查。這一場主要藉錢糧完欠與否，來貫徹戶部戰後復原計畫的基層官員考成作業，進行很久，影響全國基層官員甚鉅，其涉及戶部的詳細經過，如表 25 所列，表 25 因為很長，所以附在本章之末。

　　一經查察，才發現許多混亂的情況，其中最大的一樁，就是關於蠲免天啟以前錢糧之事。崇禎元年曾頒布登極恩詔：「兩直十三省夏稅秋糧、本折起存錢糧，自天啟七年以前，除已徵在官及那移別用者，仍照舊起解抵補外，查果小民拖欠，准與蠲免。」天啟六、七年的舊餉也比照辦理，但新餉雜項銀並未被蠲免。然而，數年下來，恩詔沒有被切實遵行，不少州縣依然故我，長年拖欠成習不以為意；如今考成法重振，陳年積弊一旦全掀，混亂蓊然大起，地方官多不清楚而衍生疑慮。畢自嚴遂奏請「將天啟六、七兩年恩詔內應赦舊餉照數蠲免，併六、七兩年新餉內懸坐未認褙項照數停徵」，以達到各省可以集中注意力在完納新年度的稅上，戶部也可以喘口氣，平民更可因此

〔註 104〕畢自嚴，《度支奏議》，堂稿卷 17，頁 34。

〔註 105〕如江西布政使何應瑞遲交崇禎三年新餉一事，崇禎帝嚴追，畢自嚴答：「新餉，江西向係壓徵，歷年報冊並督餉御史參疏可查。三年完欠，舊例應在四年查理，而藩司何應瑞亦自有任內逋欠之罰在。」畢自嚴，《度支奏議》，堂稿卷 17，頁 37；堂稿卷 16，頁 24～25。

〔註 106〕畢自嚴，《度支奏議》，堂稿卷 17，頁 43。

〔註 107〕畢自嚴，《度支奏議》，堂稿卷 17，頁 50～51。

〔註 108〕畢自嚴，《度支奏議》，堂稿卷 17，頁 59。

而在滿清寇京大戰之後休養生息。〔註109〕

　　表25裡，陳龍光挪借宗祿銀繳交天啟七年京邊舊欠之事，使其下五知縣在考成時被影響前程，就是因為忽略了即位恩詔裡宣布免繳的命令導致（京邊錢糧是國家原有正賦，即夏稅秋糧、本折起存錢糧）。由表25裡林林總總的各種情況來看，崇禎帝亟欲好好整頓官場的理念可見，他很想恢復循名責實的努力做事風氣；當時吏部銓敘工作，「行取推知一百餘員」，表25中郭必昌以下三人、謝三賓以下十一名知縣，和孫毓泰等三名知縣都因錢糧而被中止選官，造成戶部「任怨已多」，夾在「為錢糧求速完，而又不敢以深刻礙（銓敘）大典」之間，兩邊受責。〔註110〕躁進的崇禎帝，不理會老成的畢自嚴緩進的主張，委實操之過急。

　　這場州縣賦役催解併考成法進行的查覈，從崇禎四年二月初開始，到同年閏十一月初（1631.12）都尚未塵埃落定。四月初一（1631.5.1）之旨中，已經同意表25中數十名知縣、推官可以順利進行考選，核發新職；〔註111〕孰料，崇禎帝又叫戶部各司將逐年各官錢糧參罰的文卷逐一檢查，這幾十人又陸續被翻出未完錢糧之事，以致到年底都被舊事糾纏不清，將近一年沒有新職。最為人不滿的是，「甚有錢糧已經起解在途而參罰仍不免者」。〔註112〕從表25裡也可以看出，這些官員當中的許多人，其升官時間更早在崇禎四年以前，為了這次考成，得立刻住俸回前任地督催，則置現職事務於何地？由此而造成的現職缺失，難道將來考成時再比照這次辦理嗎？

　　輕重其間的畢自嚴向皇帝反應查核「究竟稍需歲月」，重申國家原有關於錢糧繳納的制度是：「錢糧完解，據有撫按咨文，則司府申呈，一以錢糧到部為主，該司查明說堂，臣部即為具題開復」，而不是繞過制度，全由撫按題請。關於錢糧監察的制度是：

> 向來逋賦多由臣部及太倉科道、督餉御史截參、歲參，又有京卿摘參、臣部觀參，巡漕、巡鹽、巡青、光祿、監兌等參，然諸臣多止題參罰而不題開復。其各省直撫按有欲代為所屬開復者，舊例惟以一咨達部，聽候覆核。

〔註109〕畢自嚴，《度支奏議》，堂稿卷17，頁113～117。
〔註110〕畢自嚴，《度支奏議》，堂稿卷18，頁81。
〔註111〕畢自嚴，《度支奏議》，堂稿卷17，頁97。
〔註112〕畢自嚴，《度支奏議》，堂稿卷19，頁1～2。

兩種制度合起來，就是完整的明朝官員錢糧考成制度。〔註 113〕

　　畢自嚴希望皇帝照制度行事，崇禎帝卻不肯承認自己有失，反而一再責怪是「參罰各官平昔無急公之心，臨考躁進」，還懷疑戶部包庇他們，只以考成的最終結果告知他，卻隱瞞詳情。〔註 114〕崇禎帝的呶呶不休，勞擾畢自嚴只得前後連上五份長篇累牘的題本，一次次、一個個、一條條地把這些值考選新職的官員的錢糧考成狀況，詳細列明給皇帝看，並不時有些較短的題本呈上，以彌補長題本的細節疏漏；前文曾提過，畢自嚴甚至為這檔事不遂帝意而短期下獄。表 25 便是由這些題本整理而成的，也是這次考成的過程表。

　　畢自嚴為催解州縣賦役而體力透支之際，還要時時擔心「斧鉞之誅」，天天想著「乞恩革職聽勘，暫棲旅舍」，以待查覈，證實他並無包庇地方官，還其清白。〔註 115〕本來的制度，也被「先核錢糧，不問撫字，專于催科」的做法打亂。〔註 116〕

　　催解州縣賦役併考成法實施，歷時一年四個月，《度支奏議》堂稿部分最後提及此事的題本，是崇禎五年六月二十六日（1632.8.11）〈再奏歷履偶誤不縣司官疏〉，講戶部司官錯寫考選官員履歷之事，崇禎帝也無多怪罪。〔註 117〕《崇禎長編》裡，從崇禎四年閏十一月～五年二月，一路下來，都可以見到表 25 中許多官員以新銜發言的記載，如熊開元、高倬等，〔註 118〕足見此事至遲在崇禎五年已落幕，表 25 中有升任新職的官員，都陸續就任新職，依職做事，至於沒有升任新職的官員，則不得而知。

第四節　編纂《賦役全書》及其意義

　　《賦役全書》不是明初即有的，它是萬曆初年張居正力行一條鞭法政策的副產品。一條鞭法併丁稅於田畝之中，是財經制度上的大轉變，此舉使得明代賦役制度的兩個主要組成部分──記載人丁數的《黃冊》和記載田土資

〔註 113〕本段和引文，畢自嚴，《度支奏議》，堂稿卷 19，頁 2。
〔註 114〕畢自嚴，《度支奏議》，堂稿卷 19，頁 18、65、80。
〔註 115〕畢自嚴，《度支奏議》，堂稿卷 19，頁 31。
〔註 116〕談遷，《國榷附北游錄》九，卷 91，頁 5578。
〔註 117〕畢自嚴，《度支奏議》，堂稿卷 20，頁 65～66。
〔註 118〕《崇禎長編》，卷 53～60，崇禎四年閏十一月～五年六月，頁 3067～3465。

料的《魚鱗圖冊》，也隨之變動，《黃冊》的重要性日益減弱，徵收賦稅越來越倚重《魚鱗圖冊》。幾十年下來，全國各地漸漸形成合這兩種簿籍為一本的趨勢，多以《賦役全書》為名，如《兩浙賦役全書》，但是，並沒有內容涵蓋全國資料的總冊。〔註119〕

　　正本清源和遵照制度、成法行政，是畢自嚴執掌戶部以來一直的信念與做事方針。在將紛亂的戶部政務稍理清晰之後，畢自嚴又主導一場國家財經會議，得出一本《邊餉總綱》，立為戶部施政之範。隨後，他感於「自神祖年間宇宙多事，增減不時，停派不明」，加派、雜稅充斥，致使戶部所賴以行政的根本──賦役制度，一片混亂，不辨原目。同時間裡，兵部主事周夢尹曾建議朝廷修《賦役全書》，提出四步驟：1.聖諭申飭；2.差官督造；3.款項畫一；4.法行自近。崇禎帝將其奏章發到戶部。〔註120〕度時量勢，採擇嘉言，畢自嚴更有心匯零為整，統合各地資料，編纂一部《賦役全書》，明確記載全國各州縣地籍資料、徵稅項目、各稅目的應徵數量，〔註121〕達到「佐經費之匱乏」，「清小民之輸輓」的現狀改革目的，〔註122〕徹底重建和簡化晚明的賦役制度。

　　畢自嚴擬定編纂《賦役全書》流程是：在戶部選一官位次於尚書者，專責十五省（兩直隸、十三省）「文移之批駁、款項之稽查、冊籍之督催」，提綱挈領總理整套編纂計畫。總理之下，戶部再擇「一英年甲科，學識練達者」實際負責纂修事宜，另外戶部十三司要負責派纂修官赴各省，實地下鄉詢問、調查並編纂十三省的賦役狀況。同一時間，「顒委科道二員，統查省直出入之數，另訂《賦役全書》入數、出數，斟酌損益，一倣祖制為準」，畢自嚴借重科道共事的原因，是因為看了他們揪參的諸多題本，知其「民隱利弊無不朗徹胸中」。編纂完畢，繕寫三部《賦役全書》，「一進呈御覽，一留（戶）部存照，一發外翻刻」，十五省再自行刻印兩部《賦役全書》進呈皇帝和戶部，供磨勘校對，若全無錯誤，從此以後就照書徵收賦役。〔註123〕

　　崇禎二年七月初（1629.8），畢自嚴呈奏這套構想，獲皇帝同意，命令「擇

〔註119〕黃啟臣、梁承鄴編著，《梁經國天寶行史蹟：廣東十三行之一》（廣州：廣東高等教育出版社，2003年），頁183、218～220。

〔註120〕《崇禎長編》，卷18，頁1051。

〔註121〕畢自嚴，《度支奏議》，堂稿卷16，頁45。

〔註122〕畢自嚴，《度支奏議》，堂稿卷14，頁71。

〔註123〕畢自嚴，《度支奏議》，堂稿卷7，頁47～51。

日開局，按季奏報，不得延緩」。〔註124〕七月十七日就展開修纂工作，實際作業人員需十二人，只徵到六人，還都是戶部自己人；開局之初必須有的依據——各省現有的賦役全書，「解到者僅四、五省而已」，並且都是零散的資料，沒有經裁定完整的。畢自嚴預期，這場編纂「恐不能不少淹時日」，「至於纂修各官俛首簿書，繁而且冷」，因此他也預定纂修官最多擔任一年，期滿「別選英銳者以代其任」，該給的酬勞、考績一樣都不少。〔註125〕

九月底時，修書局六人磨勘好了南北直隸、陝西三省的賦役全書總本初版，準備派員攜書到三省去實地訪查；其餘十二省的資料「續到未到」而又「卷帙浩煩，不啻充棟」，還有待長時間整理、整編。此時，因戶部適值部內官員「新陞到任及差滿回部」期間，修書局十二人始補選滿額。〔註126〕十月中，局面完備之後，畢自嚴正式揭示修《賦役全書》的動機是「欲彙兩京十三省而括以全書，俾四海九州炳若日星，百年萬世奉若蓍蔡」，並頒布經皇帝同意的修書格式，囑咐編纂要合於「綱領期於簡要而飛詭者無所容其奸」的原則；〔註127〕賦役全書修書局至此才算正式開局運作。

金軍入寇北京戰爭拖延到修書工作，各省政府的不配合，則直接造成進度緩慢。修書不只是中央戶部動員蒐集資料，還希求各省按照頒布格式，裁定各省賦役全書的總本，送達戶部修書局，然後，修書局才能開始就總本磨勘，若總本沒送到，修書局工作便無法展開；但自正式運作後，直到崇禎三年五月中（1630.6），十二省裡，只有福建、廣西省送來該省總本，〔註128〕進度因之順延。

其次，修書局收到總本後，「率屬覆閱，晝夜磨勘」，「綜理戶田額數，參酌起存規宜」，工作繁重，細查之下，還發現各省賦役全書「地丁編派大率混淆，稅糧、正、雜等項總撒，猶多參差；橫徵私派，籍去無存，抽扣裁削，謹半未當」，錯誤百出，讓修書局官員事倍功半，心血耗盡。〔註129〕

看到以上情形，畢自嚴不得不修正修書原則，降低要求為「就書裁酌，僅取其無害於民，有利於國者，分註免編、充餉二項，其他瑣屑稍稍刪正」

〔註124〕畢自嚴，《度支奏議》，堂稿卷7，頁52～53。
〔註125〕畢自嚴，《度支奏議》，堂稿卷7，頁70～72。
〔註126〕畢自嚴，《度支奏議》，堂稿卷8，頁27～28。
〔註127〕畢自嚴，《度支奏議》，堂稿卷8，頁38～39。
〔註128〕畢自嚴，《度支奏議》，堂稿卷14，頁72。
〔註129〕畢自嚴，《度支奏議》，堂稿卷16，頁43～44。

即可。而且，經過一場戰爭，畢自嚴的修書動機更加上現實的「裁不經之費以佐軍興」，還希望以後修成之書，能夠「使小民一見即知本身應納錢糧的數，一切橫征、私派、弊蠹斬然盡絕」，〔註130〕表達他欲在國家正項之中收足全數應徵之稅到國庫的企求，反應財政窘迫的實況。

崇禎三年八月六日（1630.9.12），福建省賦役全書定本出爐，進呈御覽。〔註131〕這是畢自嚴題本裡，關於《賦役全書》進度的最後一提，該時節，前一節中的屯政、州縣賦役催解等一般人認為更急迫而繁重的政策已經展開，即使畢自嚴再想顧及修纂《賦役全書》這件關乎國家百年根本制度的大事，現實也已不容許他有半點餘力回眸。因此，編纂《賦役全書》這項重要工作，在畢自嚴戶部尚書任內，只完成福建省賦役全書，十五分之一的部分。

畢自嚴因健康問題而自崇禎四年之後，屢屢請辭；次年開始，更密集地上疏乞休，尤其十月底（1632.12）後，眼睛、健康都再也負荷不了，連番不停請求致仕，但因他「茂著勳勞已十九考，剔歷中外垂四十年」，皇帝不允，直到崇禎六年二月二十四日（1633.4.2）〈矇目萬難主計誤身更以誤國疏〉，最後一次請准告老還鄉，聖旨未下。〔註132〕崇禎六年三月，畢自嚴終於如願辭官，〔註133〕返回山東省濟南府淄川縣老家安度餘年；崇禎十一年，一代財臣畢自嚴去世，享年六十九歲。

編纂《賦役全書》的政策，可謂是晚明財政制度上一個時代的總結動作，代表著自明代中葉以來即不斷試行的一條鞭法──併丁稅於田畝之中，已經承先啟後，並足以定位為一代之制的表徵。可惜畢自嚴的健康日益衰微，崇禎初年的財經狀況雖因畢自嚴的努力整頓而曾趨平穩，終究受內憂外患之累而欲振乏力，這項意義重大的政策，只能留待後來入關的清朝戶部來完成了。清朝順治十四年十月（1657.11），首版十五省《賦役全書》定本編成，〔註134〕上距畢自嚴辭世，十九個年頭。

〔註130〕 本段，畢自嚴，《度支奏議》，堂稿卷16，頁43～45。
〔註131〕 畢自嚴，《度支奏議》，堂稿卷16，頁44。
〔註132〕 《四代恩綸錄》，誥命文，頁83；〈附表二：《度支奏議》堂稿20卷細目表〉，第17～20卷的部分。
〔註133〕 談遷，《國榷附北游錄》一，卷3，頁130。
〔註134〕 黃啟臣、梁承鄴編著，《梁經國天寶行史蹟：廣東十三行之一》，頁219。

小　結

本章承接第五章，在理解畢自嚴的財經思維和規劃之後，進一步由其在戶部尚書任內的具體施政事實，來探討他執政期間的成效，與在晚明經濟史上的影響。

集眾人之智的《邊餉總綱》雖然出來，畢自嚴對它的期待也很高，希望藉推動這份財經施政綱本，可以替晚明的財政尋得出路，解決開銷龐大的軍餉問題。但是，《邊餉總綱》畢竟只是廟堂上的決議，與現實狀況有差距，真正推動起來，不免仍被軍鎮舊有的弊端抵銷掉其良意。

邊鎮中頗具代表性的薊州鎮，接連發生要餉事件和節省軍餉事件，前者顯示出長久以來朝廷忽略邊鎮，屢屢遲發軍餉，還有邊兵驕縱，動輒以棄職、變亂要餉這樣一體兩面，互為因果的痼疾；後者則顯示出中央和地方邊鎮在行政和改革上都不協調，雙方均注意到節約軍餉和應該適當調整士兵數目等邊鎮的實際問題，但是，中央與地方邊鎮的衡量標準不同，做事方法不一，多頭馬車的結果，只是使《邊餉總綱》的執行度一折再折。

畢自嚴見此狀況，不得不擬清餉事宜十法，企圖收改革權於中央，統一標準和做法，由戶部來主導整個軍事糧餉的規劃與調度，輔以其財政雙鉗——內而開源以充餉，外而節流以裕餉，強力把崇禎朝的財經扭回常軌。

皇帝支持，戶部尚書認真而穩健，情勢至此，似乎已經可以看到晚明財經的一線曙光，只待全面推展而已。孰料，己巳之變破壞這一切，使得原已體虛不堪，正值恢復強壯的明朝財政，又大病一場，花去的 2,628,191.554478 兩銀、銅錢 23,135,309 文，還有各以數十萬計的食物、牲口飼料、軍用品，使得兩百多年國庫積蓄消耗殆盡。戰爭，不是畢自嚴可以控制的，恐怕也非崇禎帝可以拒絕的。

邊鎮的良莠不齊、空虛緊迫的財政，都不是崇禎朝的戶部和皇帝必須負的直接責任，這點從遵化縣長年的兵員不足、財源匱乏就可以證明。表 21－2 當中有助工解京一項的支出，表示天啟後半魏忠賢擅政，攪翻晚明政治一池春水，其濁波蕩漾，甚至及於邊疆前線、軍事要地；遵化縣財政的缺口，雖不盡由魏忠賢擅政而開，但此因素的破壞力是一定在的。

戰爭也意外掀開國庫困窘、官員沒有什麼應變能力、物資調度不順等等弊端，可見財政的實際操作上，晚明的確出了問題，而且問題還不小。畢自嚴謀定而後動，審慎擬定通盤計畫，再照表操課，將整個戶部全都投入戰爭之中，不惜以尚書之尊親自為糧草而奔走，一日數奏、徹夜難眠，直到戰爭

結束，在在都表明他是一個講究實務、親力親為的誠實官員，如此長官麾下的戶部全體，在己巳之變之中的表現，亦著實教人投目光於晚明政壇之際，眼為之一亮。畢自嚴以整個戶部衙門作為其整頓財經的後盾，力量非同小可。

戰爭之後，兵禍區滿目瘡痍，未受襲擊之地，仍因供應軍隊、京城糧銀而努力搜刮，無人得益。畢自嚴因此又必須改變他的財經思想與規劃，從希望面面兼顧、並進的《邊餉總綱》，縮小為先整頓軍事方面，復稍微擴大到集中有限全力，積極投入國家財經根本項目——田畝，藉由歸本溯源，重建晚明財政，屯田和州縣賦役催解兩項政策於是應運而生。

屯田政策從另一方面來講，隱含有《邊餉總綱》第 12 款「河濱灘蕩」之意，開墾荒田、堪種之地，予人民安生立命之基，民生既安，便能進一步用其收入充實國庫、資助邊餉，這在屯政十款中表達的清清楚楚。至於屯政第 6 款「收本色以佐軍糈」的內容，實際上就是《邊餉總綱》第 20 款「京東水田」的復活。畢自嚴內而開源以充餉的財經思想，依舊堅定地執行著。

由屯田政策也可以看出，《邊餉總綱》雖因己巳之變而遭擱置，太平之後也未再予提起，卻並不是完全被棄置不論，崇禎二年的國家財經會議沒有白開，只是因為理想和現實之間產生拉鋸，迫使戶部和畢自嚴必須找出其間的折衷點，重新考慮，從頭開始；《邊餉總綱》的精神與政策規劃，在往後的日子裡，以不斷更新的面貌浮出和延續，即使它已非昔時容顏。這場己巳之變，對於畢自嚴想好好整頓財經的的思維和規劃，其衝擊和影響，的確彌足深遠。

屯田政策併考成法而行，原是畢自嚴緩著手、重成效，倚法為佐、寬猛相濟的施政態度表現，繼屯政而起的州縣賦役催解，同樣本此態度進行。崇禎帝插手州縣賦役催解，導致緩進的穩當政策變成激進的躁動政策，將致力催解與考成督察並行的中庸做法，硬是偏離到嚴厲考成，不寬容分釐拖欠的窄途，不僅引發「官怨」，還累得戶部尚書畢自嚴上下不是人，難為國之重臣，薄待國柱基層。最後，雖然照著畢自嚴所題，大部分基層官員仍照銓選結果升任新職，卻把一項在緩進中能夠靜靜地做得比較完善的政策——賦役既解到，不稱職的官員也得到對等的處罰，大鬧一年多，草草收場，結果卻未必比盡量施政於無形來的佳。一個不成熟而專斷的皇帝，有時候，其實更是國家混亂的主因，崇禎帝在此政策上對畢自嚴的掣肘，就是明證。

最後，最能展現畢自嚴作為一代財經能臣氣魄的，便是編纂《賦役全書》的政策。畢自嚴以其蝸行官場財經界多年所練就出來的犀利眼光，相準明代

賦役制度從底蘊釀起的變化，亦即人丁稅與田畝稅互相消融，且後者已併吞前者，成為賦役的主體，國家財稅的基礎，迄崇禎年間，是該有一個取代傳統黃冊、魚鱗圖冊的相應物出現了，就是《賦役全書》。

畢自嚴意識到，也呈奏出來，採取成立修書局，招人蒐集、編纂，行文各省要求配合等等具體行動，然而，整個大環境並不允許他實現這個理想。崇禎初年的財經方面，等待畢自嚴整理的急切議題堆積如山，《賦役全書》即使層次高於它們甚多，也無法佔得一席之地；就《賦役全書》這項劃時代之舉而言，畢自嚴雖無緣成就它，卻是一名開端者。

表 25：崇禎四年初戶部考成地方官完欠錢糧表

原任官及姓名、後續	事　由	處　置	備　註
南昌知縣米助國	宗祿拖欠，金花未完	新經參罰，回任催解	此五縣爷所欠宗祿，源於他們任內的前藩司陳龍光挪借宗祿銀交天啟七年的京邊舊欠
進賢知縣蔣德璦	宗祿拖欠，金花未完	新經參罰，回任催解	
清江知縣梁士濟	宗祿拖欠僅 500 餘兩	回任催解，當早為起送考選，以示鼓舞	
萬安知縣陳元烈	宗祿拖欠，金花未完，未完南糧數多	新經參罰，回任催解	
貴溪知縣王夢台	宗祿拖欠	回任催解	
	今歲漕糧稽遲，未完南糧數多	新經降級	
杭州府推官郭必昌	崇禎三年糧運稽遲	戴罪管事督催	總漕李待問題參→四年五月浙江撫按陸完學題復，奉欽依在案
嘉興府推官楊希旦	崇禎三年糧運稽遲	戴罪管事督催	總漕李待問題參→四年五月浙江撫按陸完學題復，奉欽依在案
江西撫州府推官薛振猷	京邊未完二分以上	降俸二級，回任催解	監兌高鑨題參；升任署臨川縣印
以上各官，不准考選，在京者仍當回任，而在任者姑緩赴京，統俟徵解完日撫按奏請開復考選			

常山知縣孫兆隆	新餉完不及七分	屢有查參，未經開復，回任催解。後經參罰，降級	——
衡陽知縣陳以蘊	黔餉、南糧未完	回任催解，暫不開復。後革職	總督題參
清水知縣陳于寧	遼餉未完，民運亦多逋負	回任催解，暫不開復。後參罰	餉院題參
沅江知縣姚允莊	京邊、南糧未完	回任催解，暫不開復。後參罰，住俸	監兌題參
新安知縣符棐	昔糾參未脫，今京邊尚欠千金，遼餉未完	留任催解	——
以上各官，不准考選，俟徵解完日撫按奏請開復考選			
左布政使杜詩	崇禎三年京邊欠一分以上	照例參罰	蜀省兵燹之後，在兵餉尚多異議，而徽州徵收之法，即現、壓，尚未盡明，是不得不稍微寬貸者也（本應照例參罰，但不一定會罰到這種程度）
左布政使陳應元	崇禎三年京邊欠一分以上	照例參罰	
知府陸懷玉	崇禎三年京邊欠一分以上	照例參罰	
左布政使楊公翰	崇禎三年京邊欠二分以上	照例參罰	
知府仇時古	崇禎三年京邊欠二分以上	照例參罰	
知府石萬程	崇禎三年京邊欠二分以上	照例參罰	
管糧通判房楠	崇禎三年京邊欠二分以上	照例參罰	
推官魯元寵	崇禎三年京邊欠二分以上	照例參罰	
署印同知張元弼	崇禎三年京邊欠三分以上	照例參罰	
左布政使華敦復	崇禎三年京邊欠五分以上	照例參罰	
知府史應選	崇禎三年京邊欠五分以上	照例參罰	
應天管糧通判成克延	崇禎三年京邊欠五分以上	照例參罰	
知州陳善學	崇禎三年京邊欠五分以上	照例參罰	

知府晏日啟	崇禎三年京邊欠二釐以上	住俸督催，俟完日開復	縱令陞遷或降處、候補者，亦必行見任衙門，一體住俸者也
江西左布政使何應瑞	崇禎三年京邊欠三釐以上	住俸督催，俟完日開復	
知府歐陽充材	崇禎三年京邊欠四釐以上	住俸督催，俟完日開復	
知府嚴爾珪	崇禎三年京邊欠六釐以上	住俸督催，俟完日開復	
知府黃夢松	崇禎三年京邊欠九釐以上	住俸督催，俟完日開復	
順天管糧通判鄧履圓	崇禎三年京邊欠九釐以上	住俸督催，俟完日開復	
泉州府知府王猷	無絲毫積逋，因撫按咨文不至	──	參觀全完，崇禎二、三年罰俸俱已題復。
直隸嘉定知縣謝三賓→三年九月陞任陝西道御史	已到府未到部者：二年 8,470 兩、三年壓徵 45,500 兩、天啟七年未完 9,000 兩	似毋須回任督催	催餉寺臣王夢尹將（本知縣）餉額全完，特疏紀錄，科抄俱存
	崇禎元年太倉錢糧未完一分以上（已到府未到部 8,470 兩）	住俸	三年二月戶科都給事中解學龍題參→四年正月應天巡撫曹文衡咨稱全完，五月開復訖
	崇禎元年京邊未完四分以上	降職二級	三年四月戶部巡視太倉科院查參→三年九月巡漕御史龔一程題稱全完，開復
南直吳江知縣熊開元→四年三月升任吏科給事中	崇禎元、二年分新舊餉未完三分（已到府未到部雜項新餉 800 兩、元年 2,022 兩、二年 985 兩）	降俸二級	三年八月催餉京卿王夢尹查參→四年三月王夢尹報解全完，開復
	崇禎元年輕賫未完一分（已到府未到部 1,562 兩）	住俸	三年三月總漕李待問查參→四年三月應天巡撫曹文衡稱續解全完，取有實收，開復訖

江陵知縣周瑞豹（已任三年多）	寧鄉知縣任內黔餉逋欠 829.63723 兩；天啟七年京邊漕折銀總 647.81 兩，次年三月解到戶部 154.602 兩，餘 493.208 兩已解到布政司（被借用藩司工程，四年正月解抵戶部）	應留部（等候選官）	督臣張鶴鳴、朱燮元題參→餉司報告已全完，真假不知→寧鄉縣民願赴部補完→493.208 兩解到 有布政司印冊為證→川貴總督朱燮元有疏為周瑞豹開復〔註135〕
	江陵知縣任內，崇禎三年京邊漕折銀總 4715.73 兩，次年正月解到戶部 2167.6 兩，餘 2548.13 兩已解到布政司〔註136〕 年來黔餉總督查參三次	最終：降一級調用	2548.13 兩分兩次解：三年五月 808.98 兩解到戶部＆四年五月 1735.041 兩解到戶部→前戶部湖 廣司郎中林日瑞按冊查覈有據→任內只欠釐毫，不及一分
湘潭知縣陳文燿（已任三年多）→四年四月升任戶部江西司主事	天啟六年黔餉未完一分以上（前任長沙知縣任內尚欠 783.132 兩，全部是 1,383.132 兩）湘潭知縣任內只欠釐毫，不及一分	降職一級，後留部（等候選官）	元年二月川貴總督張鶴鳴查參→湘潭在京鄉紳李騰芳等代輸 783.132 兩完→四年二月本官在京稱通解完，開復訖
華亭知縣鄭友玄（已任三年多）→四年五月升任雲南道御史，旋即聽降	崇禎元年京邊未完四分	降職二級	三年二月戶科都給事中 解學龍查參→四年正月應天巡撫曹文衡咨稱通完，五月開復訖
	京邊未完五分	降職二級	三年四月戶部巡視太倉科院查參→四年正月應天巡撫曹文衡咨稱通完，五月開復訖
	前任青浦知縣任內天啟七年金花未完一分以上（欠金花 3,593 兩）	降俸一級；後因補完，應留部（等候選官）	四年二月戶部查參→該府申稱已起解金花 1,500 兩，松江商民李日新等代輸 2,093 兩

〔註135〕 李長春纂修，《明實錄附錄·崇禎長編》，卷 51，頁 2985。
〔註136〕 江陵縣每年要交京邊漕折銀 4,715.73 兩，崇禎元年～三年都是此數字，可見得每縣每年要交的京邊漕折銀數目，是固定的，不是每年數字都不一樣。〈回奏周瑞豹京邊錢糧疏〉，畢自嚴著，《度支奏議》二，堂稿卷 18，頁 79。

直隸丹徒知縣鄭之尹→四年七月升任南京吏部文選司主事	天啟七年京邊未完六分	降職二級	二年四月戶部覆巡視太倉科院查參→二年七月應天巡撫曹文衡咨稱全完，開復訖→四年四月初一旨准一體行取考選
陝西長安知縣孫三傑→四年七月升任候補北科	崇禎元年加派未完	住俸	元年十一月餉院錢士貴截參→二年七月撫院劉廣生咨戶部，開復訖→四年四月初一旨准一體行取考選
直隸江都知縣遲大成→三年五月升任廣東道御史	崇禎二年加派未完	住俸無職名	三年二月餉院沈猶龍截參→三年五月餉院沈猶龍手本，開復訖→四年四月初一旨准一體行取考選
福建晉江知縣姚孫椠→升任江西道御史	崇禎元年加派未完	元年十一月住俸督催→二年閏四月降二級戴罪督催	元年十一月餉院錢士貴截參→二年閏四月餉院錢士貴歲參 →二年十月福建布政司咨，開復訖→四年四月初一旨准一體行取考選
福建同安知縣曹履泰→四年七月升任吏科給事中	崇禎元年遼餉未完	住俸督催	元年十一月餉院錢士貴截參→二年七月餉院錢士貴手本開復訖→四年四月初一旨准一體行取考選
直隸興化知縣王績燦→三年七月升任福建道御史	崇禎二年加派未完	住俸無職名	三年二月餉院沈猶龍截參→三年七月餉院沈猶龍手本，開復訖→四年 四月初一旨准一體行取考選
廣東饒平知縣戈尚友→二年七月升任刑部山西司主事	崇禎元年加派未完	住俸督催	元年十一月餉院錢士貴截參→二年六月總督王尊德咨，開復訖→四年四月初一旨准一體行取考選

湖廣零陵知縣符應乾→三年六月升任江西南康府同知	天啟七年京邊未完十分	革職為民	二年四月戶部巡視太倉科院查參→三年四月湖廣撫院洪如鍾咨稱全完，六月開復訖→四年四月初一旨准一體行取考選
福建福清知縣周堪賡→四年三月升任陝西道御史	崇禎元年加派未完	住俸督催	元年十一月餉院錢士貴截參→四年三月餉院吳煥手本，開復訖→四年四月初一旨准一體行取考選
福建海澄知縣余應桂→四年三月升任陝西道御史	崇禎元年加派未完	住俸督催	元年十一月餉院錢士貴截參→四年三月餉院吳煥手本，開復訖→四年四月初一旨准一體行取考選
福建莆田知縣吳彥芳→四年三月升任四川道御史	崇禎元年加派未完	住俸督催	元年十一月餉院錢士貴截參→四年三月餉院吳煥手本，開復訖→四年四月初一旨准一體行取考選
	崇禎二年加派未完	降俸二級，戴罪督催	三年六月餉院沈猶龍歲參→四年三月餉院吳煥手本，開復訖→四年四月初一旨准一體行取考選
浙江金華知縣高倬→四年三月升任河南道御史	崇禎元年京邊未完四分	降職二級	三年四月戶部巡視太倉科院查參→三年九月浙撫陸完學咨，開復訖→四年四月初一旨准一體行取考選
	崇禎二年加派未完	住俸督催	三年二月餉院沈猶龍截參→四年三月浙撫陸完學咨，開復訖→四年四月初一旨准一體行取考選
浙江長興知縣向鼎→二年四月升任南京兵部武選司主事		降職二級	元年五月戶部新餉觀參→二年四月撫院張延登咨，開復訖→四年四月初一旨准一體行取考選

	崇禎二年加派未完	降俸二級住俸督催	三年三月餉院沈猶龍截參→四年三月浙撫陸完學咨，開復訖→四年四月初一旨准一體行取考選
	崇禎元年輕齎未完五分以上	降俸二級	三年三月總曹李待問查參→三年八月總漕具題全完，十月開復訖→四年四月初一旨准一體行取考選
河南洛陽知縣尹洗→四年三月升任刑科給事中	崇禎元年京邊未完一分以上	住俸督催	三年四月戶部巡視太倉科院查參→四年正月豫撫郝土膏咨稱全完 三月開復訖→四年四月初一旨准一體行取考選
山東臨淄知縣耿胤樓→三年四月升任兵部職方司主事	崇禎二年加派未完	降俸二級戴罪督催	三年三月餉院沈猶龍截參→三年四月餉院沈猶龍手本，開復訖→四年四月初一旨准一體行取考選
	崇禎元年京邊未完二分以上	降俸二級	三年二月德州倉徐天鳳查參→四年三月山東巡按高捷咨稱全完，開復訖→四年四月初一旨准一體行取考選
蕭山知縣余敬中→四年三月升任南京西城兵馬	崇禎二年加派未完	降俸二級	三年三月戶部都給事中解學龍查參→四年三月浙撫陸完學咨，開復訖→四年四月初一旨准一體行取考選
浙江臨海知縣萬永康→四年三月升任兵部武庫司主事	崇禎二年加派未完	住俸督催	三年二月餉院沈猶龍查參→四年三月浙撫陸完學咨，開復訖→四年四月初一旨准一體行取考選

直隸祁門知縣朱大雅→四年三月升任南京大理寺評事	崇禎元年京邊未完一分以上	住俸督催	三年四月戶部巡視太倉科院查參→四年二月本官呈稱錢糧通完，冊庫查符，開復訖→四年四月初一旨准一體行取考選
廣東陽江知縣李右讜→二年七月候命山西道御史	──	住俸	元年十月餉院錢士貴截參→二年七月總督王尊德咨，開復訖→四年四月初一旨准一體行取考選
	──	降職一級戴罪督催	四年四月戶部查參→四年八月戶部查糧完，開復訖→四年四月初一旨准一體行取考選
廣東靈山知縣黃學元→二年七月候命南京禮部主事	崇禎元年加派未完	住俸	元年十一月餉院錢士貴截參→二年七月總督王尊德咨，開復訖→四年四月初一旨准一體行取考選
	──	降職一級戴罪督催	四年四月戶部查參→四年八月戶部查糧完，開復訖→四年四月初一旨准一體行取考選
直隸金壇知縣劉宗祥→四年七月升任江西道御史	天啟七年京邊未完七分	降職二級	二年三月戶部巡視太倉科院查參→二年七月應天巡撫曹文衡咨稱全完，開復訖→四年四月初一旨准一體行取考選
	天啟六年輕齎未完二、三分	住俸	三年三月總漕李待問查參→三年八月總漕李待問具題全完，十月戶部開復訖→四年四月初一旨准一體行取考選
汾陽知縣張毓泰	任內錢糧全完，涉及科場案被摘	奉旨查勘，聽禮部另覆	

宜川知縣石上箴	天啟七年加派已解 1,660 兩，其餘欠數，已在崇禎帝登極恩詔中蠲免	另本候奪	本知縣天啟七年六月才上任，未滿一年即丁憂去，前半年應屬代理者同知吳士瑞事
滎澤知縣龐杰	已完雜項 114 兩（全部是 140 兩），被戶部書役謬認為只完雜項，未完新餉，實則滎澤地瘠無加派新餉	降職一級戴罪督徵	四年四月戶部查參→四年八月戶部查糧完，開復訖
趙城知縣黃纘組	崇禎二、三年加派雜項內供、民運銀欠三釐 676 兩（全部是 19,668 兩）	例應留部	四年四月初八旨准一體行取考選
順德知縣黃金貴	──	降職一級戴罪督催	四年四月戶部查參→四年八月戶部查糧完，開復訖→四年四月初一旨准一體行取考選
東莞知縣李模	──	降職　級戴罪督催	四年四月戶部查參→四年八月戶部查糧完，開復訖→四年四月初一旨准一體行取考選
桐鄉知縣楊兆升	崇禎元年輕齎未完一分	住俸三年	三年三月總漕李待問查參→三年八月總漕李待問具題全完，十月戶部開復訖→四年四月初一旨准一體行取考選
山陽知縣朱國棟	天啟六年輕齎未完四分以上	比照未完二、三分例降俸二級	三年三月總漕李待問查參，前任知縣孫兆興接管→三年八月總漕李待問具題全完，十月戶部開復訖→四年四月初一旨准一體行取考選
公安知縣高鳳翔	解司未到部 400 兩。年來黔餉總督查參一次	既留復觀，聽吏部另覆	餉司報告其任內錢糧補解已足額
上饒知縣翁竟成	全完，但被前藩司陳龍光那借宗祿	參罰	當予昭雪；帝令撫按明白奏來

武清知縣王國訓	馬房子粒銀完未足額	另行查議再看	因欠不到一分，舊例不入考成
武進知縣羅華袞	侵欺本縣錢糧	降職二級	——
常州府知府曾櫻	崇禎三年京邊欠一分以上；涉武進縣侵欺錢糧案	照例參罰；降職二級	二年十月回籍守喪，四年十二月起補福建按察使副使現職，從現職降調
以上各官，俱依「原任官及姓名、後續」、「處置」、「備註」三欄內容行			
魏縣知縣宋賢	任內全完錢糧	行取考選	——
邯鄲知縣趙振基	任內全完錢糧	行取考選	——
永年知縣趙志孟	任內全完錢糧	行取考選	——
清豐知縣宋應亨	任內全完錢糧	行取考選	——
元城知縣張必大	任內全完錢糧	行取考選	——
新城知縣丘民仰	任內全完錢糧	行取考選	——
豐潤知縣胡永清	任內全完錢糧	行取考選	——
元氏知縣戈允禮	任內全完錢糧	行取考選	——
婺源知縣金蘭	任內全完錢糧	行取考選	——
當塗知縣郭紹儀	任內全完錢糧	行取考選	——
宿松知縣楊之屏	任內全完錢糧	行取考選	——
天長知縣姚星吳	任內全完錢糧	行取考選	——
建陽知縣謝秉謙	任內全完錢糧	行取考選	——
閩縣知縣吳南灝	任內全完錢糧	行取考選	——
甌寧知縣胡其偉	任內全完錢糧	行取考選	——
偃師知縣張宸極	任內全完錢糧	行取考選	——
汝陽知縣劉令譽	任內全完錢糧	行取考選	——
固始知縣王萬象	任內全完錢糧	行取考選	——
安陽知縣張聚秀	任內全完錢糧	行取考選	——
陳留知縣珍	任內全完錢糧	行取考選	——
項城知縣郭人吉	任內全完錢糧	行取考選	——
葉縣知縣蕭奕輔	任內全完錢糧	行取考選	——
杞縣知縣宋玫	任內全完錢糧	行取考選	——
嵩縣知縣趙東曦	任內全完錢糧	行取考選	——

歷城知縣呂黃鍾	任內全完錢糧	行取考選	——
諸城知縣王懋學	任內全完錢糧	行取考選	——
曹縣知縣盧柱礎	任內全完錢糧	行取考選	——
↑專興知縣黃繪	任內全完錢糧	行取考選	——
芮城知縣傅永淳	任內全完錢糧	行取考選	——
陽曲知縣宋權	任內全完錢糧	行取考選	——
榆次知縣張任學	任內全完錢糧	行取考選	——
太谷知縣柏福兆	任內全完錢糧	行取考選	——
涇陽知縣路振飛	任內全完錢糧	行取考選	——
富平知縣宋果	任內全完錢糧	行取考選	——
南充知縣周天祚	任內全完錢糧	行取考選	——
閬中知縣李應選	任內全完錢糧	行取考選	——
績溪知縣鄭覲光	任內雖有未完，但不及一分，只欠釐毫	行取考選	——
宣城知縣謝玄珧	任內雖有未完，但不及一分，只欠釐毫	行取考選	——
會稽知縣陳國器	任內雖有未完，但不及一分，只欠釐毫	行取考選	——
長興知縣向鼎	任內雖有未完，但不及一分，只欠釐毫	行取考選	——
天臺知縣胡接輝	任內雖有未完，但不及一分，只欠釐毫	行取考選	——
郿縣知縣王師臣	任內雖有未完，但不及一分，只欠釐毫	行取考選	——
漵浦知縣文贊朝	任內雖有未完，但不及一分，只欠釐毫	行取考選	——
揭陽知縣馮元颺	任內雖有未完，但不及一分，只欠釐毫	行取考選	——
以上知縣，俱准一體行取考選（崇禎四年四月一日旨）			
順德府方之翰	原未經手錢糧	行取考選	——
荊州府朱邦祈	原未經手錢糧	行取考選	——
襄陽府曾偁	原未經手錢糧	行取考選	——

武昌府禹好善	原未經手錢糧	行取考選	——
河南府衛景瑗	原未經手錢糧	行取考選	——
開封府張瑤汝	原未經手錢糧	行取考選	——
寧府尹明翼	原未經手錢糧	行取考選	——
彰德府趙懷玉	原未經手錢糧	行取考選	——
南陽府黨崇雅	原未經手錢糧	行取考選	——
山西汾州府潘倬	原未經手錢糧	行取考選	——
夔州府張一鳳	原未經手錢糧	行取考選	——
大名府李一鵬	曾經署印而錢糧全完	行取考選	——
常州府劉興秀	曾經署印而錢糧全完	行取考選	——
紹興府劉光斗	曾經署印而錢糧全完	行取考選	——
福州府趙繼鼎	曾經署印而錢糧全完	行取考選	——
平樂府陳昌文	曾經署印而錢糧全完	行取考選	——
以上所有推官，俱准一體行取考選（崇禎四年四月一日旨）			

資料來源：《度支奏議》，堂稿卷 17，頁 51～55、91～93、98、108～112；堂稿卷 18，
頁 78～80；堂稿卷 19，頁 1～18、50～65、75；堂稿卷 20，頁 50～52。

第七章　結　論

　　明朝在中期以後，國家財政長期缺乏有力的領導力量，管理紊亂、鬆散，財政權不統一，政府會計職責分畫不明，加上財政因戰爭、皇室宗族的好財奢華、大典禮及大工程的支出，而屢屢陷入危機。除去萬曆初期張居正當國時，政府財政管理頗具規模，嚴整而兼蘊改革之外，大部分時間的財政管理及財務狀況，是漫無章法且無制度化的管理措施。〔註1〕

　　白銀在商業發達的明代社會，具有非常重要的地位。中後期的明代，商業、海外貿易越來越興盛，十六世紀之後，與海外的大帆船貿易，又輸入大量白銀，使得它成為國家財政及經濟上不可忽視的元素。〔註2〕然而，明朝政府對於白銀的貨幣功能並不注重，甚至採取放任態度；官僚集團對於白銀和金融危機間的關係也完全沒有認知。〔註3〕

　　隆慶朝開始，明廷逐步開放海禁，並開始設專責的衙門收商業稅，貿易又興；然而，萬曆二十～二十六年（1592～1598）的援助朝鮮抵抗日本入侵戰爭，明朝再度耗損不少國力。〔註4〕萬曆中期以後，民間經濟雖然相當有活力，但是，皇家的奢侈浪費，與朝廷焦點長期圍繞在與皇宮有關的議題打轉，進行各種政治鬥爭、口舌之戰，政局杌隉，無不對此產生打擊。

　　國家財政、經濟雖然重要，但鮮少成為中晚明國政的主軸，因此，畢自

〔註1〕黃仁宇，《十六世紀明代中國之財政與稅收》（臺北：聯經出版社，2001年），頁309～312。
〔註2〕樊樹志，《晚明史》，頁5～74。全漢昇著，〈宋明間白銀購買力的變動及其原因〉，收入氏著《中國經濟史研究》二，頁95～124。
〔註3〕鄭永常，《來自海洋的挑戰～明代海貿政策研究》，頁374。
〔註4〕張顯清、林金樹主編，《明代政治史》，頁994～998、1010～1016。

嚴作為一位戶部尚書，出現在晚明的崇禎朝廷，歷史名氣也就沒那麼響亮，遠遠遜色於許多當時的政治主角們。

天啟年間，明朝國力並未三度攀上高峰，政治也沒有比萬曆末年澄清，外患卻由海上的蕞爾小國──日本，換成山海關外的滿清。一如本論文第二章〈天啟朝前後的政經回顧〉所陳，明代傳統的賦役制度崩解待建，稅賦減少必察，經濟衰弱須振，人民苦痛堪憐，正值百廢待興之時，在在都需仰賴國家帶頭復興。可是，此際朝廷的袞袞諸公們，尤其是天啟後期的掌權者──魏忠賢及其黨徒，無視時代的需求，爭權、奪利、求名，毫不關心草芥之民的死活福祉。

魏忠賢黨羽大亂一場，明朝病入膏肓，崇禎帝登基擘劃，希圖振興。魏忠賢一夥下台，晚明更重要的議題──財經便立刻浮上檯面，其中，軍事、邊鎮、糧餉這一連串相關而並存的現實問題，又成為最急需解決的心腹之憂，故能臣幹才，特別是長於財經的有為官員，聲勢必然水漲船高。長年在西北、北方任官，與各邊境軍鎮多有接觸，居官向來苦幹實做的畢自嚴，於是被召入京城，希望藉其多年沉潛歷練的功夫，為明朝政府解決迫在眉睫的財經窘境。本論文第三章〈畢自嚴的家世與生平歷練〉，就是他前面五十八年的人生，家族、教養、仕宦等等過程，畢自嚴和他的家族，其實就是明朝大社會的一個縮影。

崇禎初年，崇禎帝廓清朝局，但是當時他也僅僅十七歲，其兄熹宗在皇弟的教育上，看來沒有花太多心思。本論文第四章〈戶部尚書和皇帝間的公私互動〉，寫的就是崇禎帝除去第一政敵後，與他的財經首臣畢自嚴四年八個月的相處過程。其實，前期與後期之分，也不過以崇禎三年年中為分水嶺，即將於當年底弱冠的崇禎帝，開始略顯驕態，而且越來越向專橫、我行我素傾斜，多次質疑畢自嚴的政策、作為，自己卻又拿不出更好的處理方式。

畢自嚴雖遭逢不成熟之主，但屢次經過折衝，使得崇禎帝在財經政策上，依照畢自嚴意見處理的還是居多數。第五章〈畢自嚴的財經思維和規劃〉，探討的是畢自嚴於戶部尚書任職之初的學習與思索，以他沉穩厚重，謀定後動的性格，堅持財經政策不可倉促成形，必得經過一番虛心檢討，讓百花齊放、百家大鳴，達到集思廣益之效，才能制訂出戶部的國策。

財經是晚明首要議題，正本清源、回歸法制，一切照章行事、依法糾繩，則是畢自嚴最主要的財經思維。他如此想，落實到財經政策的執行上，即挾

財政雙鉗——開源、節流，扭國家財政歸於原有制度之正途，再輔以考成法伴行，這種思維，充盈在國家財經會議集成之《邊餉總綱》裡面。《邊餉總綱》二十款，除去「增加鹽引」一款，其他各款無不是期望在國家原有規定的稅賦名目之內，為國籌財、找錢的，而增加鹽引之議，也是基於明代舊有鹽政制度之上，度勢增加鹽引數量或鹽斤數目而已，與改變制度鮮有關係。

　　畢自嚴是一位很務本的財經官員，凡事實在而道，不空言大話；施政之前，他主張充分討論，結論之後，他更力求政出必踐，不讓眾官員的熱誠付諸東流，欺哄視聽。《邊餉總綱》受滿清入寇戰爭衝擊，戛然夭折，畢自嚴卻不讓它就此消逝；戰爭完畢後，公家的物力、財力大幅縮減，全方位的財經政策——《邊餉總綱》眼見無法實施，畢自嚴被迫縮小志向、收斂魄力，聚集所餘不多的資源，投入戰後的復原，進行屯田，進一步再以田畝為本，重振賦役催解的工作，並於此間隱含《邊餉總綱》部分的實行。

　　老成持重的畢自嚴，施政向來秉承按部就班，務實緩進的調子，著重效果。他也講求行政效率，但更要求實質，寧緩勿躁，留穩去浮，給基層官員留餘地，溫和敦厚，祈求在天不時、地不利的晚明，能至少為國家前景保住人和，因此，他寧可屢次抗顏上疏，不惜以辭官表態，反對皇帝隨意用錦衣衛逮捕官員，囚居圄圇，折人士氣，即使，他自己亦不免因此嘗過短期牢飯。

　　第六章〈軍事糧餉的規劃與調度〉裡，有關催解州縣賦役的政策，崇禎帝從頭到尾都持懷疑的態度，質疑戶部包庇州縣官，替他們隱瞞不法、怠職過往，直到畢自嚴一份份題本，明明白白提出每一位基層官員查證屬實的收稅經過，這位皇帝還不願承認是自己多心，仍要以責怪別人來替自己掩飾。皇家失教，使不成熟的皇室子孫擔任政治領袖，其禍害在此表露無遺。

　　皇家失教，宜以相配的兩者言之。明、清兩代並列，後者的皇子教育向來以嚴格著稱，其始作育皇子，開嚴教皇家先河的清聖祖愛新覺羅·玄燁，本身受教完整，終身好學不倦、求知若渴，對於二十四個兒子的教育，亦是名師、嚴法，無長幼之別、泯嫡庶之分，黎明即起，身教言教，還把幾個年長皇子不時置於官場中實習政務，鍛鍊有素，堪稱一時俊傑，不負天潢貴胄。〔註5〕反觀晚明，明神宗雖幼年喪父，教育卻並未因此而失落，由首輔張居正親自督導，同樣身教言教，無一刻敢鬆懈。然而，終究難免權力之爭，又非

〔註 5〕 楊珍，《康熙皇帝一家》上、下（臺北：遠流出版社，1999 年）。楊珍著，《清朝皇位繼承制度》（北京：學苑出版社，2001 年），頁 154～168。

親身之父，長年被管束的鬱積深厚，明神宗在張居正辭世後，抄沒張家，逼死師子，未免近乎冷酷無情。〔註6〕家傳下來，繼續漠視庶出的長子光宗，使他受盡屈辱、折磨，十三歲才出閣受教，〔註7〕即位旋崩，長孫熹宗闇弱，疏離政治之外；畢自嚴之君崇禎帝，亦是隨父從小受壓抑、多疑好面子，委曲求全於政局紊亂之世，意外成為皇帝，這三位明朝皇帝的共通點，就是都沒有受過完整而良好的教育。

　　缺乏合於其尊榮身份的應有教養，導致崇禎帝無法有皇帝的氣度，雖然勤政，卻刻薄多疑、反覆無常，〔註8〕是戶部尚書畢自嚴施政途上的掣肘之源，不時的質疑，讓這位六十上下的老臣，在面對棘手複雜的財經難題之際，還得空出心力來應付這位難纏的青年——一位手握全民生殺大權，隨年紀越長而越傾向剛愎自用、對大臣嚴厲且任性多疑的皇帝，〔註9〕畢自嚴戶部尚書之難當，從他才就任不到五年就近乎全盲、臉腫體衰、舉步維艱可知。教育缺失於晚明皇家之損害，國家利益之危害，不亞於魏忠賢亂政；「君子之澤，五世而斬」，〔註10〕明神宗不重繼承人的教育，往下僅歷兩世就亡國，後果十分沈重。

　　明朝政府初建國，冀望偃兵息鼓、與民休息，因此丈量田地、調查戶口，編纂成《魚鱗圖冊》和《黃冊》，完成自唐朝中葉均田制破壞之後，數百年來的中央政府都沒有徹底解決的政務。民生至上，藏富於民的同時，明太祖也以嚴刑峻罰來矯正元末官場的貪腐之風，打擊他眼中的非法不遺餘力，如此天平盡傾一端的結果，雖換得明初六、七十年的廉能、效率，亦導致士不敢出而為君用，往後靖難之役時，中央官員任憑成祖武力篡位卻噤不敢言、漠然。〔註11〕

　　治亂世用重典，是初明洪武朝懲於元末天下大亂十多年，九州氣衰、生靈塗炭，須用非常之法的非常手段。晚明崇禎朝，剛剛經過皇宮內監魏忠賢亂政，國家元氣大傷，黎民生活受擾、精神被迫扭曲，仕紳風骨大失、氣節

〔註 6〕 樊樹志，《萬曆傳》，頁 207～212。
〔註 7〕 樊樹志，《萬曆傳》，頁 328。
〔註 8〕 樊樹志，《權與血——明帝國官場政治的權力較量》，頁 216～226。
〔註 9〕 有關崇禎的性格變化與十七年間對朝臣的態度，晃中辰，《崇禎傳》，頁 61～135。
〔註 10〕 朱熹，《四書集註》，〈孟子・離婁下〉，頁 117。
〔註 11〕 姜公韜，《明清史》（臺北：眾文圖書股份有限公司，民國 85 年），頁 19～21、24～27。

受盡折辱，比擬為方從一場戰爭中脫身亦不為過；這個時節，當然也必須用非常之法來揪大明回歸正軌，崇禎帝這麼想、這麼做，其財臣畢自嚴亦這麼想、這麼做，財政雙鉗手法，倚法令為盾，考成優劣，強力使財經既開源且節流的政策，便是實際展現。

但是，魏忠賢亂政究竟不能上比元明改朝換代的巨變，前者是宮廷、外朝的猛烈政治惡鬥，後者更是翻天覆地的各地軍閥大混戰、長久的無政府狀態，兩相比較，規模立見。因此，診治兩種不同混亂之後的對症下藥，其劑量絕不能完全相同，這番道理，草莽苦絕出身的明太祖或許懂，深宮長大的崇禎帝可能就不知道了。在處置完棘手的魏忠賢，又經過一、兩年熟悉政務，崇禎帝開始急切地「整頓官方，驅除民害」，〔註12〕師法祖宗，以三尺白簡、詔獄嚴法，企圖迅速鞭策「大臣飭法懲姦」，〔註13〕盡心任事，提升國家行政效率，與他一起實現中興壯舉。

崇禎帝操之過急，在「謇諤痛于杖下，柔良苦于立枷，臣民重足，道路以目」這樣的社會摧殘之後，〔註14〕不讓官民稍事喘息，靜養傷痕，卻期待他們能趕快動起來，尤其希望治國左右手的官員們儘速正坐崗位，盡忠竭力地辦事、賣命，實是矯枉過正，這樣逆勢強項的作為，是很難引發共鳴的。所以，太祖之民，安居樂業；崇禎帝之民，北苦於滿清搶掠、擔驚受怕，南憂於加稅重剝、無以安生，西亂於民變匪酋、楚黔之餉，以此背景，再膠柱鼓瑟地只知以法治國，無絲毫寬鬆、體諒，中興再造是很艱難的。

戶部尚書畢自嚴，裙踞官署經濟軒埋首苦思，淚眼批答至於不能視物，他胸中多少必有振興國家經濟，充足國庫，重造大明之念。其思想、規劃、作為，全和「錢財」脫不了關係，但是真正推行起來，很多並不是一個戶部尚書隻手說要做就可以做的，還有賴政府全體的通盤合作。舉第五章「改革政治弊端以利財源」一例來說，就不是畢自嚴有權決定的事，他最多也只能掌控戶部自身的人員控管、日常行政而已，涉及到各地方的運輸、完稅之類的事項，還有賴科道糾察，水道、工人配合，州縣官盡力辦事，最重要的是皇帝執法、貫徹的決心，財經政策所牽扯，委實太多太複雜。

遭逢如此情狀，畢自嚴即使有心辦事，倘若上述任何一個環節不能配合，

〔註12〕畢自嚴，《度支奏議》二，〈吏治更始謹陳釐剔十款疏〉，堂稿卷17，頁27。
〔註13〕畢自嚴，《度支奏議》二，〈查奏逆屬安置緣繇疏〉，堂稿卷18，頁48。
〔註14〕談遷，《國榷附北游錄》九，卷88，天啟七年十一月甲子朔，頁5397。

就會產生阻礙而無法順利完成一件政策；阻礙越多，躓跛的政策也就越多，離振興經濟、充實國庫的理想就越遠。魏忠賢大亂期間，晚明政府行政鬆散，還留著的官員盡是汲汲營利之輩，做事者不多，經濟衰退、民生凋敝，老百姓的死活也沒有人管，政務脫序，諸般問題日益浮現，全教崇禎君臣承受下來，焦頭爛額；崇禎朝大臣間永無止境的口舌戰、意氣爭，依舊明槍暗箭地彈射著，盱衡此況，單靠戶部尚書畢自嚴和他盡責的戶部，是無法儘速恢復明朝繁榮盛況的。

　　明朝不是沒有制度，沒有法律，沒有慣例，沒有人才，之所以在崇禎初年支撐得如此困難，是因為前述四項先經神宗荒怠而失序，後遇魏忠賢胡攪而完全亂調；更重要的是，在天啟六、七兩年，黨同伐異，廟堂、地方嚴重對立，官員中，部分跟著當權者搖擺，凶狠而澆薄，少數敢起而與魏忠賢對抗的，皆遭慘死，剩下的只能噤若寒蟬、明哲保身。既然朝臣專務攻擊、彈劾、去除異己，當然沒有時間做事，也無心做事；想做實事、會做實事、有心做實事的，講了沒人理，不滿當權會被去職，反抗則會引來殺身之禍，自然更不會做事了。讀過書的官員都沒人在做事，一般沒唸過書的明朝老百姓，平常就聽政府指示做事，運轉政府機器的人都不知所措，更何況老百姓？所以畢自嚴等人所討論的各種財經議題做法，其中心主旨，就是正本清源，回歸制度，看出問題，解決問題，把早就該做卻沒有做的完成。

　　由第六章金軍入寇戰爭中遵化縣的例子，多年無錢不給、缺兵不補，以小見大，整場戰爭彰明出來的國庫枯竭、輸輓不靈、軍隊協調問題，何者不是天啟年間東林人士與魏黨惡鬥，數年無人顧及國家實際事務的運作，所遺留下來的禍害？不公平的是，惡鬥雙方一遭報應敗倒、一身死揚名，但承受惡果、收拾爛攤子的人，卻是在這場政爭當中根本浮不上檯面的配角們，如崇禎帝、畢自嚴，如廣大的晚明政府機構、國家要務、全體平民和中小官員群。這種國度，失望之情只會日益興起，倘再遇到大小不等的天災、人禍，國勢難料。

　　明朝亡不亡，已經不是畢自嚴生時可以想見的，然而，作為一位繼衰興廢的戶部尚書，他還是有他的時代眼光，發揮知識份子任事不畏難的精神，主導編纂《賦役全書》。此總結明代自中葉開始的賦役改革，已經可用攤丁入畝收攏，並進而制訂一本國之基礎冊籍，傳之久遠的企圖，表明畢自嚴是一位承先啟後的財經之臣，總匯明代自萬曆以來的賦役制度變革結果，將其力

量轉用於締造、開創下一個財稅制度；他或許不有名，但正如其農村出身的樸實背景，他是歷史上一位默默奉獻的財政大臣，經濟官員。

請辭戶部尚書獲准之後，他很高興地寫下「祿厚責彌重，汲深綆莫支，筋力空殫竭，膏肓悲暗滋。匡弼況未效，其如青史嗤，坐是乞鑑湖，烟水聊自怡，竊慶拜明綸，從此免素尸。」〔註15〕表達出終於可以免去整日兢兢業業的拼鬥心情，揮卻御史、舉朝臣民監督的壓力，好好回鄉修養身體、安度餘年。其在官言官，度時致仕，知所進退不戀棧，實是晚明的少有風範。

〔註15〕畢自嚴，《石隱園藏稿》，〈留計移疾獲請詠懷〉，卷1，頁3。

附表一：《度支奏議》堂稿二十卷目錄

附表二：《度支奏議》堂稿二十卷細目表

編號	卷數	題本名稱	題奏日期	奉旨日期	頁　數	批示內容摘要 （節錄主旨，主要採用原辭）
1	1	〈初辭起官戶部疏〉	1.6.19 （1628.7.19）	1.6.29 （1628.7.29）	1～4	不准辭
2	1	〈中途再辭疏〉	1.8.3 （1628.8.31）	1.8.6 （1628.9.3）	5～7	不必遜辭
3	1	〈寧遠兵變束躬待罪疏〉	1.8.19 （1628.9.16）	1.8.22 （1628.9.19）	8～12	即出料理，不必再陳
4	1	〈委官清查邊餉增額疏〉	1.8.21 （1628.9.18）	1.8.24 （1628.9.21）	13～14	是
5	1	〈節省公用助餉疏〉	1.8.28 （1628.9.25）	3.2.22 （1630.5.4）	15～17	奏進銀兩著再行稽查
6	1	〈遼餉不敷濟急無奇疏〉	1.9.1 （1628.9.27）	1.9.4 （1628.9.30）	18～36	新餉雜項九款再議，限三月
7	1	〈舊餉告匱邊鎮呼庚疏〉	1.9.1 （1628.9.27）	1.9.4 （1628.9.30）	37～43	俱依議，著實申飭行
8	1	〈遼變原因缺餉互訐漸至失實疏〉	1.9.5 （1628.10.1）	1.9.8 （1628.10.4）	44～53	該部一併會議具奏
9	2	〈欽奉上傳覆查外解拖欠疏〉	1.9.5 （1628.10.1）	1.9.8 （1628.10.4）	1～30	數目知道了，還須設法催解，以便接濟
10	2	〈申飭民運考成疏〉	1.10.5 （1628.10.31）	1.10.8 （1628.11.3）	31～38	邊餉不給，全繫民運拖欠數多，考成法嚴加申飭

11	2	〈查催逋負金花疏〉	1.10.4（1628.10.30）	1.10.8（1628.11.3）	39～41	天啟六七年的，現本年終全完；五年以前的，限一年完十分之三……完不及額的，撫按指名參來重處
12	2	〈申飭京邊考成疏〉	1.10.11（1628.11.6）	1.10.14（1628.11.9）	42～48	俱依議，著實申飭。法在必行，不得姑息
13	2	〈題催省直撫按協濟新舊餉銀疏〉	1.10.10（1628.11.5）	1.10.14（1628.11.9）	49～58	申飭嚴催，照數完解；督撫軍餉，不准量解
14	2	〈申飭榷政舊額新增疏〉	1.10.16（1628.11.11）	1.10.19（1628.11.14）	59～66	依議行。差滿嚴加考覈，分別奏請，方許復職
15	2	〈恭謝發帑疏〉	1.10.16（1628.11.11）	1.10.22（1628.11.17）	67～70	知道了
16	3	〈召對面諭清查九邊軍餉疏〉	1.10.29（1628.11.24）	1.11.3（1628.11.28）	1～20	總數一覽瞭然。士兵原、今額作速清算，汰冗節用
17	3	〈召對面諭清查遼左缺餉疏〉	1.10.30（1628.11.25）	1.11.3（1628.11.28）	21～27	關門內外餉額、年來增減數目及加派雜項銀兩、免留項數，知道了；薊密永津兵馬宜否裁減，著督師及督撫具奏。
18	3	〈據實認罪疏〉	1.11.4（1628.11.29）	1.11.7（1628.12.2）	28～29	司官錯誤，不必引咎
19	3	〈進繳緝捕私販聖諭疏〉	1.11.5（1628.11.30）	1.11.8（1628.12.3）	30～32	知道了
20	3	〈申飭差規講求節省疏〉	1.11.12（1628.12.7）	1.11.15（1628.12.10）	33～39	俱依議行
21	3	〈查參薊鎮餉司陳調鼎疏〉	缺頁	缺頁	40～44	缺頁
22	3	〈奉旨清查邊餉增減緣繇疏〉	1.12.3（1628.12.27）	1.12.6（1628.12.30）	45～80	知道了。督撫諸臣各悉意講求，逐一清覈
23	3	〈恭謝考滿欽賜羊酒疏〉	1.12.2（1628.12.26）	1.12.5（1628.12.29）	81～82	知道了
24	3	〈議覆太倉預支官員疏〉	1.12.9（1629.1.2）	1.12.18（1629.1.11）	83～95	太倉錢糧出入，分毫不容混冒，前後各官個別處罰
25	3	〈事例欽奉上傳疏〉	2.1.13（1629.2.5）	2.1.15（1629.2.7）	96	知道了
26	3	〈議留任滿新舊二餉司疏〉	2.1.21（1629.2.13）	2.1.25（1629.2.17）	97～101	已有旨了
27	4	〈遵例自陳不職疏〉	2.1.24（1629.2.16）	2.1.27（1629.2.19）	1～3	不准辭
28	4	〈恭進御覽事例文冊疏〉	2.1.24（1629.2.16）	2.1.29（1629.2.21）	4～6	知道了，以後（戶部）逐月事例按季奏繳

29	4	〈題委邊餉錢法印務疏〉	2.1.30（1629.2.22）	2.2.4（1629.2.26）	7	是
30	4	〈辭免太子少保新銜疏〉	2.2.1（1629.2.23）	2.2.4（1629.2.26）	8～9	不准辭
31	4	〈恭謝欽賜花幣疏〉	2.2.8（1629.3.2）	2.2.11（1629.3.5）	10	知道了
32	4	〈題議各邊主客兵餉疏〉	2.2.15（1629.3.9）	2.2.23（1629.3.17）	11～15	主客兵餉數目一覽瞭然，今後客餉另行造冊呈報免弊
33	4	〈題議修復津門屯政舊績疏〉	2.2.18（1629.3.12）	2.2.22（1629.3.16）	16～21	依議
34	4	〈初次告病乞休疏〉	2.2.23（1629.3.17）	2.2.25（1629.3.19）	22～24	切勿再陳
35	4	〈詳陳節欠各邊年例數目疏〉	2.2.26（1629.3.20）	2.2.29（1629.3.23）	25～36	數目知道了。其額餉措發，先儘見年，務著及期接濟，勿致延緩
36	4	〈病困阽危再乞休致疏〉	2.2.28（1629.3.22）	2.2.30（1629.3.24）	37～39	不得再有陳請
37	4	〈臣部措餉苦艱薊鎮兵驕可駭疏〉	2.3.5（1629.3.29）	2.3.7（1629.3.31）	40～48	欠餉數目知道了。發餉責在該部，撫馭軍士、申明國法責在督撫道將，各官不得一任要挾玩為故事
38	4	〈薊門月餉旋發兵譁警報踵至疏〉	2.3.7（1629.3.31）	2.3.9（1629.4.2）	49～55	各兵離臺赴訴，避有別項隱情，已著督撫奏明區處；卿一意料理，照常接濟
39	4	〈參司官劉鼎卿餙辯撓察疏〉	2.3.12（1629.4.5）	2.3.16（1629.4.9）	56～59	以後司屬再有餙辯罪狀，侵及堂官者，必加重處
40	4	〈薊鎮請發多餉疏〉	2.3.15（1629.4.8）	2.3.19（1629.4.12）	60～63	薊鎮餉劑量給發，預儲後備，勿偏緩急。營兵領餉的安插歸伍，逃叛的緝拿正法。他鎮餉到即與分發
41	4	〈進繳欽頒皇賞聖諭疏〉	2.3.17（1629.4.10）	2.3.20（1629.4.13）	64～65	知道了
42	4	〈會議邊餉條陳六款疏〉	2.3.19（1629.4.12）	2.4.2（1629.4.24）	66～81	六款利病參半，著一併確議具奏
43	4	〈冒罪直陳內庫改折疏〉	2.3.19（1629.4.12）	2.3.24（1629.4.17）	82～88	內庫係上供，改折助餉，不必更議
44	4	〈進繳聖諭錦衣軍糧布花疏〉	2.4.3（1629.4.25）	2.4.6（1629.4.28）	89	知道了

45	4	〈軍糧布花遲緩認罪疏〉	2.4.3 （1629.4.25）	無	90～98	無
46	5	〈題辯儀兌始末與民運無涉疏〉	2.4.6 （1629.4.28）	2.4.9 （1629.5.1）	1～9	總聽撫按漕臣便宜濟事。挽字錯寫擾字，改正行（簡寫擾字為挽字免下打兩點）
47	5	〈歲報倉庫積羨之數疏〉	2.4.12 （1629.5.4）	2.4.15 （1629.5.7）	10～15	准以各倉庫所積羨餘充公作正支銷項目
48	5	〈司屬譴責再乞認罪罷斥疏〉	2.4.14 （1629.5.6）	2.4.17 （1629.5.9）	16～21	司屬責罰，不必引咎
49	5	〈回奏薊府王應豸節省軍餉疏〉	2.4.21 （1629.5.13）	2.4.25 （1629.5.17）	22～28	王應豸不職致變，擬罪
50	5	〈匠役覬覦新糧效尤狂肆疏〉	2.4.23 （1629.5.15）	2.4.26 （1629.5.18）	29～32	匠役狂肆，懲處。以後若有借事阻撓，定治以法，絕不輕宥
51	5	〈題覆臺臣劉學詩裁冗省費充餉疏〉	2.4.27 （1629.5.19）	2.*4.1 （1629.5.23）	33～35	是
52	5	〈題覆太常寺少卿呂維祺會議疏〉	2.*4.4 （1629.5.26）	2.*4.9 （1629.5.31）	36～46	如議申飭，頒布即行
53	5	〈題覆戶科給事中解學龍等會議疏〉	2.*4.4 （1629.5.26）	2.*4.8 （1629.5.30）	47～70	如議，有五款不必行
54	5	〈題覆御史部啟隆鄭宗周張應辰會議疏〉	2.*4.4 （1629.5.26）	2.*4.11 （1629.6.2）	71～76	各款既經酌妥，俱著申飭祈字錯寫，改正行
55	5	〈題覆會議邊餉議單十二款疏〉	2.*4.4 （1629.5.26）	2.*4.12 （1629.6.3）	77～96	各款既經裁定，通行內外各衙門畫一遵承，務濟實用。鼓鑄、隱畝、崇文店稅三款不必行
56	6	〈三懇休致疏〉	2.*4.5 （1629.5.27）	2.*4.8 （1629.5.30）	1～4	慎勿再陳
57	6	〈簡舉落字疏〉	2.*4.7 （1629.5.29）	2.*4.11 （1629.6.2）	5	偶誤，不必引咎
58	6	〈題覆太倉監督陳賓盛給發召買商價疏〉	缺頁	缺頁	6～12	缺頁
59	6	〈祭告社稷復命疏〉	2.6.11 （1629.7.30）	2.6.14 （1629.8.2）	13～14	速出供職，不得再陳

60	6	〈奏辯方關院猜擬求罷疏〉	2.*4.21 (1629.6.12)	2.*4.25 (1629.6.16)	15～18	不必介意言去
61	6	〈題報薊密永昌新發兵餉數目疏〉	2*4.24 (1629.6.15)	2.5.1 (1629.6.21)	19～24	數目知道了，以後京運務足，餉司將發過數目按月銷算來奏
62	6	〈四懇休致疏〉	2.5.4 (1629.6.24)	2.5.7 (1629.6.27)	25～29	即出視事，慎勿杜門
63	6	〈班軍折半再請明示充餉疏〉	2.5.4 (1629.6.24)	2.5.8 (1629.6.28)	30～33	准
64	6	〈五懇休致疏〉	2.5.9 (1629.6.29)	2.5.12 (1629.7.2)	34～36	佇即勉出，勿再控陳
65	6	〈六懇休致疏〉	2.5.14 (1629.7.4)	2.5.17 (1629.7.7)	37～39	調理二三日，即出理部務
66	6	〈會議邊餉事竣通行彙冊頒布疏〉	2.5.16 (1629.7.6)	2.5.20 (1629.7.10)	40～81	彙冊刊布
67	7	〈轉餉畫一全行兒支疏〉	2.5.25 (1629.7.15)	2.5.28 (1629.7.18)	1～6	如議行
68	7	〈七懇休致疏〉	2.6.9 (1629.7.28)	2.6.12 (1629.7.31)	7～10	万切倚賴，還加意料理
69	7	〈議袪餉司宿蠹一款疏〉	2.6.18 (1629.8.6)	2.6.25 (1629.8.13)	11～27	通移各餉司遵行
70	7	〈邊塞呼籲日間京邊起解中斷疏〉	2.6.30 (1629.8.18)	2.7.3 (1629.8.21)	28～45	移咨撫按鹽臣，限十二月內解完各項逋額；司府各官今職名冊進呈，以憑摘處
71	7	〈平賦永利修書曠典分官責成疏〉	2.7.5 (1629.8.23)	2.7.8 (1629.8.26)	46～53	依議，慎選纂官
72	7	〈歸併臺省二臣清查京邊雜項疏〉	2.7.8 (1629.8.26)	2.7.11 (1629.8.29)	54～56	令二臣一併催覈
73	7	〈二年春夏二季邊餉覈實入告疏〉	2.7.11 (1629.8.29)	2.7.16 (1629.9.3)	57～68	數目知道了，通融劑量，幾無缺額，具見卿部苦心
74	7	〈遵旨遴選差官纂修疏〉	2.7.12 (1629.8.30)	2.7.15 (1629.9.2)	69～72	依議，嚴飭撫按配合行
75	7	〈覆科臣裴君賜親立錠式疏〉	2.7.21 (1629.9.8)	2.7.25 (1629.9.12)	73～76	是
76	7	〈漕糧積欠懇乞嚴追比重考成疏〉	2.8.19 (1629.10.5)	2.8.23 (1629.10.9)	77～85	依議

77	8	〈漕政廢弛已極新運振刷宜豫疏〉	2.8.19（1629.10.5）	2.8.22（1629.10.8）	1～7	條陳十款，便行與該管衙門遵悉
78	8	〈特催拖逋鹽課併乞欽定解期疏〉	2.8.26（1629.10.12）	2.8.29（1629.10.15）	8～12	依議，即從本年秋運為始
79	8	〈堂印模糊祈請鑄換疏〉	2.9.1（1629.10.16）	2.9.4（1629.10.19）	13～15	禮部知道
80	8	〈聖壽屆期申飭彙冊疏〉	2.9.25（1629.11.9）	2.9.28（1629.11.12）	16～25	是，都著覈實舉行
81	8	〈遵旨續選司屬纂修賦役全書疏〉	2.9.30（1629.11.14）	2.10.3（1629.11.17）	26～29	是
82	8	〈申禁各倉分外需索并各衙門借夫疏〉	2.10.6（1629.11.20）	2.10.9（1629.11.23）	30～37	是，再有分外需索的，監督官即行發覺重處
83	8	〈開造賦役全書規則疏〉	2.10.13（1629.11.27）	2.10.17（1629.12.1）	38～39	新式既頒，全書依式速報
84	8	〈民兵尚無確數經費未見畫一疏〉	2.10.27（1629.12.11）	2.10.30（1629.12.14）	40～48	保河民兵銀現支款項尚未明悉，餘項依議
85	8	〈議收煤炭以資防守疏〉	2.11.10（1629.12.24）	2.11.11（1629.12.25）	49～50	依議
86	8	〈酌給京軍行糧疏〉	2.11.11（1629.12.25）	2.11.12（1629.12.26）	51～55	知道了，速解
87	8	〈酌議京軍預支通糧疏〉	2.11.11（1629.12.25）	2.11.12（1629.12.26）	56～58	依議
88	8	〈薊鎮援兵本色甚急疏〉	2.11.12（1629.12.26）	2.11.13（1629.12.27）	59～63	各如議行
89	8	〈分委司管給散城守行糧疏〉	2.11.13（1629.12.27）	2.11.14（1629.12.28）	64～68	俱如議行
90	8	〈援兵本色專官督催疏〉	2.11.15（1629.12.29）	聖旨未下	69～77	聖旨未下
91	8	〈勸借車輛轉運本色疏〉	2.11.15（1629.12.29）	2.11.18（1630.1.1）	78～80	工部並勳戚車輛速與撥給，依議行
92	8	〈酌議城守給餉事宜疏〉	2.11.16（1629.12.30）	2.11.1（1630.1.1）	81～84	酌議從便
93	8	〈酌議解發援兵行糧疏〉	2.11.17（1629.12.31）	2.11.1（1630.1.1）	85～88	依議，各兵至京本折速辦
94	8	〈經營城守軍丁行糧給散踰期疏〉	2.11.17（1629.12.31）	2.11.19（1630.1.2）	89～92	依議

95	9	〈京軍十二月分改支京糧疏〉	2.11.18（1630.1.1）	2.11.20（1630.1.3）	1～4	准
96	9	〈請祈開門為袁督師轉餉疏〉	2.11.18（1630.1.1）	2.11.19（1630.1.2）	5～7	刻期開門速發
97	9	〈借用崇文門外商草疏〉	2.11.18（1630.1.1）	無	8	聖旨命借，畢自嚴回覆
98	9	〈措發滿桂侯世祿兵馬本折行糧疏〉	2.11.19（1630.1.2）	2.11.20（1630.1.3）	9～10	知道了
99	9	〈請祈開門發袁督師兵馬芻餉疏〉	2.11.19（1630.1.2）	2.11.24（1630.1.7）	11～12	刻期開門速發，但須先日預儲，日中運發，不得眈延迫暮，致有疎虞
100	9	〈請撥兵撥車輸輓行糧疏〉	2.11.20（1630.1.3）	2.11.22（1630.1.5）	13～16	依議
101	9	〈關寧血脈不通太倉匱乏殊甚疏〉	2.11.20（1630.1.3）	2.11.22（1630.1.5）	17～19	准
102	9	〈回奏總兵滿桂給發熟食草料疏〉	2.11.22（1630.1.5）	無	20	無
103	9	〈分委司官給發行糧料草疏〉	2.11.22（1630.1.5）	2.11.26（1630.1.9）	21～22	知道了
104	9	〈袁督師兵緝發草料飲食疏〉	2.11.22（1630.1.5）	2.11.26（1630.1.9）	23～26	門禁啟閉遵旨，糧料按時出入
105	9	〈會議民夫口糧疏〉	2.11.24（1630.1.7）	2.11.26（1630.1.9）	27～28	依議
106	9	〈添委司官管理京營行糧疏〉	2.11.24（1630.1.7）	2.12.2（1630.1.14）	29～32	吏部即與題覆
107	9	〈酌議城守軍丁本色行糧疏〉	2.11.24（1630.1.7）	2.11.26（1630.1.9）	33～36	知道了，糧草速與運給
108	9	〈回奏督師軍中糧料疏〉	2.11.25（1630.1.8）	無	37～43	無
109	9	〈酌定廣渠門外運發糧料之法疏〉	2.11.26（1630.1.9）	紙頁影印模糊	44～47	紙頁影印模糊
110	9	〈給發副協理新兵本折糧餉疏〉	2.11.27（1630.1.10）	2.11.29（1630.1.12）	48～49	知道了，預圖接濟，毋至匱乏
111	9	〈題議門軍口糧鹽菜疏〉	2.11.27（1630.1.10）	紙頁影印模糊	50～52	紙頁影印模糊

112	9	〈報發尤岱文光行糧疏〉	2.12.1 (1630.1.13)	2.12.4 (1630.1.16)	53～54	知道了，以後援兵到城，兵部即探明數目及駐扎處
113	9	〈給發滿帥行糧確數疏〉	2.12.1 (1630.1.13)	2.12.4 (1630.1.16)	55～57	知道了
114	9	〈急調司官以備料理行糧疏〉	2.12.1 (1630.1.13)	2.12.4 (1630.1.16)	58～59	即與覆行
115	9	〈給發援兵行糧疏〉	2.12.2 (1630.1.14)	2.12.3 (1630.1.15)	60～61	知道了，查兵馬確數，因餉覈兵
116	9	〈率屬捐貲以助軍餉疏〉	2.12.2 (1630.1.14)	2.12.3 (1630.1.15)	62～63	具見急公
117	9	〈給發新兵餉銀疏〉	2.12.3 (1630.1.15)	2.12.5 (1630.1.17)	64～65	P.64 缺頁
118	9	〈奏報京軍匝月行糧料草疏〉	2.12.4 (1630.1.16)	2.12.7 (1630.1.19)	66～71	是
119	9	〈通州寄庫軍餉通融支用疏〉	2.12.4 (1630.1.16)	2.12.7 (1630.1.19)	72～74	是
120	9	〈河干凍糧無恙據揭轉報疏〉	2.12.4 (1630.1.16)	2.12.7 (1630.1.19)	75～78	依議飭行
121	9	〈謹擬廩給折色以優將領疏〉	2.12.5 (1630.1.17)	2.12.7 (1630.1.19)	79～80	是
122	9	〈題委趙炯管理申甫軍餉疏〉	2.12.5 (1630.1.17)	2.12.9 (1630.1.21)	81～82	是
123	9	〈三河錢糧酌給薊密兼濟疏〉	2.12.6 (1630.1.18)	2.12.9 (1630.1.21)	83～85	是
124	9	〈給發副將申甫兵餉疏〉	2.12.7 (1630.1.19)	2.12.9 (1630.1.21)	86～88	知道了
125	9	〈補還工部贓產急備硝黃疏〉	2.12.9 (1630.1.21)	2.12.11 (1630.1.23)	89～91	是
126	9	〈恭報發過良鄉援兵行糧疏〉	2.12.11 (1630.1.23)	2.12.14 (1630.1.26)	92～95	知道了
127	9	〈募兵已有次第月餉宜衷畫一疏〉	2.12.12 (1630.1.24)	2.12.15 (1630.1.27)	96～99	依議行
128	10	〈恭進戰馬疏〉	2.12.15 (1630.1.27)	2.12.18 (1630.1.30)	1～3	具見念切急公
129	10	〈奸細放火被燒未收商草疏〉	2.12.15 (1630.1.27)	2.12.20 (1630.2.1)	4～7	（錦衣衛百戶）齊端學從重革處，餘已有旨
130	10	〈新兵額數宜確軍需職掌宜明疏〉	2.12.16 (1630.1.28)	2.12.17 (1630.1.29)	8～11	准

131	10	〈回奏新庫短少銀兩疏〉	2.12.17 (1630.1.29)	2.12.20 (1630.2.1)	12～16	是
132	10	〈題照磨萬鍊督餉疏〉	2.12.17 (1630.1.29)	2.12.18 (1630.1.30)	17～18	不必行
133	10	〈參司官李希衛放糧不明疏〉	2.12.17 (1630.1.29)	2.12.20 (1630.2.1)	19～21	著錦衣衛挐了究問具奏，其餘嚴緝
134	10	〈馬草甚艱斤重宜定疏〉	2.12.20 (1630.2.1)	2.12.23 (1630.2.4)	22～25	依議
135	10	〈庫貯將竭憂危無計疏〉	2.12.20 (1630.2.1)	2.12.23 (1630.2.4)	26～29	依議，傳與各衙門知道
136	10	〈改差滿總理督餉司官疏〉	2.12.20 (1630.2.1)	聖旨未下	30～31	聖旨未下
137	10	〈通薊密鎮折色通融支用疏〉	2.12.20 (1630.2.1)	2.12.23 (1630.2.4)	32～36	俱依議
138	10	〈遵旨查明援兵實數疏〉	2.12.22 (1630.2.3)	聖旨未下	37～43	聖旨未下
139	10	〈覆津門對支長蘆鹽課疏〉	2.12.23 (1630.2.4)	2.12.27 (1630.2.8)	44～45	俱依議行。P.44 缺頁
140	10	〈閱具軍興糧料請寬限疏〉	2.12.24 (1630.2.5)	2.12.28 (1630.2.9)	46～48	芻糧查明開奏，覈實兵數，嚴禁虛糜
141	10	〈火箭飛放入倉疏〉	2.12.26 (1630.2.7)	2.12.28 (1630.2.9)	49～50	已有旨，嚴查
142	10	〈兵餉急需權宜設法疏〉	2.12.27 (1630.2.8)	紙頁影印模糊	51～54	紙頁影印模糊
143	10	〈設法轉輸外解以濟軍興疏〉	2.12.27 (1630.2.8)	2.12.28 (1630.2.9)	55～57	便宜設法，勿拘常例，期保萬全
144	10	〈請開三門放糧料疏〉	2.12.28 (1630.2.9)	2.12.28 (1630.2.9)	58～59	著與暫開，守門嚴加稽查
145	10	〈凍糧收斂已多撥兵防守宜亟疏〉	2.12.28 (1630.2.9)	被抹黑	60～62	准
146	10	〈題議津門分發鹽課疏〉	3.1.3 (1630.2.14)	3.1.5 (1630.2.16)	63～66	依議速行
147	10	〈議買京薊料草疏〉	3.1.3 (1630.2.14)	3.1.4 (1630.2.15)	67～70	依議速行
148	10	〈措發延綏關寧援兵月餉疏〉	3.1.3 (1630.2.14)	3.1.6 (1630.2.17)	71～72	知道了
149	10	〈責成道府嚴催外解疏〉	3.1.4 (1630.2.15)	3.1.5 (1630.2.16)	73～74	依議
150	10	〈欽奉聖諭疏〉	3.1.5 (1630.2.16)	3.1.8 (1630.2.19)	75～77	知道了

151	10	〈奏繳十二月分京軍續支行糧疏〉	3.1.6 （1630.2.17）	3.1.9 （1630.2.20）	78～82	依議，仍先行曉諭
152	10	〈欽奉聖諭勸助車輛疏〉	3.1.7 （1630.2.18）	3.1.10 （1630.2.21）	83～84	知道了
153	10	〈再議陸運漕糧事宜疏〉	3.1.7 （1630.2.18）	3.1.9 （1630.2.20）	85～90	各款依議飭行
154	10	〈奉旨開報軍興錢糧疏〉	3.1.7 （1630.2.18）	3.1.9 （1630.2.20）	91～95	知道了，悉心磨對，勿令重複詭冒
155	11	〈通行省直收買料豆疏〉	3.1.8 （1630.2.19）	3.1.10 （1630.2.21）	1～3	俱依議，料豆另議具奏
156	11	〈徵調廢將酌議領餉疏〉	缺頁	缺頁	4～12	缺頁
157	11	〈軍興繁費請還事例疏〉	3.1.10 （1630.2.21）	3.1.12 （1630.2.23）	13～15	准
158	11	〈再議收買料豆疏〉	3.1.11 （1630.2.22）	3.1.13 （1630.2.24）	16～18	依議行
159	11	〈軍興匱竭據實剖衷疏〉	3.1.11 （1630.2.22）	3.1.14 （1630.2.25）	19～22	知道了
160	11	〈題請津撫督餉兼設陸運餉司疏〉	3.1.12 （1630.2.23）	3.1.14 （1630.2.25）	23～26	知道了，如議行
161	11	〈恭報解到錢糧疏〉	3.1.12 （1630.2.23）	3.1.14 （1630.2.25）	27～31	知道了，俱通飭行
162	11	〈題請差官守催軍餉疏〉	3.1.14 （1630.2.25）	3.1.14 （1630.2.25）	32～38	俱依議行，勸懲並用
163	11	〈暫借內供速催鹽課疏〉	3.1.14 （1630.2.25）	3.1.14 （1630.2.25）	39～41	准
164	11	〈條議理財足用六款疏〉	3.1.16 （1630.2.27）	3.1.19 （1630.3.2）	42～47	與戶科參酌商確
165	11	〈恭報發過薊通三河餉銀疏〉	3.1.17 （1630.2.28）	3.1.19 （1630.3.2）	48～51	知道了，軍需雜用兵工二部照例分任，不得互諉
166	11	〈倉役運糧乘機暗竊疏〉	3.1.17 （1630.2.28）	紙頁影印模糊	52～54	紙頁影印模糊
167	11	〈措發關臣帶給薊鎮餉銀疏〉	3.1.19 （1630.3.2）	3.1.21 （1630.3.4）	55～58	知道了
168	11	〈奏繳各項軍兵領過口糧鹽菜疏〉	3.1.19 （1630.3.2）	3.1.21 （1630.3.4）	59～62	知道了，俱依議
169	11	〈議給副協理兵餉疏〉	3.1.20 （1630.3.3）	3.1.21 （1630.3.4）	63～67	知道了

170	11	〈覆兵科題請買煤疏〉	3.1.23（1630.3.6）	3.1.25（1630.3.8）	68～70	依議飭行
171	11	〈遵旨定限守催疏〉	3.1.23（1630.3.6）	3.1.25（1630.3.8）	71～77	知道了。各官到差，限十日內先起解三分，戶部立一到京期限
172	11	〈查催司屬赴部供職疏〉	3.1.23（1630.3.6）	3.1.26（1630.3.9）	78～80	准
173	11	〈恭報發運薊鎮糧料草束疏〉	3.1.24（1630.3.7）	3.1.27（1630.3.9）	81～85	知道了
174	11	〈製完煪炒議解軍前疏〉	3.1.24（1630.3.7）	3.1.27（1630.3.9）	86～87	是
175	11	〈借才原因人乏資格恐資異議疏〉	3.1.24（1630.3.7）	3.2.3（1630.3.16）	88～90	近來各部自題屬官，憑亦薦調，甚垂政體，著通與申飭
176	11	〈題覆通州再設餉臣疏〉	3.1.26（1630.3.9）	3.1.30（1630.3.13）	91～93	不必行
177	11	〈黔事遵旨會議謬效一得疏〉	3.1.26（1630.3.9）	3.1.29（1630.3.12）	94～100	俱依議便行
178	12	〈急缺錢糧借帑接濟疏〉	3.1.26（1630.3.9）	3.1.29（1630.3.12）	1～5	動稱匱乏，度支料理安在？
179	12	〈進繳聖諭疏〉	3.1.30（1630.3.13）	3.2.4（1630.3.17）	6～7	知道了
180	12	〈司計罔裨投劾罷譴疏〉	3.1.27（1630.3.9）	3.1.30（1630.3.13）	8～10	軍興旁午，何得投劾自便？
181	12	〈覆議原題軍興足用六款疏〉	3.1.27（1630.3.9）	3.1.30（1630.3.13）	11～17	國用不敷，還從大款段處搜剔弊蠹，講求長策
182	12	〈更替湖廣催餉官員疏〉	3.1.27（1630.3.9）	3.1.29（1630.3.12）	18～19	是
183	12	〈遵旨定限守催疏〉	3.1.28（1630.3.11）	3.1.30（1630.3.13）	20～23	知道了，錢糧經過驛遞應付防衛，有疏重治
184	12	〈覆張通政輸將軍餉疏〉	3.2.1（1630.3.14）	3.2.4（1630.3.17）	24～26	是
185	12	〈神奸冒侵兵餉亟行追究疏〉	3.2.5（1630.3.18）	3.2.8（1630.3.21）	27～32	法司提鞫、追贓、擬罪、嚴緝
186	12	〈措發水路運價疏〉	3.2.9（1630.3.22）	3.2.11（1630.3.24）	33～34	知道了
187	12	〈恭謝發帑並開款項疏〉	3.2.9（1630.3.22）	3.2.12（1630.3.25）	35～39	知道了
188	12	〈題覆津部催運薊餉疏〉	3.2.10（1630.3.23）	3.2.13（1630.3.26）	40～45	俱依議

189	12	〈水陸之運綦艱督理之法宜備疏〉	3.2.12 （1630.3.25）	3.2.14 （1630.3.27）	46～51	水路速運。俱如議
190	12	〈酌議措餉未盡事宜疏〉	3.2.12 （1630.3.25）	3.2.17 （1630.3.30）	52～58	依議，與吏部、工部酌議、商妥
191	12	〈恭報解到鹽課及新舊餉銀疏〉	3.2.12 （1630.3.25）	3.2.15 （1630.3.28）	59～63	知道了，酌量緩急，次第給用
192	12	〈補還內帑金花子粒二項疏〉	3.2.14 （1630.3.27）	3.2.17 （1630.3.30）	64～66	知道了
193	12	〈再議措餉未盡事宜三款疏〉	3.2.16 （1630.3.29）	3.2.18 （1630.3.31）	67～73	依議申飭行
194	12	〈金花積連認罪披誠疏〉	3.2.17 （1630.3.30）	3.2.20 （1630.4.2）	74～79	金花銀兩依限嚴催；買辦年例俟事平再議
195	12	〈查明門軍銀米支銷的數疏〉	3.2.22 （1630.4.4）	3.2.28 （1630.4.10）	80～82	不必引咎，著該管官據實回奏
196	12	〈撻伐方張轉輸宜預疏〉	3.2.22 （1630.4.4）	3.2.24 （1630.4.6）	83～86	依議措辦
197	12	〈題覆閣部關薊餉銀疏〉	3.2.24 （1630.4.6）	3.2.27 （1630.4.9）	87～91	知道了，需申明絜令，勿令生軍心
198	13	〈續查公用銀兩以助邊餉疏〉	3.2.30 （1630.4.12）	3.3.3 （1630.4.15）	1～4	知道了，續搜
199	13	〈題覆閣部速給關寧兵餉疏〉	3.2.30 （1630.4.12）	3.3.1 （1630.4.13）	5～9	護送速給
200	13	〈議停城守軍丁口糧鹽菜料草疏〉	3.2.30 （1630.4.12）	3.3.3 （1630.4.15）	10～17	依議行
201	13	〈恭報轉運京薊凍糧疏〉	3.3.3 （1630.4.15）	3.3.5 （1630.4.17）	18～22	（戶部主事）姬文郁勤勞，前議設輜重營著便宜具奏
202	13	〈參永平餉司陳此心陷虜奔回疏〉	3.3.4 （1630.4.16）	3.3.7 （1630.4.19）	23～34	已有旨了
203	13	〈再查門軍浮出銀糧疏〉	3.3.6 （1630.4.18）	3.3.10 （1630.4.22）	25～27	知道了，書役嚴懲
204	13	〈差主事李士元釋宣大撫賞疏〉	3.3.7 （1630.4.19）	3.3.9 （1630.4.21）	28～31	速行解發
205	13	〈再請率屬捐貲助餉疏〉	3.3.7 （1630.4.19）	3.3.10 （1630.4.22）	32～35	具見急公

206	13	〈進繳收放錢糧奏報聖諭疏〉	3.3.13 (1630.4.25)	3.3.16 (1630.4.28)	36～37	知道了
207	13	〈會題插酋新舊二賞疏〉	3.3.13 (1630.4.25)	3.3.16 (1630.4.28)	38～42	該督撫預行講譬，核查報部，永著為例
208	13	〈再疏投劾懇祈立賜譴斥疏〉	3.3.15 (1630.4.27)	3.3.18 (1630.4.30)	43～47	一應兵食方賴持籌，何得輒有陳請
209	13	〈關寧海運本折開洋疏〉	3.3.16 (1630.4.28)	3.3.18 (1630.4.30)	48～51	知道了，俱取實收數目具奏
210	13	〈題議援兵行月糧餉安家器械疏〉	3.3.16 (1630.4.28)	3.3.19 (1630.5.1)	52～57	各項還須酌議明悉具奏
211	13	〈軍興繁費弘多新舊二餉分局疏〉	3.3.18 (1630.4.30)	3.3.21 (1630.5.3)	58～65	查銷清楚，仍前分管
212	13	〈海運遣專官薊運定信地疏〉	3.3.18 (1630.4.30)	3.3.21 (1630.5.3)	66～70	關薊本折轉運須有責成，輜重營速議回奏
213	13	〈比例陳請復弟官爵疏〉	3.3.26 (1630.5.8)	3.4.2 (1630.5.13)	71～74	不必援情代請
214	13	〈條議輜重營規制疏〉	3.3.26 (1630.5.8)	3.4.1 (1630.5.12)	75～81	各款既經議受，即與劾行
215	13	〈欽奉聖諭恭報錢糧疏〉	3.3.27 (1630.5.9)	3.4.1 (1630.5.12)	82～85	如議
216	13	〈查明鹽課數目回題本〉	3.3.28 (1630.5.10)	3.4.3 (1630.5.14)	86～87	書役重懲，司官姑不究
217	14	〈查報未運米數并計竣事日期疏〉	3.4.4 (1630.5.15)	3.4.6 (1630.5.17)	1～3	知道了，俱依議行
218	14	〈題報京通二倉掃積羨餘疏〉	3.4.7 (1630.5.18)	3.4.10 (1630.5.21)	4～6	各倉積羨餘米作入正數支銷，倉官准與紀錄
219	14	〈恭報轉運凍糧事竣疏〉	3.4.11 (1630.5.22)	3.4.13 (1630.5.24)	7～10	助運的都與紀錄獎勸，津運速完
220	14	〈三懇天恩速賜褫斥疏〉	3.4.12 (1630.5.23)	3.4.15 (1630.5.26)	11～14	所請不允
221	14	〈薊鎮兵丁行月兼支疏〉	3.4.14 (1630.5.25)	3.4.14 (1630.5.25)	15～20	該督撫確議具奏
222	14	〈餉司何朝宗被逮認罪疏〉	3.4.18 (1630.5.29)	3.4.20 (1630.5.31)	21～24	已有旨。司官只合據法嚴參，何得代為分過？員缺著速催堪任的去
223	14	〈遵旨回奏補還帑銀疏〉	3.4.20 (1630.5.31)	3.4.21 (1630.6.1)	25～28	未還帑銀已有旨發關寧賞功，速解

224	14	〈覆查工部軍器錢糧疏〉	3.4.20（1630.5.31）	3.4.22（1630.6.2）	29～31	工部即行文各省直勒限報部
225	14	〈覆定條款以便開納疏〉	3.4.21（1630.6.1）	3.4.23（1630.6.3）	32～43	依議行
226	14	〈題解宣大山西三鎮撫賞銀兩疏〉	3.4.26（1630.6.6）	3.4.28（1630.6.8）	44～46	知道了
227	14	〈題繳屯鹽聖諭疏〉	3.4.27（1630.6.7）	3.4.30（1630.6.10）	47～48	知道了
228	14	〈請發二部事例輪月會收疏〉	3.4.29（1630.6.9）	3.5.2（1630.6.12）	49～54	照奏內成議行
229	14	〈酌議預徵京邊不得重累窮民疏〉	3.5.1（1630.6.11）	3.5.4（1630.6.14）	55～61	依議飭行
230	14	〈題欽奉聖諭速發五月兵餉疏〉	3.5.1（1630.6.11）	3.5.1（1630.6.11）	62～63	知道了
231	14	〈覆雲鎮援兵安家行糧并募造銀兩疏〉	3.5.9（1630.6.19）	3.5.12（1630.6.22）	64～67	額餉狀況著（雲鎮）張宗衡明白奏來，所請募造銀兩，戶部不得滋諉
232	14	〈關兵月餉速給設法陸運疏〉	3.5.11（1630.6.21）	3.5.12（1630.6.22）	68～70	著設法運去，毋得諉交薊督，致悞軍事
233	14	〈修書司官遴選補題疏〉	3.5.11（1630.6.21）	3.5.15（1630.6.25）	71～73	是
234	14	〈禁革閘壩需索加耗弊習疏〉	3.5.12（1630.6.22）	3.5.14（1630.6.24）	74～76	通行嚴禁
235	14	〈上傳漕糧臭爛成塊回題本〉	3.5.18（1630.6.28）	3.5.21（1630.7.1）	77～81	著嚴查根因具奏，不得徇隱，臭米不許沮收
236	14	〈參司官劉賜桂催餉逕歸疏〉	3.5.18（1630.6.28）	3.5.20（1630.6.30）	82～84	薄罰何足示懲？著勒限嚴催到部，奏請定奪
237	14	〈請責成京卿催完額餉疏〉	3.5.19（1630.6.29）	3.5.22（1630.7.2）	85～89	京卿係暫遣，不必議留。以後催徵如有延誤，經管官必罪不宥
238	14	〈覆科臣祝世美逆產入官興屯課租疏〉	3.5.24（1630.7.4）	3.5.26（1630.7.6）	90～92	依議，勒限核冊具奏
239	15	〈遵永初復敬陳目前切要事宜疏〉	3.5.24（1630.7.4）	3.5.26（1630.7.6）	1～9	與督撫諮商妥確，逐一飭行。外解嚴加催督，有踰期延玩的，指名參處
240	15	〈題大同并延慶平三府新餉兌抵年例疏〉	3.6.1（1630.7.10）	3.6.4（1630.7.13）	10～13	咨會各該督撫依議行

241	15	〈虜儆請罪自陳疏〉	3.6.12（1630.7.21）	3.6.14（1630.7.23）	14～16	不必引請
242	15	〈新印鑄成恭繳舊印疏〉	3.6.16（1630.7.25）	3.6.19（1630.7.28）	17～18	查收
243	15	〈覆南臺袁御史掊斂太急疏〉	3.6.21（1630.7.30）	3.6.24（1630.8.2）	19～23	原非苛求，遵前旨行。如有司預徵病民，撫按參奏
244	15	〈四懇罷斥疏〉	3.7.2（1630.8.9）	3.7.5（1630.8.12）	24～27	不允辭
245	15	〈酌發雲鎮募造銀兩疏〉	3.7.3（1630.8.10）	3.7.7（1630.8.14）	28～30	知道了，內輕賫漕折尚未通核，且將別項挪用。戶部事例雜項向來收解若干？查覈奏報
246	15	〈永鎮餉務有屬差官宜省疏〉	3.7.7（1630.8.14）	3.7.10（1630.8.17）	31～34	依　擬
247	15	〈題遵奉聖諭議修鹽政疏〉	3.7.8（1630.8.15）	3.7.12（1630.8.19）	35～67	各款集議既定，急宜擇人分任，設法考成
248	15	〈遵奉聖諭議修屯政疏〉	3.7.11（1630.8.18）	3.7.15（1630.8.22）	68～86	舊屯首議不可行，末三項責屯差御史等，何必專設大臣？新屯四議可行。用人二議再行確議具奏
249	16	〈虜儆恢復□辭敘賚疏〉	3.7.17（1630.8.24）	3.7.20（1630.8.27）	1～4	不必遜辭
250	16	〈再辭恢城敘賚疏〉	3.7.21（1630.8.28）	3.7.24（1630.8.31）	5～6	遵旨祗受，不必屢陳
251	16	〈題覆宣大山西發過兵餉疏〉	3.7.21（1630.8.28）	3.7.24（1630.8.31）	7～10	咨該督撫嚴催民運，立限勒完，有拖欠遲玩的參來重處
252	16	〈覆宋兵科條陳庫弊三款疏〉	3.7.24（1630.8.31）	3.7.27（1630.9.3）	11～15	三款未盡核實釐奸之意，且該司官何無案呈？詳明具覆
253	16	〈召對悚惶束身認罪疏〉	3.8.18（1630.9.24）	3.8.21（1630.9.27）	16～17	不必代為引咎
254	16	〈再議新舊屯政事宜疏〉	3.8.20（1630.9.26）	3.9.3（1630.10.8）	18～22	各道擇人久任，專責考成，不必增官以滋煩擾
255	16	〈再覆銀庫弊端條列四款疏〉	3.8.29（1630.10.5）	3.9.3（1630.10.8）	23～29	所列四款並前三款，俱嚴加申飭，著實遵行
256	16	〈持籌無策再請認罪疏〉	3.9.4（1630.10.9）	3.9.8（1630.10.13）	30～32	不必引咎 旨內平日二字錯寫且字，改正行

257	16	〈題司官劉賜桂因差歸里勒限催還疏〉	3.9.5 (1630.10.10)	3.9.8 (1630.10.13)	33～34	念催餉無誤，依限赴部，姑從輕罰俸一年，策勵供職
258	16	〈初覆易州餉司交代不明疏〉	3.9.13 (1630.10.18)	3.9.18 (1630.10.23)	35～42	知道了良鄉米豆特准蠲除，其積年拖欠淹爛的，仍照各倉扣補
259	16	〈賦役纂修未易覆議就便責成疏〉	3.9.15 (1630.10.20)	3.9.20 (1630.10.25)	43～49	賦役款緒必須徹底清楚。咨各撫按嚴督州縣細加磨勘
260	16	〈三議新舊屯政事宜疏〉	3.9.20 (1630.10.25)	3.10.10 (1630.11.13)	50～54	依擬通行申飭，內查詰軍戶，徵收本折，但取詳明酌便，不得苛擾；官開墾數多、增加稅額者優敘
261	16	〈再覆易州餉司交代不明疏〉	3.10.5 (1630.11.8)	3.10.8 (1630.11.11)	55～58	只據申文調停，何以勵屬？著分別具奏
262	16	〈立限事件奏報參差乞恩認罪疏〉	3.10.14 (1630.11.17)	3.10.17 (1630.11.20)	59～63	不必代為引咎
263	16	〈三覆易州餉司交代不明疏〉	3.10.19 (1630.11.22)	3.10.28 (1630.12.1)	64～67	餉司如錢糧例不開銷交代，便當明言，所以有旨著查有無別情。戶部如何一味調停？還著核議明確具奏
264	16	〈四覆易州糧儲交代不明疏〉	3.11.13 (1630.12.16)	3.11.17 (1630.12.20)	68～71	俱免罰治
265	16	〈督倉事權原重微臣節省招尤疏〉	3.11.21 (1630.12.24)	3.11.24 (1630.12.27)	72～80	部臣倉臣，正當同心共辦。商酌合奏，不必徒務剖陳
266	16	〈奉旨開報軍興錢糧疏〉	3.11.28 (1630.12.31)	3.12.3 (1631.1.4)	81～84	知道了。軍興未已，轉餉維艱，衡量出入，搜剔姦欺
267	16	〈更調雲南陝西二司官員疏〉	3.12.9 (1631.1.10)	3.12.15 (1631.1.16)	85～87	俱依擬。但乙榜亦自有才，核實課功，不必盡拘資格
268	16	〈覆奏不當祈恩認罪疏〉	3.12.17 (1631.1.18)	3.12.20 (1631.1.21)	88～90	不必引咎。漕運關係甚重，飭舊圖新，正當嚴核分別
269	16	〈覆戶科查參解官曾克慎梅士程趙魁光疏〉	3.12.29 (1631.1.30)	4.1.5 (1631.2.5)	91～97	曾克慎、梅士程著革了職，趙魁光行該撫按嚴提追比，擬罪具奏
270	17	〈覆監生陳忠錫等納銀有據疏〉	4.1.14 (1631.2.14)	4.1.20 (1631.2.20)	1～4	（戶部郎中）喻思恬姑免罰治，刑部將（戶部胥役）沈應聘研究奏奪

271	17	〈歲籥更新庸衰宜退疏〉	4.1.20 （1631.2.20）	4.1.21 （1631.2.21）	5～7	著即出安心視事，用副委任
272	17	〈進繳春和興復屯政聖諭疏〉	4.1.21 （1631.2.21）	4.1.24 （1631.2.24）	8～10	知道了
273	17	〈微臣衰病日深兵餉拮据不前疏〉	4.1.23 （1631.2.23）	4.1.25 （1631.2.25）	11～13	著遵旨速出料理
274	17	〈會同總督倉場合疏回題本〉	4.1.25 （1631.2.25）	4.1.28 （1631.2.28）	14～22	事宜知道了。抵銷、借銷可行；輕賫銀兩依議；借解新餉的俱要盡數補足。孰字錯寫熟字，改正行
275	17	〈簡舉錯誤緣繇乞恩認罪疏〉	4.2.4 （1631.3.6）	4.2.7 （1631.3.9）	23～26	錢糧積逋，何不詳述？督府職名有何難查？但職掌相關，何必定有吏部字樣？端範率屬，實心體國，全在爾等大臣，豈應曲狥若此？
276	17	〈吏治更始謹陳釐剔十款疏〉	4.2.4 （1631.3.6）	4.2.7 （1631.3.9）	27～34	這十款關切時弊，著實飭行。比納原係正官職掌，不必會集佐貳教職。足仵轍字俱錯寫，改正行
277	17	〈再奏查參失落移咨乞恩認罪疏〉	4.2.9 （1631.3.11）	4.2.11 （1631.3.13）	35～38	不必引咎
278	17	〈題薊永地土未奏屯種議罰疏〉	4.2.15 （1631.3.17）	4.2.16 （1631.3.18）	39～41	依議
279	17	〈謹陳江右新餉壓徵之繇仰冀聖明詳查疏〉	4.2.20 （1631.3.22）	4.2.23 （1631.3.25）	42～49	不必代司官引咎
281	17	〈題崇禎四年觀參京邊完欠疏〉	4.3.1 （1631.4.2）	4.3.4 （1631.4.5）	57～85	見徵、壓徵，是何緣故？一官總計數年完欠，亦應通算。法行貴嚴，尤宜確核，還逐一詳酌分別，另本來行
282	17	〈回奏給發選鋒行糧疏〉	4.3.8 （1631.4.9）	4.3.12 （1631.4.13）	86～88	知道了。以後收放錢糧，俱要刻期竣事，曉示明悉，出入公平，違者治罪
283	17	〈查明行取各官錢糧疏〉	4.4.1 （1631.5.1）	4.4.4 （1631.5.4）	89～97	知道了。推官方之翰等准一體行取考選；郭必昌等一十三員通俟徵解完日奏奪；上饒宗祿著該撫按明白奏來

284	17	〈簡舉行取知縣黃纘祖脫前職名疏〉	4.4.8（1631.5.8）	4.4.12（1631.5.12）	98～100	知道了，著吏部一體考選，卿不必引咎。旨內多寫具字，刪正行
285	17	〈太僕光祿借銀回題本〉	4.4.20（1631.5.20）	4.4.24（1631.5.24）	101～104	卿還嚴督司官，不得拘牽格套。所奏知道了
286	17	〈恒暘示儆懇恩譴斥以回天心疏〉	4.4.28（1631.5.28）	4.5.2（1631.6.1）	105～107	不必引咎
287	17	〈剖明龐杰黃金貴等開復查參之繇疏〉	4.5.26（1631.6.25）	4.5.29（1631.6.28）	108～112	卿總司國計，參罰宜嚴。不必引咎固請。述旨內專字誤掌，改正行
288	17	〈題蠲六七兩年未完京邊^裸項錢糧疏〉	4.6.7（1631.7.5）	4.6.11（1631.7.9）	113～124	依議，照數蠲免，著各該撫按大書榜示，不許婪猾暗派混徵
289	17	〈比例陳請懇給新銜誥命疏〉	4.7.9（1631.8.6）	4.7.12（1631.8.9）	125～126	吏部查例具覆
290	18	〈衰病難支曠瘝可慮疏〉	4.6.14（1631.7.11）	4.6.17（1631.7.14）	1～3	著即出視事，毋得少延
291	18	〈微臣衰病情真國計不堪久誤疏〉	4.6.18（1631.7.15）	4.6.20（1631.7.17）	4～7	著遵旨速出料理，勿以陳請
292	18	〈遼賞紅本下部吏役失誤轉發疏〉	4.8.16（1631.9.11）	4.8.20（1631.9.15）	8～11	書役冉申有何情弊？著錦衣衛提問實供具奏。述旨內生字訛坐，又遺撫按二字，著改補行
293	18	〈遵旨詳查市賞顛末疏〉	4.8.20（1631.9.15）	4.9.3（1631.9.28）	12～42	不領而發，應減不言，這等欺弊明白易見，如何奉旨查奏尚多支抵含糊？錦衣衛將經手書役拏去研行究問。戶兵二科將歷年餉冊、賞冊逐一磨勘
294	18	〈查奏逆屬安置緣繇疏〉	4.9.3（1631.9.28）	4.9.6（1631.10.1）	43～48	流徙逆徒，輕狥善地，大臣飭法懲姦之誼何在？
295	18	〈查奏逆屬改發安置疏〉	4.9.12（1631.10.7）	4.9.17（1631.10.12）	49～52	（經手之戶部郎中）陰化陽降三級調用
296	18	〈再陳市賞未竟之說從前題覆之繇疏〉	4.9.18（1631.10.13）	4.9.21（1631.10.16）	53～58	停賞便應減發，自當專疏明言，如何既知復狥？
297	18	〈罪戾多端束身待命疏〉	4.9.19（1631.10.14）	4.9.22（1631.10.17）	59～63	不允辭
298	18	〈停賞年同減賞銀異疏〉	紙頁影印模糊	紙頁影印模糊	64～69	紙頁影印模糊

299	18	〈臣罪日深臣病日棘疏〉	4.10.13 (1631.11.6)	4.10.15 (1631.11.8)	70～73	即出視事，不必復有陳請
300	18	〈罪病交集三懇天恩譴斥疏〉	4.10.18 (1631.11.11)	4.10.21 (1631.11.14)	74～77	著遵旨即出幹理
301	18	〈回奏周瑞豹京邊錢糧疏〉	4.10.21 (1631.11.14)	4.10.27 (1631.11.20)	78～82	知道了。卿宜遵旨即出視事，不必引咎
302	18	〈衰病溺職四懇天恩譴謫疏〉	4.10.24 (1631.11.17)	4.10.27 (1631.11.20)	83～86	著即遵旨視事，不必又行引請
303	18	〈搜刮公用銀三千兩收貯老庫疏〉	4.11.7 (1631.11.29)	4.11.10 (1631.12.2)	87～91	知道了，依議收貯老庫備需，永著為例
304	19	〈初查考選開復官員緣繇疏〉	4.*11.7 (1631.12.29)	4.*11.12 (1632.1.3)	1～18	開復宜聽撫按奏請，何得但憑咨揭？本內溺寫開復訖，再明白開列，不許遺漏
305	19	〈？疏（乞罷斥）〉	4.*11.12 (1632.1.3)	4.*11.15 (1632.1.6)	19～22	何乃又有陳請？著即出安心任事
306	19	〈請官管理事例印務疏〉	4.*11.13 (1632.1.4)	4.*11.17 (1632.1.8)	23～24	是
307	19	〈衰病不堪邦計再懇聖慈罷斥疏〉	4.*11.17 (1632.1.8)	4.*11.20 (1632.1.11)	25～28	還遵旨即出視事，勿得再陳
308	19	〈國計不容重誤三懇天恩褫斥疏〉	4.*11.24 (1632.1.15)	4.*11.27 (1632.1.18)	29～32	大臣當祗遵君命，力圖幹濟，何得以私情屢請？
309	19	〈回奏撫賞錢糧文冊疏〉	4.*11.24 (1632.1.15)	4.*11.27 (1632.1.18)	33～37	缺頁
310	19	〈據實查奏撫賞文冊疏〉	4.12.4 (1632.1.24)	4.12.10 (1632.1.30)	38～43	撫賞文冊殘缺尚多，著自行奏明。戶部還著嚴查詳覈，盡釐夙弊
311	19	〈初估宣鎮撫賞貨物疏〉	4.12.5 (1632.1.25)	4.12.10 (1632.1.30)	44～47	撫賞貨物冒矗啟釁，積弊可恨。詳查何人致買，何官估收？貨物價數，另估確議具奏
312	19	〈再查考選開復官員顛末疏〉	4.12.13 (1632.2.2)	4.12.26 (1632.2.15)	48～65	錢糧參罰各官，平習無及公之心，臨考躁競，屢旨著戶部查明，不許隱漏，如何依然違狥？
313	19	〈再估宣鎮撫賞貨物疏〉	4.12.25 (1632.2.15)	5.1.6 (1632.2.25)	66～72	這撫賞綾段徒有空名，通不濟用。奉旨確估，何得反為厲階置買驗收？

314	19	〈三查考選各官開復緣繇疏〉	5.1.30（1632.3.20）	5.2.5（1632.3.25）	73～80	本內臨考開復各官明屬躁狗，著詳查，分別確議奏奪
315	19	〈題參明智草場郭昭封疏〉	缺頁	缺頁	81～84	缺頁
316	19	〈會估薊鎮西協撫賞貨物疏〉	5.2.5（1632.3.25）	5.2.9（1632.3.29）	85～95	貨物濫惡，會估與原價不甚相遠，何以釐清冒破？還著再行核估
317	19	〈回奏山西齎到撫賞文冊疏〉	5.2.22（1632.4.11）	5.3.1（1632.4.19）	96～98	該鎮撫賞冊從無造報，戶部何故奉旨始行咨取？
318	20	〈痰暈陡發病勢阽危疏〉	5.2.26（1632.4.15）	5.2.29（1632.4.18）	1～2	何得輒取懷弛卸？著即出視事，不必請假
319	20	〈積痾難痊叢脞可虞疏〉	5.3.1（1632.4.19）	5.3.4（1632.4.22）	3～5	即出視事，不得再陳
320	20	〈遵旨再估西協撫賞貨物疏〉	5.3.6（1632.4.24）	5.3.9（1632.4.27）	6～13	覈估價值依議。其以前置買經手何人？著監視查明職名，照數追補
321	20	〈臣病實深聞命增懼疏〉	5.3.6（1632.4.24）	5.3.9（1632.4.27）	14～16	邊計方殷，還悉心詳籌節裕長策以資撻伐，用付委任
322	20	〈會估薊鎮中協撫賞貨物疏〉	5.3.11（1632.4.29）	5.3.14（1632.5.2）	17～20	知道了。即著該撫同監視嚴提委委，將冒價照數追賠。其與西協轉移貨值依議
323	20	〈會估山西撫賞貨物疏〉	5.3.22（1632.5.10）	5.3.26（1632.5.14）	21～25	俱依議。即著該督撫同監視遵旨嚴提各委，照數追補
324	20	〈會估大同撫賞貨物疏〉	5.3.22（1632.5.10）	5.3.26（1632.5.14）	26～32	依議行。該督撫會同監視嚴追浮冒，不得延緩
325	20	〈回奏徐日曦開復認罪疏〉	5.4.20（1632.6.7）	5.4.23（1632.6.10）	33～35	知道了。不必代引
326	20	〈覆餉司林玄造冊未明疏〉	5.4.22（1632.6.9）	5.4.27（1632.6.14）	36～44	林玄除收參差，豈無情弊？從公研覈，不得庇狗。另行回奏
327	20	〈再覆餉司林玄冊籍偶誤疏〉	5.5.7（1632.6.24）	5.5.12（1632.6.29）	45～49	知道了。林玄估罰俸五月，造冊書役，著該撫提究
328	20	〈回奏知府曾櫻歷履偶誤疏〉	5.6.14（1632.7.30）	5.6.17（1632.8.2）	50～52	議處官員，豈得不查履歷，輕率入告？明細司官朦誤，著自行回奏。卿不必代為引咎

329	20	〈覆營聞缺額扣糧還倉疏〉	5.6.20（1632.8.5）	5.6.25（1632.8.10）	53～64	兵缺額，糧廳扣存倉，歲約若干，曾否報部？還明白奏來
330	20	〈再奏歷履偶誤不緣司官疏〉	5.6.26（1632.8.11）	5.6.29（1632.8.14）	65～66	不必引咎
331	20	〈草場失火席蒿待罪疏〉	5.6.28（1632.8.13）	5.7.2（1632.8.17）	67～69	已有旨了。卿提挈大綱，但須飭屬勤職，不必引咎
332	20	〈查議舊餉雜項考成疏〉	5.7.8（1632.8.23）	5.7.10（1632.8.25）	70～78	本內考成各項依議飭行。搜刮款中稱原係舊餉分內，是何？奏明候奪。戶部當清通釐溷，毋得但思權宜，有妨長計
333	20	〈再剖三年豆折存積扣除疏〉	5.7.9（1632.8.24）	5.7.25（1632.9.9）	79～83	即使緩急那移，亦須明白開報，何得一概溷朦？豈大臣飭屬裕儲之誼？以後俱著歲終詳開出入具奏。三四年省直積逋催解另貯，依議行
334	20	〈查奏三四兩年新餉司官疏〉	5.8.13（1632.9.26）	5.10.16（1632.11.27）	84～87	多發告艱，減存不報，明係司庾朦溷。薛邦瑞、劉鎬著各降三級管事
335	20	〈再議搜刮屯鹽賦役四款改歸舊餉疏〉	5.8.14（1632.9.27）	5.8.18（1632.10.1）	88～92	依議。但裕儲，法宜畫一。今後還求生節長策，不得專恃通融
336	20	〈餉差已成危地委任宜圖更轍疏〉	5.8.28（1632.10.11）	5.9.3（1632.10.16）	93～96	揆內處分各官情罪甚明，該部向無糾劾，反為曲餙寬解，豈飭屬勤公之誼？今後還著選擇廉能題任
337	20	〈覆邊餉遲發司官量罰疏〉	5.10.9（1632.11.20）	5.10.11（1632.11.22）	97～100	邊餉何故延遲？還著總理及巡視科道查明掛號日期回奏
338	20	〈真衰真病萬不能支疏〉	5.10.22（1632.12.3）	5.10.24（1632.12.5）	101～103	著即出安心視事，不得以病陳請
339	20	〈臣病轉深臣職愈曠疏〉	5.10.25（1632.12.6）	5.10.27（1632.12.8）	104～106	即出視事，不得再稽
340	20	〈病已垂危力難再出疏〉	5.10.29（1632.12.10）	5.11.3（1632.12.14）	107～109	著即出視事，勿再稽延
341	20	〈臣病千真萬真絕無矯飾疏〉	5.11.4（1632.12.15）	5.11.6（1632.12.16）	110～112	卿還著遵旨速出，不必請假
342	20	〈？疏〉	缺頁	缺頁	113～118	缺頁

343	20	〈視事未幾沉痾轉劇疏〉	5.11.28（1633.1.8）	5.12.1（1633.1.10）	119～121	不必請署
344	20	〈會題撫賞查明俯垂鑑宥疏〉	5.12.1（1633.1.10）	5.12.7（1633.1.16）	122～126	戶部餉賞不分，兵部據咨矇請，情弊顯然。徹底清追，通俟查明奏奪
345	20	〈病勢委頓醫藥罔功疏〉	5.12.4（1633.1.13）	5.12.7（1633.1.16）	127～130	著即出恪職視事，毋得頻請，致稽部務
346	20	〈沉痾難痊曠職滋懼疏〉	5.12.10（1633.1.19）	5.12.16（1633.1.25）	131～133	著即出視事，不得再稽
347	20	〈繳事例聖諭疏〉	5.12.13（1633.1.22）	5.12.16（1633.1.25）	134～136	知道了
348	20	〈回奏延鎮差官解餉稽遲疏〉	6.1.23（1633.3.2）	6.1.30（1633.3.9）	137～140	樊問知候查明奏奪。范廷弼已經降處，姑免究
349	20	〈遵旨奏繳敕印疏〉	6.2.1（1633.3.10）	6.2.7（1633.3.16）	141～143	知道了，敕印不必繳。停止事例款項如何不奏？著即奏明候奪
350	20	〈目病不痊曠職滋甚疏〉	6.2.15（1633.3.24）	6.2.17（1633.3.26）	144～147	著暫調即出視事，不必陳請
351	20	〈目眚失明臣職久溺疏〉	6.2.20（1633.3.29）	6.2.23（1633.4.1）	148～151	何得以偶恙頻請？著袛遵即出視事，勿再稽務
352	20	〈矇目萬難主計誤身更以誤國疏〉	6.2.24（1633.4.2）	聖旨未下	152～154	聖旨未下

備註：日期兩欄內，＊為閏月，（ ）內為西元

參考書目

一、史料

1. 文秉，《先撥志始》，上海：上海書店，1982 年。

2. 中央研究院歷史語言研究所輯校，《明實錄》，臺北：中央研究院歷史語言研究所。

3. 申時行等修，趙用賢等纂，《大明會典》，上海：上海古籍出版社，1995 年。

4. 朱熹，《四書集註》，臺南：大孚書局，1991 年。

5. 李遜之等著，《三朝野記》，臺北：廣文書局，1964 年。

6. 孫承澤，《春明夢餘錄》，臺北：臺灣商務出版社，1976 年。

7. 孫武，《孫子兵法》，收入《二十二子》第 10 冊，臺北：先知出版社，1976 年。

8. 陳建著，江旭奇補，《皇明通紀集要》，臺北：文海出版社，1996 年。

9. 陳鼎，《東林列傳》，《文淵閣四庫全書》景印乾隆校本，台北：台灣商務印書館。

10. 畢自嚴，《度支奏議》，收入《續修四庫全書》，上海：上海古籍出版社，2002 年。

11. 畢奎麟，《畢氏世譜》，南港：中央研究院，道先 12 年成書。

12. 畢自嚴，《四代恩綸錄》，南港：中央研究院，崇禎六年善本。

13. 畢盛錫編，《淄川畢少保公年譜》，北京：北京圖書館，《北京圖書館藏珍本年譜》，影印清鈔本。

14. 畢自嚴，《石隱園藏稿》一、二冊，收入王雲五主編，《四庫全書珍本五集》，臺北：臺灣商務印書館，1974 年。另有《文津閣四庫全書》崇禎手稿本，台北：台灣商務印書館。

15. 張廷玉等修，《明史》，臺北：藝文印書館，1958 年。

16. 張鹵校刊，《皇明制書》一，臺北：成文出版社，民國 58 年。

17. 黃宗羲著，《明夷待訪錄》，臺北：金楓出版社，1999 年。

18. 談遷，《國榷附北游錄》九，臺北：鼎文書局，1978 年。

19. 蔣平階，《畢少保公傳》，清康熙壬子年畢氏家刊本，南港：中央研究院傅斯年圖書館古籍線裝書，1672 年。

20. 錢䚟，《甲申傳信錄》，臺北：廣文書局，1964 年。

21. 薛熙纂，《明文在》，出版地不詳：江蘇書局，1889 年。

22. 謝國楨選編，《明代社會經濟史料選編》下冊，福州：福建人民出版社，2004 年。

二、專書

1. 王毓銓主編，《中國經濟通史‧明代經濟卷》上，北京：經濟日報出版社，2000 年。

2. 王天有，《明代國家機構研究》，北京：北京大學，1992 年。

3. 王鏡輪，《故宮寶卷》，臺北：遠流出版社，2003 年。

4. 中國人民大學中國歷史教研室編，《中國資本主義萌芽問題討論集》，北京：三聯書店，1957 年。

5. 牛建強，《明代中後期社會變遷研究》，臺北：文津出版社，1997 年。

6. 全漢昇，《中國經濟史研究》二，臺北：稻鄉出版社，1990 年。

7. 朱東潤，《張居正傳》，海口市：海南國際新聞出版中心，1993 年。

8. 李伯重，《多視角看江南經濟史 1250～1850》，北京：三聯書店，2003 年。

9. 李龍潛，《明清經濟史》，廣東：廣東高等教育出版社，1988 年。

10. 李龍潛，《明清經濟探微初編》，臺北：稻鄉出版社，2002 年。

11. 李龍潛，《中國資本主義萌芽問題討論集續編》。

12. 李超英，《財政學》，臺北：正中書局，1977 年。

13. 李鴻彬，《滿族崛起與清帝國建立》，天津：天津古籍出版社，2003 年。

14. 冷東，《葉向高與明末政壇》，汕頭：汕頭大學，1995 年。

15. 吳兆莘，《中國稅制史》上，臺北：臺灣商務印書館，1982 年。

16. 余耀華，《中國價格史：先秦──清朝》，北京：中國物價出版社，2000 年。

17. 呂景琳、郭松義主編，《中國歷代經濟史 肆 明清卷》，臺北：文津出版社，1998 年。

18. 谷風出版社編輯部編，《中國資本主義萌芽問題討論集－續編》，臺北：

谷風出版社，1987年。

19. 孟森，《明代史》，臺北：國立編譯館，1979年。

20. 佐伯富著，鄭樑生譯，《清雍正朝的養廉銀研究》，臺北：臺灣商務印書館，1976年。

21. 岳南、楊仕，《風雪定陵》，臺北：遠流出版社，1996年。

22. 周志文，《晚明學術與知識份子論叢》，臺北：大安出版社，1999年。

23. 林美玲，《晚明遼餉的研究》，臺灣大學歷史研究所碩士論文，1987年。

24. 苗棣，《魏忠賢專權研究》，北京：中國社會科學出版社，1994年。

25. 孫健，《中國經濟通史》，北京：中國人民大學出版社，2000年。

26. 孫健主編，《北京古代經濟史》，北京：北京燕山出版社，1996年。

27. 韋慶遠，《張居正和明代中后期政局》，廣州：廣東高等教育出版社，1999年。

28. 張顯清、林金樹主編，《明代政治史》上，桂林：廣西師範大學出版社，2003年。

29. 張德信、譚天星，《崇禎皇帝大傳》，瀋陽：遼寧教育出版社，1993年。

30. 唐文基，《明代賦役制度史》，北京：中國社會科學出版社，1991年。

31. 袁良義，《清一條鞭法》，北京：北京大學出版社，1995年。

32. 晁中辰，《崇禎傳》，臺北：臺灣商務印書館，1999年。

33. 梁方仲，《梁方仲經濟史論文集》，北京：中華書局，1989年。

34. 梁方仲，《中國歷代戶口、田地、田賦統計》，上海：上海人民出版社，1980年。

35. 陳信雄、陳玉女主編，《鄭和下西洋國際學術研討會論文集》，臺北：稻鄉出版社，2003年。

36. 陳萬益，《晚明小品與明季文人生活》，臺北：大安出版社，1988年。

37. 陳支平，《清代賦役制度演變新探》，福建：廈門大學出版社，1988年。

38. 陳登原，《中國田賦史》，臺北：臺灣商務印書館，1988年。

39. 陳振江主編，《二十六史典故辭典》，天津：天津人民出版社，1994年。

40. 畢恆達，《空間就是權力》，臺北：心靈工坊文化事業股份有限公司，2001年。

41. 黃啟臣、梁承鄴編著，《梁經國天寶行史蹟：廣東十三行之一》，廣州：廣東高等教育出版社，2003年。

42. 黃仁宇，《萬曆十五年》，臺北：食貨出版社，1994年。

43. 黃仁宇，《十六世紀明代中國之財政與稅收》，臺北：聯經出版社，2001年。

44. 楊永漢，《論晚明遼餉收支》，臺北：天工書局，1995 年。

45. 楊正泰，《明代驛站考》（上海：上海世紀出版有限公司，2006），頁 1～8。

46. 趙岡、陳鍾毅，《中國土地制度史》，臺北：聯經出版社，1982 年。

47. 樊樹志，《萬曆傳》，臺北：臺灣商務印書館，1994 年。

48. 樊樹志，《晚明史》上、下卷，上海：復旦大學出版社，2003 年。

49. 樊樹志，《權與血──明帝國官場政治的權力較量》，臺北：知本家文化事業有限公司，2005 年。

50. 鄭永常，《來自海洋的挑戰──明代海貿政策研究》，臺北：稻鄉出版社，2004 年。

51. 鄭天挺，《清史探微》，北京：北京大學出版社，2001 年。

52. 戴逸主編，《二十六史大辭典》，吉林：吉林人民出版社，1993 年。

53. 謝國楨，《南明史略》，上海：上海人民出版社，1957 年。

54. 韓大成、楊欣，《魏忠賢傳》，北京：人民出版社，1997 年。

55. 譚其驤主編，《中國歷史地圖集－元‧明時期》，臺北：曉園出版社，1992 年。

56. 龔鵬程，《晚明思潮》，臺北：里仁書局，1994 年。

57. 欒成顯，《明代黃冊研究》，北京：中國社會科學出版社，1998 年。

58. Frederick W. Mote & Denis Twitchett 著，張書生等譯校，《劍橋中國明代史》，北京：中國社會科學出版社，1992 年。

59. Lynn Struve 著，李榮慶等譯，《南明史 1644～1662》，上海：上海古籍出版社，1992 年。

三、期刊論文

1. 王業鍵，〈清雍正時期（1723～35）的財政改革〉，收入《中央研究院歷史語言研究所集刊》第 32 本，南港：中央研究院歷史語言研究所，1960 年 6 月，頁 47～75。

2. 王毅，〈論 "清忠譜" 〉，《湖北大學學報》，第 6 期（1988），頁 1～9、15。

3. 王世華，〈論魏忠賢專權〉，《安徽師範大學學報（人文社會科學版）》，第 4 期（1980），頁 73～79。

4. 全漢昇，〈美洲白銀與十八世紀中國物價革命的關係〉，收入《中央研究院歷史語言研究所集刊》第 28 本，南港：中央研究院歷史語言研究所，1957 年 6 月，頁 517～550。

5. 全漢昇、王業鍵，〈清代的人口變動〉，收入《中央研究院歷史語言研究所集刊》第 32 本，南港：中央研究院歷史語言研究所，1961 年 7 月，

頁 139～180。

6. 李華，〈清代前期賦役制度的改革——從「盛世滋生人丁永不加賦」到「攤丁入畝」〉，收入《清史論叢》第一輯，北京：中國社會科學院歷史研究所清史研究室，1979 年，頁 100～109。

7. 李華彥，〈林丹汗索賞與崇禎朝遼東撫賞政策之重整〉，《亞洲研究（韓國慶北大學）》，第 10 期（2010），頁 51～84。

8. 吳敵，〈雍正時期養廉銀制度簡論〉，收入《喀什師範學院學報》23 卷 2 期，2002 年 3 月，頁 31～34。

9. 汪崇篔，〈明末清初的兩淮鹽政狀況〉，《鹽業史研究》，第 2 期（2010），頁 13～23。

10. 汪崇篔，〈明萬曆年間兩淮鹽政變革及疏理〉，《鹽業史研究》，第 2 期（2009），頁 3～12。

11. 周良霄，〈明代蘇松地區的官田與重賦問題〉，收入《歷史研究月刊》，北京：科學出版社，1957 年 10 月，頁 63～75。

12. 侯仁之，〈北京舊城平面設計的改造〉，收入《歷史地理學的理論與實踐》，上海：上海人民出版社，1984 年，頁 205～250。

13. 晁中辰，〈明末大飢荒實因人禍考〉，收入《山東大學學報》2001 年第 5 期，濟南：山東大學歷史文化學院，2001 年 5 月），頁 51～56。

14. 陳國棟，〈論清代中葉廣東行商經營不善的原因〉，收入《新史學》1 卷 4 期，臺北：三民出版社，1990 年 12 月，頁 1～40。

15. 陳建國，〈崇禎悲劇的歷史必然〉，收入《咸陽師專學報》12 卷 5 期，咸陽：咸陽師專，1997 年 10 月，頁 37～40。

16. 徐濤、劉合心，〈榆林新明樓魏忠賢銅像考〉，《文博》，第 3 期（2002），頁 69～80。

17. 夏春祥，〈文化象徵與集體記憶的競逐——從臺北市凱達格蘭大道談起〉，收入《臺灣社會研究季刊》第 31 期，1998 年 9 月，頁 57～96。

18. 傅同欽，〈魏忠賢亂政和客氏〉，《故宮博物院院刊》，第 3 期（1981），頁 55～60。

19. 張小虹、王志弘，〈臺北情慾地圖——家／公園的影像置移〉，收入陳儒修、廖金鳳編，《1950～1990 尋找電影中的臺北》，臺北：萬象圖書公司，1995 年，頁 104～125。

20. 曹樹基，〈鼠疫流行與華北社會的變遷（1580～1644）〉，收入歷史研究編輯部編，《歷史研究》雙月刊 1997 年第 1 期，北京：華夏出版社，1997 年 2 月，頁 17～32。

21. 梁方仲，〈一條鞭法〉，收入《梁方仲經濟史論文集》，北京：中華書局，1989 年，頁 34～89。

22. 梁方仲，〈論明代里甲法和均徭法的關係〉，《學術研究》雙月刊第 5、6 期，廣東：人民出版社，1963 年 10、12 月，頁 49～55、32～41。

23. 黃仁宇，〈中國近五百年歷史為一元論〉，收入同作者《放寬歷史的視界》，臺北：允晨文化實業公司，1988 年，頁 199～219。

24. 楊寬，〈都城佈局的變化和禮制的關係〉，收入同作者《中國古代陵寢制度史研究》，上海：上海古籍出版社，1985 年，頁 184～247。

25. 鄧青平，〈清雍正年間（1723～35）的文官養廉制度〉，收入新亞學報 10 卷 1 期，1973 年 7 月，頁 249～336。

26. 鄭培凱，〈中國電影時空座標的轉移——從上海到臺北〉，收入陳儒修、廖金鳳編，《1950～1990 尋找電影中的臺北》，臺北：萬象圖書公司，1995 年，頁 126～143。

27. 劉翠溶，〈清初順治康熙年間減免賦稅的過程〉，收入《中央研究院歷史語言研究所集刊》第 37 本下，南港：中央研究院歷史語言研究所，1966 年 6 月，頁 757～777。

28. 賴惠敏，〈從契約文書看清前期的旗地政策與典賣 1644～1820〉，收入《中央研究院近代史研究所集刊》第 32 期，南港：中央研究院近代史研究所，1999 年 12 月，頁 123～163。

29. 薛瑞泉，〈清代養廉銀制度簡論〉，收入中國社會科學院歷史研究所清史研究室編，《清史論叢》第五輯，北京：中華書局，1984 年 4 月，頁 140～157。

30. 懿民、惜純，〈千秋氣共伸　五人俠體香〉，《蘇州教育學院學報》，第 3 期（1986），頁 97。

附圖一：明代九邊鎮圖

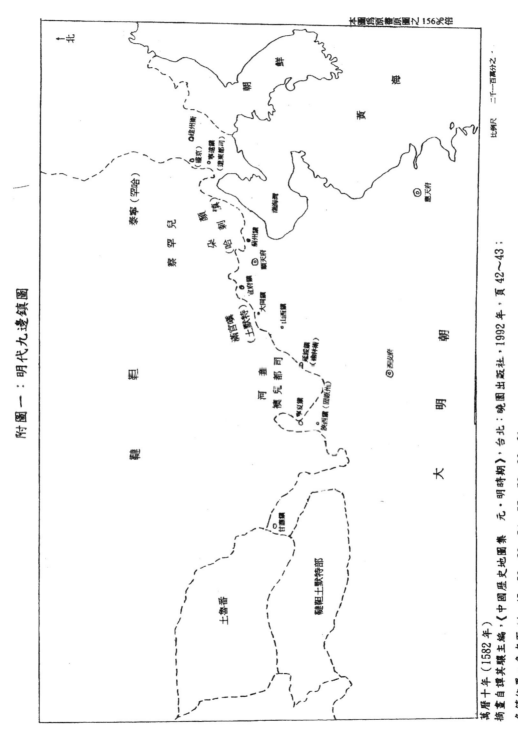

萬曆十年（1582 年）

衛壘自譯其據主編：《中國歷史地圖集 元‧明時期》，台北：曉園出版社，1992 年，頁 42～43；

各鎮位置，參考頁 44～45、52～53、54～55、59～60、61。

附圖二：明代順天府附近圖

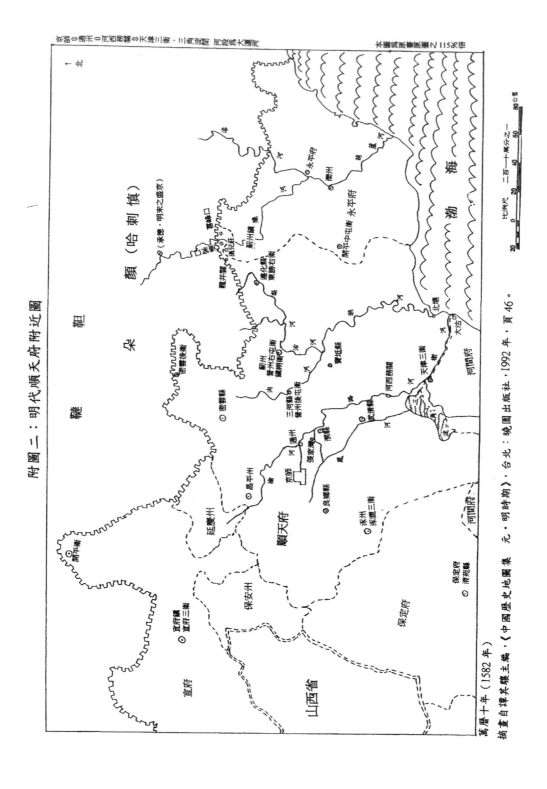

萬曆十年（1582年）

摘查自譚其驤主編，《中國歷史地圖集 元・明時期》，台北：曉園出版社，1992年，頁46。

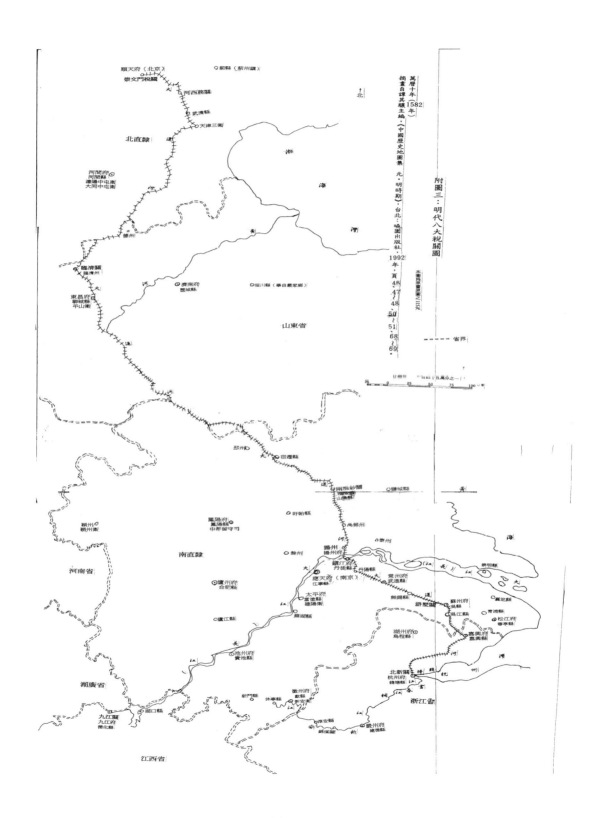